战略偏好、国内制度与美国的对外经济政策

STRATEGIC PREFERENCE, DOMESTIC INSTITUTIONS AND U.S. FOREIGN ECONOMIC POLICY

吴其胜◎著

时事出版社

《美国问题研究丛书》编委会名单

主　编：吴心伯（上海市美国问题研究所所长、
　　　　　　　复旦大学美国研究中心主任）
副主编：胡　华（上海市美国问题研究所常务所长）
编委会成员（按姓氏笔画排列）：
　　吴心伯（上海市美国问题研究所所长、
　　　　　　复旦大学美国研究中心主任）
　　陈东晓（上海国际问题研究院院长）
　　时殷弘（中国人民大学国际关系学院学术委员会主任）
　　胡　华（上海市美国问题研究所常务所长）
　　倪　峰（中国社会科学院美国研究所副所长）
　　袁　鹏（中国现代国际关系研究院副院长）
　　黄仁伟（上海社会科学院副院长）

《美国问题研究丛书》总序

上海市美国问题研究所成立于2009年11月22日，系上海市政府全额财政拨款的事业单位，其立所宗旨为加强美国问题及中美关系的研究、促进中美人员交流和两国间的相互理解。该所同时以打造中国特色的美国研究机构为目标，并为中国中央和地方政府决策提供咨询服务。

自成立以来，本所全体人员便以发展繁荣国内美国研究、加强中美交流为己任，举办各种类型的会议，发布年度研究课题，编写《美国动态》，编写"上海与美国"系列文集，出版《上海影像——见证中美关系发展百年史》画册等，而打造一套《美国问题研究丛书》则是本所矢志不渝的学术追求。我们希望通过这样一套丛书，反映国内学界对于美国问题的最新思考和深度总结。通过作者自主申报和所学术委员会推荐等方式，我们围绕美国问题研究和中美关系这两大领域，精心挑选了一批具有较高研究质量和重要政策意义的作品并将其纳入丛书系列。本套丛书主要以学术专著的形式呈现，但也适当考虑具有一定学术价值的编著、论文集和译作。从研究内容看，本套丛书主要涉及经济、安全、社会和政治等议题，同时也希望能够选取一些新兴议题的研究成果。本套丛书特别重视国内青年学者的优秀作品，鼓励年轻人在美国问题和中美关系研究等领域进行开拓和创新。

进入新世纪以来，新的国际热点问题不断涌现，同时中国的崛起也使得中国的利益全球化，这些发展拓展了中国国际问题研究者的研究视野，拓宽了国际问题研究的领域。在此背景下，国内美国研究或者美国问题研究相比以前，存在着一定程度的退潮。表面上看，就国别研究而论，美国仍然是国内国际关系学界的研究重心，但深入分析则不难发现，真正关于美国研究的专著以及其他有分量和影响力的作品越来越少。在某种程度上，这折射了美国在世界上的地位与影响力的下降，也反映了中国学者对中国自身更多的关注，毕竟中国的迅猛发展给我们的学术研究带来了更多新鲜和富有挑战性的话题。

但是，不管学界的注意力如何变化，对美国进行深度研究远没有过时。在未来很长一段时间内，美国仍将是世界上综合实力最强的国家，它在21世纪的走向值得全世界的密切关注。对中国来说，美国仍将是影响中国国内政治以及中国与世界关系的最主要的外部因素。对于这样一个如此重要的国家，中国必须要对其进行坚实、深入和长期的研究：要通过研究，真正了解美国国内政治、经济、社会和文化生态，丰富我们对美国在21世纪的发展趋势的认识；也要通过研究，深刻把握中美关系的本质和规律，提高对两国关系发展的预见性；还要通过研究，推动中美之间增信释疑和建立战略互信。鉴于以上原因，这套《美国问题研究丛书》的出版有着特别重要的现实意义。

衷心希望通过本套丛书为中国学界美国问题研究的同仁提供更多的知识交融机会，繁荣国内美国问题的研究，成为国内青年学者展现学术风采的平台。

是为序。

复旦大学美国问题研究中心主任
上海市美国问题研究所所长　吴心伯
2013年6月6日

序　言

冷战期间，对外经济政策明确地成为美国用来巩固同盟关系、增强盟国实力以及削弱对手的重要手段。然而，冷战结束之后，美国的安全战略与其对外经济政策之间的关系又是如何呢？或者美国决策者的战略偏好是否仍然能够反映到美国的对外经济政策当中？对该问题的探索不仅能够帮助我们在理论上进一步完善国际安全与国际经济之间关系的研究，同时也能够帮助我们进一步理解美国对外经济政策的实质以及帮助我们更为全面地把握后冷战时代美国的安全战略。针对以上问题，本书从国内政治的分析视角着手，利用历史制度主义的分析工具，尝试建立了分析后冷战时代美国的安全战略与其对外经济政策之间关系的分析框架。

具体来说，本书认为，决策者的战略偏好与美国对外经济政策之间的关系将受到不同经济政策领域内相关制度环境的显著影响。当相关的制度环境赋予了美国国务官员较大的影响力时，美国的安全战略就会显著地影响该领域内的政策结果；相反，如果相关的制度环境使得美国国务官员的影响力较弱时，则美国的安全战略就很少会与美国的对外经济政策结合起来。该观点主要建立在以下两个前提之上：第一，在美国，将对外经济政策服务于安全战略的主要推动者是以总统为代表的负责安全和外交事务的国务官员；第二，由于相关制度环境的限制，国务官员在美国不同类型的对外经济政策中的影响力并不是一成不变的，而是根据不同经济政策领域的变化而变化。

　　本书的写作是是对我博士论文的修改和扩充。我在硕士和博士期间的学术训练对博士论文选题产生了很大影响。在攻读硕士期间，我对国际政治经济学尤其是美国的贸易政治研究产生了浓厚兴趣，并且对国内政治如何影响了美国的对外经济政策有了一定的了解。在攻读博士期间，我专注于学习美国对外政策和中美关系，并对美国外交和安全战略有了较为系统的认识。然而，两种研究领域的结合却使得笔者产生了以下困惑：一方面，在关于美国对外政策的学习中，可以发现对外经济政策是美国安全战略的重要组成部分，美国在历史上对经济制裁和经济接触战略的运用频率也要远远高于其他国家；另一方面，在国际政治经济学的研究当中，美国政府在对外经济政策的制定中一直被认为是"弱"的，美国对外经济政策主要是国内众多压力集团相互博弈的结果，政府决策者的战略偏好很难影响到这些政策的制定与实施。当时学界关于这种悖论的解释仍存在盲区，即在政府官员很难影响对外经济政策的条件下，服务于美国安全战略目标的对外经济政策又是如何出台的？如何弥补这种研究上的盲区，正是我在写作博士论文和本书时一直努力。

　　本书之所以能够顺利完成，在很大程度上得益于我的师长、朋友和家人。没有他们的教诲、帮助和支持，本书的完成是不可想象的。

　　首先我要感谢我的导师吴心伯教授。在复旦学习期间，导师开设的《中美关系研究》、《美国亚太政策研究》等是我最喜欢的课程。导师的课程设计科学、严谨，表达简洁而又不乏幽默。听他的课犹如享受一场知识上的盛宴，不仅丰富知识，同样也启迪心智。在博士论文写作期间，无论是开题、写作还是定稿，导师都倾注了大量的心血。尤为让我感动的是，导师对论文的每一章都做了逐字逐句的修改。从标点、注释规范，到观点表达和结构安排，导师都提供了细致的修改意见。其治学之严谨、学识之渊博，让学生极为敬佩，也为我在之后的研究中树立了典范。

在博士论文的开题、写作、答辩和评审过程中，我还有幸得到黄仁伟教授、潘锐教授、王建伟教授、唐世平教授、樊勇明教授、王勇教授和宋国友教授的诸多指点。他们的批评和建议让我受益匪浅，在此一一表示感谢。

2008—2009 学年，我在中美富布赖特项目的资助下，赴美国加州大学圣迭戈分校进行访学。期间，Miles Kahler 教授对论文的主题和结构安排提出了宝贵的建议；Scott W. Desposato 教授允许我选修他的政治学计量方法课程，这也为论文的写作打下了坚实的基础。圣迭戈分校丰富的图书馆藏和电子资源，也极大地便利了论文的写作。美国统计局对外贸易办公室的 Joe Kafchinski 先生和美国商务部国际贸易管理局的蒂姆·杜鲁门（Tim Truman）先生当时为我提供了论文撰写所急需的宝贵数据，在此一并表示感谢。

当然，由于我学识所限，本书在论证、分析中存在错误难以避免。但所有谬误之处与以上学者和学术前辈无关，而应完全由我自己承担。

另外，王铁军教授是我在山东大学攻读硕士学位的指导老师，也是我进入国际政治专业领域的启蒙老师。正是在他的指导下，我开始对美国的贸易政治产生了极大的兴趣。山东大学的臧秀玲、李宏、马凤书、王学玉等老师当时在学习上也给予了我很大帮助，在此一并表示感谢，感谢他们给予我的教诲和帮助。

在复旦大学学习期间，焦世新、陈宗权、刘骞、孔凡伟、蔡亮、李巍、吴正选、晋继勇、甘均先、徐恺、许亮、宫笠俐和罗辉等好友在学习和生活上同样为我提供了诸多启发和帮助，在此对他们表示感谢。

上海社科院国际关系研究所所长刘鸣研究员一直鼓励我对博士论文进行修改、发表和出版。在此，对他在工作上所给予的关心、包容和宝贵支持表示衷心感谢。

我也要感谢我的父母、岳父母对我在求学之路和工作中所给予的大力支持，没有他们的鼓励、奉献，我也无法顺利完成学业和走向学术工作岗位。妻子曹燕和爱子吴家威是我工作和生活上的精神支柱，感谢他们的理解和包容。

最后，我还要感谢上海市美国问题研究所对本书出版所给予的慷慨资助。

目 录

第一章 如何理解美国对外政策中的经济与安全 …………（1）
  第一节 提出问题 ……………………………………（2）
  第二节 研究现状 ……………………………………（8）
  第三节 本书观点 ……………………………………（20）
  第四节 研究方法与结构安排 ………………………（26）

第二章 理论背景：安全研究与政治经济学的再融合 ……（34）
  第一节 古典政治经济学关于安全问题的研究 ……（34）
  第二节 20世纪前半叶关于经济与安全
        之间关系的研究 ……………………………（40）
  第三节 冷战期间安全研究与政治经济学的分离 …（48）
  第四节 政治经济学与安全研究的再次融合 ………（58）

第三章 美国对外政策中的经济与安全（1776—1991） ……（76）
  第一节 通过贸易保护谋求自给自足和独立 ………（76）
  第二节 使用军事和外交手段维护贸易权利 ………（83）
  第三节 构建和平的经济基础 ………………………（92）
  第四节 冷战期间的歧视性对外经济政策 …………（97）

第四章　后冷战时期美国"经济治术"的分析框架 …………（107）
- 第一节　国务官员：将经济服务于安全的推动者 …………（108）
- 第二节　国务官员的对外经济政策偏好 ……………………（115）
- 第三节　国内制度作为干预变量 ……………………………（130）

第五章　安全战略与双边贸易流量：简单的计量分析 ……（143）
- 第一节　安全战略与双边贸易流量 …………………………（143）
- 第二节　研究设计与变量测量 ………………………………（148）
- 第三节　结果分析 ……………………………………………（161）

第六章　安全战略与美国的出口控制政策 ………………（168）
- 第一节　美国出口控制体系的制度框架 ……………………（168）
- 第二节　国务官员与美国的出口控制体制 …………………（180）
- 第三节　作为战略工具的出口控制政策 ……………………（188）

第七章　安全战略与美国的"公平"贸易政策 ……………（207）
- 第一节　美国"公平"贸易政策的制度框架 ………………（207）
- 第二节　国务官员与美国的"公平"贸易政策 ……………（224）
- 第三节　独立于安全战略的"公平"贸易政策 ……………（227）

第八章　安全战略与美国的贸易自由化政策 ……………（246）
- 第一节　"1934年体制"与美国的贸易自由化政策 ………（247）
- 第二节　"1934年体制"内的国务官员 ……………………（256）
- 第三节　安全战略与美国的自由贸易谈判 …………………（260）

第九章　结论 ………………………………………………（294）
- 第一节　内容综述和研究结论 ………………………………（294）
- 第二节　理论启示 ……………………………………………（299）

第三节 现实意义：以中美关系为例 ……………………（304）

参考文献 ……………………………………………………（311）

第一章

如何理解美国对外政策中的经济与安全

将战略、冲突和战争等安全议题与财政、工业、金融和贸易等经济议题结合起来进行研究的学术传统最早可追溯至重商主义时期。该时期的古典政治经济学研究对战争的经济起因、和平的经济条件和国防的经济基础等议题进行了深入探讨。然而,由于经济学与国际关系学科的日趋专业化,以及冷战时期独特的国际经济结构和国际安全环境,将经济学与安全研究结合起来的学术传统在冷战期间逐渐式微。随着冷战的结束,学界开始重新关注安全与经济之间的联系,安全问题与国际经济之间的互动更是成为国际关系学科的一个重要研究领域,被称之为"国际(或国家)安全的政治经济学"(The Political Economy of International/National Security)。[1] 该领域的

---

[1] Ethan B. Kapstein, *The Political Economy of National Security: A Global Perspective*, New York: Mcgraw-Hill, 1992; Jonathan Kirshner, "Political Economy in Security Studies after the Cold War," *Review of International Political Economy*, Vol. 5, No. 1, Spring 1998, pp. 64 – 91; Special Issue on Trade and Conflict, *Journal of Peace Research*, Vol. 36, No. 4, July 1999; Norrin M. Ripsman, "The Political Economy of Security: A Research and Teaching Agenda," *Journal of Military and Strategic Studies*, Vol. 3, No. 1, Spring 2000, pp. 1 – 14; Jean-Marc F. Blanchard, Edward D. Mansfield, and Norrin M. Ripsman, eds., *Power and the Purse: Economic Statecraft, Interdependence, and National Security*, Portland: Frank Cass & Co., Ltd., 2000; Edward D. Mansfield and Brian M. Pollins, eds., *Economic Interdependence and International Conflict: New perspectives on an Enduring Debate*, Ann

一个重要的研究议题就是考察安全战略如何影响了一国的对外经济政策，或者政府决策者如何通过制定和实施特定的对外经济政策来服务国家的安全战略目标。

近些年来，该领域内的多数研究主要围绕一国对外经济政策服务安全战略目标的方式和效果来展开，却很少涉及这些经济政策本身出台的过程，即决策者如何能够成功地将安全战略考虑施加到具体的对外经济政策当中。正如所有的宏观经济政策一样，对外经济政策同样会影响到国内不同部门、集团、企业和个人的利益，对外经济政策的制定和实施因而会受到国内政治的潜在制约。在这种情况下，政府决策者是否总是能够成功地将对外经济政策服务于国家的安全战略目标？在贸易、货币、金融、投资等政策领域，是否有些类型的对外经济政策更容易成为政府的国家安全战略工具？国内政治环境如何限制了政府将对外经济政策转化为安全战略手段的能力？显然，这些问题都涉及到经济与安全在国内政治层面上的互动，因而需要从分析对外经济政策的国内过程加以回答。

本书旨在通过分析冷战结束之后国内政治对美国对外经济政策的影响，来考察国内制度安排如何塑造了安全与经济因素在一国对外政策中的互动。本章以下几个部分将分别提出本书所要考察的具体问题、现有的相关研究成果、本书的主要观点、研究方法以及行文安排。

第一节　提出问题

正如学界早就指出的，对外经济政策历来都不是单纯地以追求

（接上页）Arbor: University of Michigan Press, 2003; Gerald Schneider, Katherine Barbieri, and Nils Petter Gleditsch, eds., *Globalization and Armed Conflict*, Lanham: Rowman & Littlefield Publishers, INC, 2003; Peter Dombrowski, ed., *Guns and Butter: The Political Economy of International Security*, Boulder: Lynne Rienner Publishers, Inc., 2005.

第一章 如何理解美国对外政策中的经济与安全

经济福利的最大化为目的，它同样也是一种潜在的战略工具，经常被决策者用来服务于国家的安全战略目标。[①] 即使在对外经济政策领域被界定为是"弱国家"（weak state）的美国，其对外经济政策也经常被决策者纳入国家安全战略的轨道，因为"一旦需要，美国会毫不犹豫地利用经济工具来奖励朋友和惩罚对手，并以牺牲经济利益来达到地缘政治目标"。[②] 正如本书第三章指出的，美国通过对外经济政策来实现国家安全目标的实践最早可以追溯到独立战争期间对英国的贸易抵制。这一实践通过随后的墨西哥战争和内战一直延续至两次世界大战，并在冷战期间得到了淋漓尽致的展现。

冷战期间，对外经济政策明确地成为美国用来巩固同盟关系、增强盟国实力和削弱对手的重要手段。一方面，为了恢复和增强西欧、东亚等地区盟国的经济实力，以及加强与盟国之间的战略纽带，美国积极通过建立和维护国际经济机制、发起多边贸易谈判、提供优惠贸易待遇和经济援助等手段，在所谓的西方自由世界推动和扩大贸易、投资、技术、人员的流动。正如美国前总统约翰·肯尼迪在签署《1962年贸易扩展法案》（The Trade Expansion Act of 1962）时明确宣称的："自由世界内经济的重要扩展，是对抗世界范围内共产主义运动的重要手段。"[③] 另一方面，为了限制和延缓敌对国经济

[①] Albert O. Hirschman, *National Power and the Structure of Foreign Trade*, Berkeley: University of California Press, [1945] 1980.

[②] Francis J. Gavin, "Both Sticks and Carrots," *Diplomatic History*, Vol. 28, No. 4, September 2004, p. 607. 所谓"弱国家"，是指一国政府相对于社会来说，在对外经济政策的制定中缺乏独立的角色，影响力非常有限，对外经济政策的制定和实施主要反映的是该国国内不同社会利益集团的偏好。参见 Peter J. Katzenstein, "Conclusion: Domestic Structures and Strategies of Foreign Economic Policy," in Peter J. Katzenstein, ed., *Between Power and Plenty: Foreign Economic Policies of Advanced Industrial States*, Madison: The University of Wisconsin Press, 1978, pp. 295 – 336。

[③] 转引自 Robert McMahon, "U. S. Trade Policy in Transition," Council on Foreign Relations, December 1, 2008, available at http://www.cfr.org/publication/17859/ (accessed on December 4, 2008)。

和军事力量的发展，以及为了在世界范围内防范和抗衡共产主义势力的扩张，美国对以苏联为首的社会主义国家实施了严厉且代价高昂的经济制裁和战略禁运。① 虽然美国的对外经济政策在冷战时期的个别阶段（尤其是在20世纪70年代）与其安全战略出现过相冲突的情况，但在总体上，美国的决策者成功地将两种政策结合起来，对外经济政策明确地被用来服务美国的国家安全目标。② 威廉姆·迪克森（William Dixon）和布鲁斯·穆尔（Bruce E. Moon）关于1966—1983年间美国对外贸易的研究同样表明，美国的商品出口更多地是流向与其外交政策取向相似而非相反的国家。③

然而，冷战结束之后，美国的安全战略与其对外经济政策之间的关系又是如何呢？美国政府决策者是否仍然能够将对外经济政策纳入其国家安全战略的轨道呢？或者在冷战结束后国际安全环境显著改善的情况下，美国政府决策者在将对外经济政策服务于美国的安全战略目标时是否会更容易受到国内政治的掣肘？国内政治的这种限制如何体现以及有哪些特征？

对这些问题的探索不仅具有重要的理论价值，同时还具有显著的现实意义。在理论层面上，正如上文所指出的，衔接政治经济学与安全研究的国际（或国家）安全的政治经济学在过去20多年来逐渐成为国际关系学的一个新兴研究领域。该领域内的学者不仅在宏

---

① Michael Mastanduno, *Economic Containment: CoCom and the Politics of East-West Trade*, Ithaca: Cornell University Press, 1992; Alan P. Dobson, *U. S. Economic Statecraft for Survival, 1933–1991: Of Sanctions, Embargoes, and Economic Warfare*, New York: Routledge, 2002.

② [美]迈克尔·马斯坦多诺：《学术与治术中的经济与安全》，载[美]彼得·卡赞斯坦、罗伯特·基欧汉、斯蒂芬·克拉斯纳编，秦亚青、苏长和、门洪华、魏玲译：《世界政治理论的探索与争鸣》，上海人民出版社，2006年版，第218—252页。

③ William J. Dixon and Bruce E. Moon, "Political Similarity and American Foreign Trade Patterns," *Political Research Quarterly*, Vol. 46, No. 1, March 1993, pp. 5–25.

观层次上探讨国际冲突与国际贸易之间的关系,同时也在微观层次上研究一国的安全战略和对外经济政策之间的互动。[1] 虽然学界关于该领域的研究在近些年来取得了不少成果,但实证分析(包括案例分析和大样本统计分析)的主要研究对象都集中在冷战结束之前,关于后冷战时期安全与经济之间关系的研究则着墨甚少。另外,在微观层次上关于安全战略与对外经济政策之间关系的现有研究主要关注经济制裁和经济接触的有效性问题,即经济制裁和经济接触是否以及在多大程度上改变了目标国的行为,以及有哪些因素影响了经济制裁和经济接触战略发挥作用等,而很少关注经济制裁和经济接触的国内政策过程,即作为对外经济政策的经济制裁和经济接触本身是如何成为安全战略的,或者安全考虑如何在国内政策进程中塑造了一国的对外经济政策。[2] 显然,对冷战后美国安全战略与对外经济政策之间关系的分析能够帮助我们在理论上进一步完善该领域的研究。

另外,在后冷战时代,美国在国际体系中的优势地位及其对外政策的广泛影响力,又使得对其对外经济政策与安全战略之间关系

---

[1] 关于国际(国家)安全的政治经济学的几种主要研究议题的详细介绍,可参见 Michael Mastanduno, "Economic Statecraft, Interdependence, and National Security: Agendas for Research," in Jean-Marc F. Blanchard, Edward D. Mansfield, and Norrin M. Ripsman, eds., *Power and the Purse: Economic Statecraft, Interdependence, and National Security*, pp. 288 – 316。

[2] 关于经济制裁的研究文献非常广泛,早期的研究主要关注经济制裁是否有效,最近的研究趋势则是界定经济制裁发挥作用的条件。相关介绍,可参见 Michael Mastanduno, "Economic Statecraft, Interdependence, and National Security: Agendas for Research," in Jean-Marc F. Blanchard, Edward D. Mansfield, and Norrin M. Ripsman, eds., *Power and the Purse: Economic Statecraft, Interdependence, and National Security*, pp. 289 – 301。近些年关于经济接触的研究也逐渐增多,但与经济制裁一样,现有的研究也主要关注经济接触的有效性问题。相关的介绍,可参见 Michael Mastanduno, "The Strategy of Economic Engagement: Theory and Practice," in Edward D. Mansfield and Brian M. Pollins, eds., *Economic Interdependence and International Conflict: New perspectives on an Enduring Debate*, pp. 175 – 186。

的研究具有了重要的现实意义。美国的对外经济政策在冷战结束之后是否仍带有安全战略意图？或者美国的对外经济政策是否仍然受到安全战略的影响？美国政府负责安全事务的决策者在对外经济政策进程中扮演着何种角色？等等。对这些问题的回答不仅能够帮助我们进一步理解美国对外经济政策的实质，也有利于我们更为全面地把握后冷战时代美国的安全战略。正如有学者指出，"对外经济政策部分地是大国对战略环境的反应。正因为此，对外经济政策不仅仅简单地是最大化国家或利益集团经济福祉的努力。通过追求偏好于军事同盟的政策，决策者寻求加强联盟关系和威慑第三国的进攻。因此，由于歧视性的对外经济政策是重要的大战略工具，这意味着不探寻两者之间的关系，我们就不可能完全理解军事战略或者对外经济政策"。[1] 关于美国全球战略的研究中，也有国内学者强调了将经济议题与安全战略研究相结合的必要性，指出"由于学术界长期以来集中研究美国全球战略的安全因素，缺乏对其要素构成的全面分析，特别是对其经济因素的作用往往加以忽视，使我们对美国全球战略的认识容易陷入片面。因此，加强对美国全球战略的经济因素研究……有可能（使我们）获得以往所没有的认识"。[2] 正如不探讨军事战略与对外经济政策之间的关系就无法全面理解这两种政策一样，不关注美国的安全战略与其对外经济政策之间的关系，我们就无法全面把握后冷战时代美国的安全战略及其对外经济政策。

当前，考察经济与安全因素在美国对外政策中的互动，对于我们理解美国对华政策的意图尤为重要。例如，奥巴马政府过去几年在亚太地区力推"跨太平洋伙伴关系"（Trans-Pacific Partnership，TPP）谈判是出于打开地区市场、扩大出口和增加国内就业的需要，

---

[1] Lars S. Skålnes, *Politics, Markets, and Grand Strategy: Foreign Economic Policies as Strategic Instruments*, Ann Arbor: The University of Michigan Press, 2000, p. 1.

[2] 黄仁伟："美国全球战略的经济因素以及对我国经济安全的影响"，载《世界经济研究》，2004年第2期，第4页。

第一章　如何理解美国对外政策中的经济与安全

还是像很多分析指出的主要是基于"分化亚洲、制衡中国"的地缘政治考量？[①] 显然，对美国战略意图的不同判断会要求中国采取不同的对策，并导致不同的战略后果。如果我们认识到美国在TPP谈判中的经济利益诉求，则中美两国在地区经济机制安排中具有潜在的合作空间；而如果过于强调美国推动TPP谈判的地缘政治目的，会使得我们对TPP所涉及的主要内容和议题产生本能的反对，忽略双方进行合作的可能性，采取反制措施并最终导致对抗。另外，考察经济与安全因素在美国对外政策中的互动，对于我们把握美国对华政策的趋势也很重要。例如，在美国的对华出口控制方面，一度有种观点认为，由于在金融危机后希望通过扩大对华出口来增加就业和解决巨额贸易赤字问题，美国将会放松对华出口管制，加大对华的高科技产品与技术出口，奥巴马政府也多次公开表示，愿意放宽高科技产品的对华出口。然而，美国在过去几年并未实质性放松对华出口管制，甚至在某些出口领域还有加强的趋势。本书认为，通过在国内政治层面来考察经济与安全在美国对外政策过程中的互动，能够在一定程度上帮助我们正确理解美国的对华政策意图和防止

[①] 杜兰："美国力推跨太平洋伙伴关系战略论析"，载《国际问题研究》，2011年第1期，第45—51页；盛斌："美国视角下的亚太区域一体化新战略与中国的对策选择"，载《南开学报（哲学社会科学版）》，2010年第4期，第70—80页；Ann Capling and John Ravenhill, "The TPP: Multilateralizing Regionalism or the Securitization of Trade Policy?" in C. L. Lim, Deborah K. Elms, and Patrick Low, eds., *The Trans-Pacific Partnership: A Quest for a Twenty-first-Century Trade Agreement*, Cambridge: Cambridge University Press, 2012, pp. 292–294; Jane Kelsey, *Hidden Agendas: What We Need to Know about the TPPA*, Bridget Williams Books, 2013; Howard Schneider, "Trade Talks Aim to Expand United States'Asia Presence, With China on the Horizon," *The Washington Post*, September 21, 2012, available at http://www.washingtonpost.com/business/economy/trade-talks-aim-to-expand-united-states-asia-presence-with-china-on-the-horizon/2012/09/20/5caf2fdc-028e-11e2-8102-ebee9c66e190_story.html (accessed on March 17, 2014); Samuel Rines, "Trans-Pacific Partnership: Geopolitics, Not Growth," *The National Interest*, March 31, 2014, available at http://nationalinterest.org/commentary/trans-pacificpartnership-geopolitics-not-growth-10157 (accessed on April 1, 2014)。

误判。

第二节 研究现状

长期以来,国际关系中的安全研究一直存在所谓的"高级政治"(high politics)和"低级政治"(low politics)之分。其中,"高级政治"关注的是军事安全和国家主权面临的外部威胁,以及如何通过使用或威胁使用军事手段来实现国家安全,除此之外的目标和手段(包括对经济利益的追求等)都被认为属于"低级政治"的范畴。[①] 在此背景下,学界关于后冷战时代美国安全战略的主要研究对象是美国国家安全战略目标、军事力量及其部署、同盟关系的变化和调整等,而对经济因素在美国安全战略中所扮演的角色并没有给予太多关注。[②] 国内也有学者指出,虽然现代国家对外战略是对包括政治、经济、军事、科技、意识形态、核战略等诸领域的总体协调和运用,但是长期以来"由于受西方战略家卡尔·冯·克劳塞维茨、安东·亨利·约米尼等形成的'战略即军事战略'这一传统的深刻影响,中外学界大都只偏重于政治(或外交)、军事战略等的研究,对于在国家对外战略中占有非常重要地位的经济战略却并未给予应有的重视,更无系统的研究著作问世"。[③] 另一方面,目前关于后冷战时期美国的对外经济政策依然主要属于经济学和国际政治经济学的研究范畴。其中,经济学的研究主要考察美国对外经济政策的成本与收益问题,即何种类型的国际经济政策才能最大化美国的经济

[①] Stephen M. Walt, "The Renaissance of Security Studies," *International Studies Quarterly*, Vol. 35, No. 2, June 1991, pp. 211–239.

[②] [美]罗伯特·阿特著,郭树勇译:《美国大战略》,北京大学出版社,2005年版。

[③] 张敏谦:《美国对外经济战略》,世界知识出版社,2001年版,第9页。

收益；而国际政治经济学的研究主要关注国际经济机制、国内政治制度、国内各种利益集团及其相互之间的博弈等因素对美国对外经济政策的影响和限制，以及这些因素如何导致了美国在特定时期对外经济政策的变化。

由于关于美国安全战略的多数研究依然主要关注传统的"高级政治"议题，而经济学和国际政治经济学的多数研究很少涉及安全问题，因此从总体上来看，目前学界关于后冷战时期美国对外经济政策与其安全战略之间关系的研究并没有给予太多的重视，正式出版的研究成果也不多见。如果从层次分析的角度进行分类，国际关系学界关于该问题的研究可以划分为以下三种主要观点。

第一种观点从体系结构的分析层次出发，强调国际体系的权力结构塑造了后冷战时期美国对外经济政策与安全战略之间的关系。该观点认为后冷战时代的单极体系促使美国在安全领域采取"优势战略"（strategy of preponderance），即维持美国在国际体系中的主导地位，使世界政治主要反映美国的战略偏好。在20世纪90年代，美国实施这种战略的具体措施主要包括：通过重新确认和加强对传统盟国特别是德国和日本的安全承诺，防止它们成为"独立"的大国；通过与潜在挑战国（如俄罗斯和中国）的接触，使它们融入以美国为中心的国际秩序当中；对修正国或对地区安全造成现实威胁的国家（如伊拉克、朝鲜等）采取遏制政策，并在必要的时候动用武力。[1] 根据这种观点，在美国实施其"优势战略"的过程中，对外经济政策将成为实现战略目标的重要组成部分。正如迈克尔·马斯坦多诺（Michael Mastanduno）指出的，"单极结构会鼓励居主导地位的国家整合经济与安全政策。一个单极结构会促使主导国家试图保护其特殊的地位，这种努力会使其需要有个国际经济战略，以

---

[1] Michael Mastanduno, "Preserving the Unipolar Moment: Realist Theories and U. S. Grand Strategy after the Cold War," *International Security*, Vol. 21, No. 4, Spring 1997, pp. 49 – 88.

在与潜在挑战对手的关系中加强其国家安全"。① 具体地说,后冷战时期的单极体系会促使美国采取自由和多边的对外经济政策,以保持与现状国(如德国、日本等)和潜在挑战国(如中国和俄罗斯)之间良性的经济关系,进而"帮助确保这些大国愿意接受或至少容忍美国主导的世界秩序"。②

在关于克林顿政府时期(1993—2001年)美国的安全战略与其对外经济政策之间关系的研究中,迈克尔·马斯坦多诺进一步指出,虽然这两种政策在克林顿政府初期出现了严重冲突,体现为与欧盟、日本和中国之间激烈的经贸摩擦,但从20世纪90年代中期开始,美国明确地将两种政策结合起来,对外经济政策被明确地用来服务于美国的安全战略目标。③ 例如,为了缓和与欧洲盟国的冲突,以及防止经济争端损害同盟关系,克林顿政府在1995年底与欧盟签署了以改善和加深双边经济联系为主要内容的《跨大西洋新议程》(The New Transatlantic Agenda),并在随后几年内通过谈判解决了在通信和信息技术贸易方面的争端。同样地,从1996年开始,克林顿政府改变了在经济上一味打压日本的政策,转而强调与日本的安全关系,并谋求将双边经济交往特别是高科技贸易作为服务双边安全关系的手段。另外,为了改善美中关系,克林顿政府于1994年在对华贸易最惠国待遇问题上宣布了"脱钩"政策,并在随后提出了对华全面接触的战略。安德鲁·拜斯维奇(Andrew J. Bacevich)在对后冷战时期美国对外政策的分析中也支持了这种观点,认为美国在20世纪90年代试图通过设计一种开放的和经济一体化的世界来维持美国的

---

① [美]迈克尔·马斯坦多诺:"学术与治术中的经济与安全",载[美]彼得·卡赞斯坦、罗伯特·基欧汉、斯蒂芬·克拉斯纳编,秦亚青、苏长和、门洪华、魏玲译:《世界政治理论的探索与争鸣》,第220页。
② 同上书,第238页。
③ 同上书,第238—240页。

第一章　如何理解美国对外政策中的经济与安全

霸主地位。[1]

理查德·黑格特（Richard Higgott）在关于布什政府时期（2001—2009年）美国对外政策的研究中同样指出，后冷战时代美国在经济和军事实力上的优势地位，使其很难抵挡将对外经济政策和安全战略相联系的"诱惑"。他特别强调了自2001年反恐战争爆发以来，美国的对外经济政策出现了明显的安全化倾向，其在东亚地区的经济合作倡议也具有显著的安全战略色彩。[2] 布什政府负责对外经济事务的官员也曾公开将经济政策与美国的安全利益联系起来。2003年5月，时任美国贸易代表的罗伯特·佐利克（Robert Zoellick）在彼特森国际经济研究所的一次演讲中就曾指出，美国所进行的自由贸易协定（FTA）谈判具有国家安全目标，而选择FTA伙伴国的标准就包括对方是否能够与美国围绕这些目标进行合作。[3] 在布什政府时期，美国与其盟国和战略伙伴国签订了多个在很大程度上旨在服务于美国安全战略目标FTA。这些FTA要么被美国用来奖励巴林、约旦、摩洛哥和阿曼等国在中东事务或反恐问题上对美国的支持，要么被用来巩固美国与澳大利亚、智利、新加坡和韩国等国

---

[1] Andrew J. Bacevich, *American Empire: The Realities and Consequences of U. S. Diplomacy*, Cambridge: Harvard University Press, 2002.

[2] Richard Higgott, "After Neoliberal Globalization: The 'Securitization' of U. S. Foreign Economic Policy in East Asia," in Garry Rodan and Kevin Hewison, eds., *Neoliberalism and Conflict in Asia after 9/11*, New York: Routledge, 2006, pp. 46 – 65; "U. S. Foreign Policy and the 'Securitization' of Economic Globalization," *International Politics*, Vol. 41, No. 2, June 2004, pp. 147 – 175; John Ravenhill, "APEC and Security," in Vinod K. Aggarwal and Kristi Govella, eds., *Linking Trade and Security: Evolving Institutions and Strategies in Asia, Europe, and the United States*, New York: Springer, 2013, pp. 49 – 66.

[3] "Zoellick Says FTA Candidates Must Support U. S. Foreign Policy," *Inside U. S. Trade*, May 16, 2003, available at: http://insidetrade.com/Inside-US-Trade/Inside-U. S. -Trade-05/16/2003/zoellick-says-fta-candidates-must-support-us-foreign-policy/menu-id-710. html (accessed on September 24, 2013)。

之间已有的安全合作。① 国内学者在关于布什政府时期中美经贸关系的研究中也表明，经贸议题的安全化已成为美国对华政策的一个新特征。②

2008年金融危机重创了美国经济，并且以金砖国家为代表的新兴经济体似乎对奥巴马政府时期美国的实力和地位构成了挑战。然而，无论从经济或军事上的硬实力指标来看，还是从发展模式、在国际机制中的影响力等软实力指标来看，美国仍然是当前国际体系中唯一的超级大国。③ 因此，根据马斯坦多诺等学者的观点，奥巴马政府时期美国的安全战略仍然会影响其对外经济政策。奥巴马政府的言行似乎也证实了这种观点。例如，虽然奥巴马政府并没有像布什政府那样，明显地将对外经济政策作为美国的安全战略工具，并且在其上任的最初两年，在对外经济政策尤其是在对外贸易政策上并没有采取主动的政策，包括发起和推动与其他国家的双边FTA谈判。其唯一具有重要影响的贸易议题就是出口翻倍政策，但该政策显然旨在经济目的，是通过贸易来扩大出口，增加国内就业。但从2011年开始，奥巴马政府的官员则开始公开地从安全战略的角度来阐述美国的对外经济政策，尤其体现在公开地将"跨太平洋伙伴关系"（TPP）谈判与美国在亚太地区的对外政策目标相联系。

2011年10月，时任美国国务卿希拉里·克林顿（Hillary Clin-

---

① Vinod K. Aggarwal and Anders Ahnid, "Comparing EU and US Linkage Strategies in FTAs," Paper Presented to ANU MacArthur Foundation Asia Security Initiative Final Conference, Beijing, May 2011; Maryanne Kelton, "US Economic Statecraft in East Asia," *International Relations of the Asia-Pacific*, Vol. 8, No. 2, May 2008, pp. 149 – 174；宋国友："美国的东亚FTA战略及其对地区秩序的影响"，载《当代亚太》，2007年第11期，第34—40页。

② 吴心伯："中美经贸关系的新格局及其对双边关系的影响"，载《复旦学报》（社会科学版），2007年第1期，第1—10页。

③ 关于衡量一国软实力的参考指标和中美软实力的比较分析，可参见阎学通、徐进："中美软实力比较"，载《现代国际关系》，2008年第1期，第24—29页。

ton）在《外交政策》上发表了题为《美国的太平洋世纪》一文，指出"跨太平洋伙伴关系"谈判是美国"加强双边安全联盟，深化与包括中国在内的新兴大国的工作关系，参与区域性多边制，扩大贸易和投资，打造具有广泛基础的军事存在，促进民主和人权"的重要组成部分。① 次月，美国总统奥巴马在澳大利亚国会发表演讲，指出，"作为一个太平洋国家，美国将通过坚持核心原则和与盟国、友好国家保持密切的伙伴关系，在塑造该地区及其未来上扮演一个更大和长期的角色"。而实现这一目标的途径是"加强美国在东亚的军事存在，巩固核心的同盟关系，促进确保工人权利受到尊重和我们的商业能够公平竞争、促进创新的知识产权和新技术能够得到保护、基于市场驱动的货币政策的规则体系"。在此背景下，奥巴马把 TPP 作为整个地区的"潜在样板"，将美国的商业利益和外交政策利益融合起来，向中国和其他国家进行施压。② 2014 年初，美国副总统乔·拜登（Joe Bideng）在英国《金融时报》撰文声称，TPP 所带来的好处"不仅仅是经济上的，在美国重申其作为太平洋强国的地位之际，该地区很多人在问，我们是否会继续留在那里。部署兵力和外交人员至关重要，但在其他国家利用经济力量争夺影响力、甚至逼迫较小邻国之际，美国除了展开强大的经济攻势，别无选择"。③ 多种数分析也指出，TPP 是美国"重返亚洲"战略的组成部分，旨在"分裂亚洲、孤立中国"。正如有学者指出的，"在一些情况下，它（TPP）看起来像是一个合围战略，旨在建立一个主导亚太地区

---

① Hillary Clinton, "America's Pacific Century," *Foreign Policy*, November 2011, pp. 56 – 63.

② The White House, "Remarks by President Obama to the Australian Parliament," November 17, 2011, available at http：//www.whitehouse.gov/the-press-office/2011/11/17/remarks-president-obama-australian-parliament（accessed on November 20, 2011）.

③ Joe Biden, "We Cannot Afford to Stand on the Sidelines of Trade," *Financial Times*, February 27, 2014, available at http：//www.ft.com/intl/cms/s/0/bde80c72-9fb0-11e3-b6c7-00144feab7de.html（accessed on April 12, 2014）.

的模式。首先迫使中国调整,并最终接受TPP。在其他情况下,TPP的目标看起来是针对中国在第三方国家和盟友的运作,旨在削弱中国的经济存在和战略影响力"。[1]

第二种观点着眼于国内政治的分析层次,认为在后冷战时代,随着外部主要安全威胁的消失,安全战略与美国对外经济政策之间的关系将主要由美国的国内政治来决定,并且美国的国内政治会限制美国的决策者将对外经济政策作为实现安全战略目标的工具。根据美国学者克里斯蒂娜·戴维斯(Christina L. Davis)的观点,对外政策(包括对外经济政策)进程在国内政治领域内的独立程度决定了一国的决策者是否能够将经济政策服务于其安全战略目标,包括通过向盟国提供"经济上的单边支付"(economic side-payment,即"非对称的优惠待遇")来巩固与盟国之间的安全关系等。[2] 根据这一逻辑,冷战时期美国之所以能够将对外经济政策服务于安全战略目标,是因为美国行政部门的决策者掌握了对外政策的主导权,能够克服国内政治的制约。而随着冷战的结束以及国会和利益集团在对外事务中所扮演角色的加强,[3] 美国的决策者将很难再把对外经济政策作为服务国家安全战略的工具。

国内政治的另外一种限制来源于安全和经济政策在美国国内政策进程中各自所属的不同制度环境。从事美国大战略研究的学者拉尔斯·斯卡尔恩斯(Lars S. Skålnes)认为,在美国,安全战略的制定主要是由以总统为代表的行政部门来决定,而对外经济政策的制

---

[1] Jane Kelsey, *Hidden Agendas: What We Need to Know about the TPP*, p. 7.

[2] Christina L. Davis, "Linkage Diplomacy: Economic and Security Bargaining in the Anglo-Japanese Alliance, 1902–23," *International Security*, Vol. 33, No. 3, Winter 2008/09, pp. 143–179.

[3] Randall B. Ripley and James M. Lindsay, eds., *Congress Resurgent: Foreign and Defensive Policy on Capital Hill*, Ann Arbor: University of Michigan Press, 1993; Robert G. Sutter, *U.S. Policy toward China: An Introduction to the Role of Interest Groups*, Lanham: Rowman & Littlefield Publishers, INC, 1998, pp. 10–11.

定则主要由行政部门和国会共同完成,并且众议院和参议院都拥有否决权。根据"否决行为体理论"(theory of veto players),由于安全政策领域内只有总统这一个否决行为体,因而美国的安全战略将会主要随着总统自身偏好的变化而变化;而由于在对外经济政策领域内存在三个否决行为体,包括总统、众议院和参议院,因而美国的对外经济政策将会保持相对的稳定性。也正是由于这种决策体制上的差异,美国的安全战略及其对外经济政策将会沿着两条不同的轨道演进,很难被决策者统一起来。① 根据这种观点,由于以总统为代表的行政官员自身政策偏好的变化,美国在后冷战时代的安全战略发生了很大转变,从克林顿政府时期的多边主义转向了布什政府时期的单边主义。与此同时,由于国会和总统的相互制衡,后冷战时期美国的对外经济政策并没有受到总统政策偏好的太大影响,美国在克林顿政府和布什政府时期都保持着对国际多边经济体系的支持。②

美国政府官员的公开声明似乎也支持了后冷战时期美国的对外经济政策与其安全战略相分离的观点。例如,早在1989年底,时任美国副国务卿的劳伦斯·伊戈尔伯格(Lawrence Eagleburger)在一次演讲中就声称,让经济利益服务于地缘政治的时代已经过去,美国再也无法负担这种为了战略目标而牺牲经济利益的"奢侈"行为。③ 美国贸易代表沙琳·巴舍夫斯基(Charlene Barshefsky)同样表示,"随着冷战的结束,贸易协定必须根据其本身的优缺点进行判

---

① Lars S. Skålnes, "U. S. Statecraft in a Unipolar World," in Peter Dombrowski, ed., *Guns and Butter: The Political Economy of International Security*, pp. 123 – 152.

② Lars S. Skålnes, "U. S. Statecraft in a Unipolar World," in Peter Dombrowski, ed., *Guns and Butter: The Political Economy of International Security*, pp. 134 – 137, 139 – 142.

③ 摘自 Stephen D. Cohen, *The Making of United States International Economic Policy: Principles, Problems, and Proposals for Reform*, 5th Ed., Westport: Praeger Publishers, 2000, p. 55。

断。它们将再也不会具有安全内容"。① 由于国会民主党的反对，美国在20世纪90年代后半期并没有给予行政部门"快通道"（"Fast Track"）贸易谈判授权，从而导致克林顿政府在第二任期内在对外贸易谈判上几乎没有太大的作为（与中国就加入世界贸易组织的谈判除外）。经过与国会的妥协，布什政府在上任初获得了"贸易促进授权"（Trade Promotion Authority，TPA，即之前的"快通道"授权），并与韩国、哥伦比亚等盟国或战略伙伴达成了一系列双边自贸协定。但由于国会民主党的阻挠，其中一些贸易协定在布什政府任期内并未获得国会批准。由于依赖于国会民主党在各种国内政策议题上的支持，奥巴马政府在推动贸易自由化上一直犹豫不定。虽然先后参与和发起了TPP和"跨大西洋贸易和投资伙伴关系"（Trans-Atlantic Trade and Investment Partnership，TTIP）谈判，但目前仍未获得进行贸易谈判所必须的"贸易促进授权"，因而这些协定将来能否在国会获得通过仍存在很大疑问。②

  与以上两种分别强调国际权力结构或国内政治的观点不同，第三种观点强调了国际体系进程对后冷战时期美国对外政策的影响。在对国际权力结构的观点进行补充时，迈克尔·马斯坦多诺进一步指出了国际经济和安全环境如何影响了美国安全政策与对外经济政策之间的关系。具体而言，他认为当美国经济在国际经济体系中具有较强的竞争力时，美国政府的决策者则会更容易地将对外经济政策服务于国家的安全战略目标；而当自身的经济竞争力受到削弱或面临较大挑战时，国内寻求贸易保护主义的压力就会增大，美国政府的决策者也将很难将两种政策结合起来。同样，当美国面临的外部安全威胁较为突出时，或者美国的安全利益受到严峻挑战时，政

---

① 摘自 Lars S. Skålnes, *Politics, Markets, and Grand Strategy: Foreign Economic Policies as Strategic Instruments*, p. 198。
② Daniel R. Pearson, "The Obama Administration's Trade Agenda Is Crumbling," *Free Trade Bulletin*, No. 58, March 19, 2014.

府决策者则会更倾向于将对外经济政策服务于安全战略目标；而当面临的外部安全威胁较弱时，或者在国家的安全利益没有受到明显挑战的情况下，美国的决策者则会较少地将两种政策结合起来。① 类似的有，拉尔斯·斯卡尔恩斯同样指出，是否存在明显的安全和战略需求，决定了一国是否会向盟国提供比一般国家更为优惠的贸易或投资待遇。②

根据第三种观点，美国在20世纪90年代初期经济竞争力的下降以及外部安全环境的缓和，使得其对外经济政策和安全战略沿着两种不同的轨道演进，甚至出现相抵触的情况；而随着美国的经济竞争力在90年代中期的提高，以及美国的决策者认识到新的安全挑战的出现，美国的对外经济政策和安全战略再次被重新结合起来；布什政府时期之所以与盟国和战略伙伴国签署了一系列双边自贸协定，则是因为"9·11"事件后美国面临着严峻恐怖主义威胁和其他地缘政治大国的崛起，美国在安全事务领域需要相关盟国和战略伙伴国的合作与支持；2008年金融危机后，美国经济的严重下滑和来自新兴经济体竞争压力的增大，将会使得奥巴马政府在对外经济政策中更多地关注美国的经济利益而非安全战略利益。有国内学者也指出，随着冷战后世界经济多极化、区域化、集团化的发展，以及各国间的经济竞争的日趋激烈，经济安全将取代军事安全已成为各国对外战略的首要目标。从经济实力看，美国虽仍保有总体的优势，但无疑已受到了其他各国，特别是德、日等盟友愈来愈强有力的挑战。因此对美国而言，欲保持在未来世界事务中的主导地位，加强

---

① ［美］迈克尔·马斯坦多诺："学术与治术中的经济与安全"，载［美］彼得·卡赞斯坦、罗伯特·基欧汉、斯蒂芬·克拉斯纳编，秦亚青、苏长和、门洪华、魏玲译：《世界政治理论的探索与争鸣》，第221页。

② Lars S. Skålnes, *Politics, Markets, and Grand Strategy: Foreign Economic Policies as Strategic Instruments*, pp. 15–38.

自身的经济实力至关重要。① 根据这种观点,美国在处理对外事务中,追求经济利益将处于优先议题。

以上三种观点从不同的分析层次分别强调了国际体系结构、国际进程和国内政治对安全和经济政策之间关系的影响,为我们提供了分析后冷战时代美国对外经济政策与其安全战略之间关系的重要视角。然而,这三种观点同时也都存在着不同程度的局限性。

首先,前两种观点无法解释在国际体系结构和国内决策环境不变的情况下,美国的安全战略与其对外经济政策之间关系的变化。同样是在后冷战时期的单极体系下,也同样是在相同的国内政治环境下,为何有些特定类型对外经济政策,如出口控制政策、自由贸易谈判等,能够经常被用来服务美国的安全战略目标,而有些类型的经济政策,如反倾销和反补贴政策等,则经常与美国的战略目标不符甚至相互冲突。

另外,强调体系结构的观点虽然指出了美国在后冷战时期的优势地位将鼓励其把对外经济政策作为服务安全战略目标的工具,但却忽视了美国国内政治的限制。对外经济政策不仅会影响到国家的安全利益,同样也会影响到国内不同社会集团或部门的利益,具体经济政策的制定必然会牵涉到政府和社会利益集团之间的博弈和妥协。因此,美国的决策者能否将对外经济政策服务于国家安全战略目标,还取决于他们能否在具体经济政策的制定过程中将来自体系层次的战略需求转化为具体的政策结果。

强调国内决策环境的观点虽客观地指出了国内政治对后冷战时期美国的安全战略和对外经济政策之间关系的限制,认为经济政策制定权力的分散化将使得美国政府的决策者很难将对外经济政策服务于国家安全战略目标,然而该观点却否定了美国的决策者将对外经济政策作为战略工具的可能性,因而无法解释在很多情况下,对

---

① 张敏谦:《美国对外经济战略》,第13页。

外经济政策确实明确地服务于美国的安全战略目标。

其次，强调体系进程的观点克服了以上两种观点的局限，很好地解释了后冷战后时期美国安全战略与其对外经济政策之间关系的变化，但观点主要关注的还是政策的"需求"，而非政策的"供给"。一国经济竞争力和外部安全环境的变化确实会影响该国政府的决策者是否倾向于将对外经济政策与安全战略结合起来，但并不能决定政府决策者是否总是能够将其政策偏好或政策需求转变为具体的政策结果，这在美国尤为明显。在美国，来自国会和利益集团的限制，使得白宫往往很难主导国内的政策进程，尤其是在经济政策领域。在很多情况下，虽然美国总统希望通过向其盟国或战略伙伴国开放市场、降低或取消进口产品关税、减少贸易救济措施等方式来获得这些国家在安全事务上的支持，但由于这些政策会损害美国国内相关产业、企业或劳工的利益，必然会引起这些国内行为体的反对，代表这些行为体的国会议员也会在这些政策的制定和实施中施加限制。

第三种观点同样忽视了安全战略与各种对外经济政策之间关系的差别。例如，在美国历史上，一些类型的对外经济政策，如对外直接投资、经济援助、出口控制和自由贸易谈判等，一直与美国的安全战略保持着非常紧密的联系，而有些类型的对外经济政策，如上文提到的反倾销和反补贴政策等，则往往与美国的安全战略目标背道而驰。正如本书将要指出的，美国的安全战略与其对外经济政策之间的关系主要是根据不同经济政策领域的变化而变化，并且这种变化并不完全依赖于美国经济竞争力的强弱或者外部安全环境好坏的变化。

最后，现有的几种观点要么主要建立在对个别事件和案例的考察上，要么只是建立在理论和逻辑的推演上，都并没有经过系统的检验。这种系统检验的缺乏，一方面是由于目前距离冷战结束只有20年左右的时间，相关的数据库没有得到及时、全面的更新；另一方面也是由于目前学界仍缺乏系统地检验安全战略和对外经济政策之间关系的有效模型。然而，要想在总体上把握和回答后冷战时代美国的安全战略与其对外经济政策之间的关系,我们必须进行更具系统性的经验检验。正如本书第五章指出的,通过引入在国际经济研究领域内被广泛应用的贸易引力模型(the gravity model of trade),并加以适当调整,我们能够对一国安全战略与其对外经济政策之间的关系进行较为系统的检验。另外,一些国际组织、政府部门、研究机构以及国际关系学者在近期对经济、贸易、人口、安全、冲突等相关数据的更新,也为我们提供了相关的数据来源,使得这种系统性的检验成为可能。

第三节 本书观点

本书的主要研究目的包括两个方面:第一个研究目的是对后冷战时期美国的安全战略与其对外经济政策之间的关系进行全面考察,从而回答冷战结束以来美国的安全战略是否在总体上影响了其对外经济政策的制定和实施;第二个研究目的是建立一个分析后冷战时代美国的安全战略与其对外经济政策之间关系的理论框架。这里主要讨论第二个研究目的,而第一个研究目的将在本书的第五章进行详细阐述。

本书认为,在美国,由于将对外经济政策服务于安全战略的主要动力来自国务官员(state officials),即以总统为代表的负责安全和外交事务的行政官员,[①]而国务官员在各种对外经济政策领域内的

---

① "State officials" 是国家主义理论(statist theory)的一个概念,它经常被译为"政府官员"。然而,由于一般意义上的政府官员不仅包括负责外交和安全事务的行政官员,同样还包括国会议员以及负责其他国内和国际事务的行政官员,因而这种翻译有别于国家主义理论的原意。正因为此,这里将其译为"国务官员",以表示与其他政府官员之间的区别。但为了表达上的方便,本书在有些地方将以"行政官员"来代替"国务官员"。

影响力并不相同,因此美国的安全战略与其对外经济政策之间的关系将主要根据不同经济政策类型的变化而变化。具体而言,当国务官员在一种经济政策领域享有较大的政策制定权时,美国的安全战略与该经济政策领域内的政策结果将表现出较为紧密的联系;相反,在国务官员的影响力较弱的一些经济政策领域,相关的政策结果将很难与美国的安全战略保持一致。显然,这一观点主要建立在以下两点认识之上:第一,将对外经济政策作为战略工具的主要推动者是美国负责安全与外交事务的国务官员;第二,美国的对外经济政策包含不同的领域,而不同经济政策领域内的制度环境赋予了国务官员不同程度的决策权。

由于任何政策的制定(包括对外经济政策的制定)都不是自发进行的,而是需要相关政策行为体的参与和推动,因此要确切地把握后冷战时期美国的安全战略与其对外经济政策之间的关系,就必须首先界定将对外经济政策服务于安全战略目标的主要推动者。在本书看来,将对外经济政策纳入安全战略轨道的主要推动者是以总统和国务卿等为代表的负责安全和外交事务的行政官员。在美国,宪法赋予了总统以武装力量总司令的角色,并同时赋予了国会宣战、招募和给养军队的权力。因此,从美国的宪法条款来看,总统与国会似乎在军事和安全领域具有同样大的影响力。然而,从美国的历史上来看,以总统为代表的行政官员在军事和安全领域内的影响力明显大于国会。即使在有些历史阶段会面临来自国会的强大压力和挑战,总统及其领导的行政机构在多数情况下仍然主导着美国的安全和外交事务。[1]

美国国务官员在外交和安全事务中的这种独特角色使其在对外

---

[1] Paul E. Peterson, "The President's Dominance in Foreign Policy Making," *Political Science Quarterly*, Vol. 109, No. 2, Summer 1994, pp. 215 – 234; Gordon Silverstein, *Imbalance of Powers: Constitutional Interpretation and the Making of American Foreign Policy*, New York: Oxford University Press, 1997.

经济政策制定中具有了不同于国会议员甚至是商务部和财政部等行政官员的政策偏好,并且这种政策偏好也不同于美国国内个别产业、企业、劳工和环保组织等社会利益集团的政策诉求。与社会利益集团以及主要代表地方性利益诉求的国会议员相比,以总统为代表的国务官员具有更为广泛的选民基础,在国际舞台上代表着整个国家参与国际事务,他们的对外政策目标更多地是来源于对美国在特定历史时期所处国际环境的反应,来源于对国家利益的整体考虑和总体评估。正因为此,在对外政策——包括对外经济政策——的制定过程中,美国的国务官员会更倾向于把具体的政策结果与更广泛的国际战略考虑结合起来。[1]

虽然国内社会利益集团和国会议员在对外政策领域内的主张在有些情况下会与国务官员的偏好相同或者互补,但它们具有本质上的区别。在多数情况下,只有当一项对外经济政策提议符合自身的经济或政治利益时,相关的社会利益集团和国会议员才会给予支持,而不论该政策是否有利于国家的整体利益。[2] 另外,不同于主要追求经济利益的社会利益集团和一些主要负责经济事务的行政官员,国务官员出于服务国家安全战略的需要,在很多情况下会支持不利于美国经济福利最大化的对外经济政策,如针对敌对国或潜在对手进行代价高昂的经济制裁、抵制和贸易禁运等,或者向盟国或友好国家提供非对称性的经济优惠待遇,包括单边开放国内市场、容忍对方采取贸易保护措施等。

虽然国务官员是将美国的对外经济政策服务于国家安全战略目

---

[1] David A. Lake, "The State and American Trade Strategy in the Pre-hegemonic Era," in G. John Ikenberry, David A. Lake, and Michael Mastanduno, eds., *The State and American Foreign Economic Policy*, Ithaca: Cornell University Press, 1988, p. 37.

[2] Benjamin O. Fordham, "Economic Interests, Party, and Ideology in Early Cold War Era U. S. Foreign Policy," *International Organization*, Vol. 52, No. 2, Spring 1998, pp. 359 – 396.

标的主要推动者,但这并不意味着他们的安全战略偏好总是能够成功地反映到具体的对外经济政策当中。如同其他经济政策行为体一样,只有在能够参与和影响具体经济政策制定和实施过程的前提下,国务官员才能将自身的战略偏好反映到具体的政策结果当中。因此,要更为准确地把握后冷战时代美国的安全战略与其对外经济政策之间的关系,还需要我们进一步考察国务官员如何参与和影响美国对外经济政策的制定和实施过程,以及国务官员在这一过程当中会面临哪些限制性因素。

如同其他国家的政策进程一样,美国对外经济政策的制定不是在真空中进行,而是要受到国内制度环境的限制。美国的对外经济政策包含多种议题领域,如对外贸易、投资、货币和援助等,并且在这些领域内又可分为各种子议题,如在对外贸易领域还可分为贸易自由化谈判、贸易救济、出口控制和出口促进等。这些不同议题领域内的政策过程所面临的制度环境——包括决策规则和程序等——各不相同,它们形成于不同的历史时期,体现了不同的政策理念,并赋予了包括国务官员在内的相关政策行为体参与和影响政策过程的不同能力。也正是这种制度框架或制度环境上的差异,使得国务官员影响具体经济政策结果的能力会根据不同政策类型或领域的变化而变化。[①]

例如,在有些贸易政策领域,如主要形成于冷战初期的出口控制政策,相关的制度设计赋予了国务官员较大的权力,进而使他们能够比较容易地参与和影响这些政策的制定和实施。而在有些贸易政策领域,如形成于1934年之前的反倾销和反补贴政策,相关的制度设计极大地限制了国务官员的影响力,使得国务官员很难参与和

[①] Judith Goldstein, "Ideas, Institutions, and American Trade Policy," in G. John Ikenberry, David A. Lake, and Michael Mastanduno, eds., *The State and American Foreign Economic Policy*, pp. 179 – 217; Judith Goldstein, *Ideas, Interests, and American Trade Policy*, Ithaca: Cornell University Press, 1993.

影响这些贸易政策的制定和实施；同样还存在一些贸易政策领域，如形成于1934年的贸易谈判授权，虽然相关的制度设计赋予了国务官员较高的自由度，但也同时使其必须不断接受来自国会和社会利益集团的监督和制约。

建立在对美国外交政策的以上两点认识的基础上，即将美国对外经济政策服务于美国安全战略目标的主要推动者是负责外交和安全事务的国务官员，并且这些国务官员在各种对外经济政策领域内具有不同的影响力，本书认为，美国的安全战略与其对外经济政策之间的关系会根据具体经济政策领域的变化而变化。在国务官员拥有较大决策权的经济政策领域，相关的政策结果更容易受到美国安全战略的影响，美国的对外经济政策也会与其国家安全战略紧密地结合在一起；而在国务官员决策权或影响力较弱的经济政策领域，安全战略则很难影响到美国的对外经济政策，从而安全与经济在美国的对外政策中更多地是处于分离甚至相互冲突的状态。以美国的对外贸易政策为例，如果国务官员在特定贸易政策领域拥有较大的发言权，如以上提到的出口控制领域，美国的安全战略则会深刻地影响该领域内的政策结果；如果国务官员在特定贸易政策领域的影响力微乎其微，如在反倾销和反补贴领域，则该领域内的政策结果就会很难与美国的安全战略保持一致；另外，如果相关贸易政策领域内的制度设计只是赋予了国务官员有限的权力，则该领域内的政策结果与美国安全战略之间的关系则会更倾向于出现波动。

显然，本书的观点与现有的几种观点存在着较大区别。首先，与其强调体系结构的观点不同，本书并不把国内政治看作是一个"暗箱"（black box）。强调体系结构的观点认为冷战结束后的单极体系结构会促使美国的决策者将对外经济政策服务于国家的安全战略目标，但并未指出对单极体系结构作出反应的具体政策行为体，也并未指出该政策行为体如何在国内政策进程当中将来自体系结构的安全战略偏好转化为具体的政策结果。本书不仅明确地界定了对国

第一章　如何理解美国对外政策中的经济与安全

际体系环境作出反应的国内政策行为体，即国务官员，同时还考察了影响该政策行为体将安全战略偏好施加到具体对外经济政策过程当中的限制因素，即各种经济政策领域内的制度环境。这不仅弥补了体系结构分析视角的局限性，同时也解释了美国安全战略与对外经济政策之间关系的复杂性。

其次，虽然本书的观点与强调国内政治的观点一样都关注国内制度环境对美国安全战略与对外经济政策之间关系的影响，但后者主要强调的是"宏观"层次上的制度环境，即总统与国会在美国对外经济政策制定上总体的权力分配，而本书关注的则是"微观"层次上的制度环境，即每一种经济政策领域内具体的制度设计，包括具体的决策程序和规则等。[①] 也正是这种分析层次上的差异，使得本书得出了明显区别于现有研究的结论。由于强调国内结构的观点只认识到美国对外经济政策制定权力的分散化，因而得出了美国的安全战略与对外经济政策相互分离的观点。而本书关注的是不同经济政策领域内的"微观"制度环境，并且国务官员与国会等行为体在这些"微观"制度环境下的权力分配并不相同，因而指出安全与经济在美国对外政策中的关系将随着具体经济政策领域的变化而变化。

最后，虽然本书的观点与强调体系进程的观点一样，都关注美国的安全战略与其对外经济政策之间关系的变化，但与后者不同的是，本书认为这种关系的变化并不完全依赖于美国的外部安全环境或者美国经济竞争力的状况。毫无疑问，外部安全威胁的大小以及自身经济竞争力的强弱确实影响了美国决策者将对外经济政策服务于国家安全战略目标的意愿和能力。但本书认为，即使是在相同的

---

① 关于美国对外经济政策领域内不同层次的国内制度环境的划分，可参见 G. John Ikenberry, "Conclusion: An Institutional Approach to American Foreign Economic Policy," in G. John Ikenberry, David A. Lake, and Michael Mastanduno, eds., *The State and American Foreign Economic Policy*, pp. 226–229。

外部安全环境下，或则在相同的国际经济竞争力下，安全战略与美国对外经济政策之间的关系同样会根据具体经济政策领域的不同而发生变化。另外，由于美国各种经济政策领域内制度环境的持久性和延续性，这种变化同样也会具有持久性和延续性的特征，并且在很大程度上将独立于外部安全环境或美国自身经济竞争力状况的制约。

第四节 研究方法与结构安排

国际关系学的研究同其他社会科学的研究一样，必须建立在对相关研究方法的科学运用之上。就科学研究而言，社会科学的研究无外乎两种相互区别而又相互补充的方法，即归纳法和演绎法。前者是指"利用已知的一组事实作为前提，通过合理的逻辑推理，推导出未知的结论"，后者则是"根据对个别事物和现实的分析推理得出该类事物和现象的普遍性规律"。[①] 虽然演绎法和归纳法在思维进程上存在着差异，但两种方法都以取得具有通则性（generalization）的科学知识为目的。事实上，这两种方法一般会被研究者同时加以应用。例如，在实证理论的构建中，学者一般会首先利用演绎方法，在一系列设定前提的基础上，通过科学的推理来建立可供检验的假设，然后再通过归纳方法收集和分析相关的经验资料，对先前的假设进行检验，最终提出合乎实证的理论观点。

本书所提出的假设正是首先通过演绎方法得出的，即在一组客观前提之下，推导出美国安全战略与其对外经济政策之间关系的模式。正如在上一节指出的，本书的观点建立在以下两个前提之上：

[①] 阎学通、孙学峰：《国际关系研究实用方法》，人民出版社，2007年版，第107—111页。

第一，在美国，将美国对外经济政策服务于安全战略目标的主要推动者是负责安全和外交事务的国务官员；第二，国务官员在美国对外经济政策进程中的影响力根据具体经济政策领域的不同而不同。这两个前提都建立在现有研究的基础之上，具有真实性和客观性的特征。正是建立在这两个前提条件之上，本书推导出以下假设：安全战略与美国对外经济政策之间的关系将随着具体经济政策领域的变化而变化，并且两种政策之间关系的紧密程度将与国务官员在特定经济政策领域内影响力的大小成正比。

在利用演绎方法获得这一可供检验的假设之后，本书随后将利用归纳法对这一假设进行检验，以确定该假设是否得到了经验事实的支持。一般而言，按照所获取和考察的经验资料的类型，归纳法又可以分为定性方法和定量方法。其中定性方法是以非量化的经验资料（例如政府报告、国会记录、新闻报道等）为分析对象，通过考察或比较一个或几个历史案例的发展过程，总结出具有一般性的规律；定量方法则是以量化的统计数据为分析对象，通过考察特定时期内大量事件的结果（以量化的数据来表示）来得出一般性的规律。虽然自20世纪50年代末以来，国际关系学界关于定量和定性方法孰优孰劣的争论一直存在，但目前普遍的看法是两种方法各有所长，也各有所短。

对于定性方法来说，由于所分析的对象主要是少数案例，因而能够对经验现象进行较为详细、深入的考察，这尤其体现在对特定事件产生的原因和发展过程的分析上。然而，定性方法的这一优点却又成为其缺点。由于只能考察有限的案例，无法同时处理大量的资料，从而造成由定性分析方法得出的结论具有通则性低的缺点，即通过个别案例得出的观点不一定适用于其他案例。该方法还面临着"控制其他变量"的难题。由于变量间的因果关系会同时受到其他变量的影响，如果不对相关变量进行有效的控制，得出的结论则很难具有可信性。①

　　相对于定性方法研究对象的有限性而言,定量方法尤其是大样本的统计分析方法,能够同时处理大量的案例,因而通过定量方法得出的观点会具有较高的通则性,而不仅仅适用于有限的情境。另外,与定性方法相比,定量方法能够对影响因果关系的其他变量进行有效的控制,并获得更加可信的结论。② 以统计学中的多元回归分析为例,通过应用相关的数学工具,能够使经过估测后的特定解释变量系数只代表该变量对因变量的单独影响,即在其他条件不变的情况下(all other things being equal),该变量的一个单位的变化对因变量的独立影响力。当然,计量方法也有自身的局限。由于该方法处理的案例较多,因而通常无法对所有案例进行较为深入的考察。同样,由于计量方法只是对事件结果的描述,而不是对事件进程的分析,因而该方法无法解释事件结果是如何产生的。③ 另外,同样是由于计量方法仅仅关注事件的结果,因而使得得出的结论有可能是虚假的,或者会以相关性的变量关系代替因果性的变量关系。

　　鉴于定性方法和定量方法各有优缺点,我们显然不能厚此薄彼,只强调其中一种方法。另外,由于两者在科学研究过程扮演着相同的角色或功能,都可以被用来对研究假设进行经验性检验,因此在具体的研究中应该结合使用这两种方法,取长补短。事实上,现有的实证性研究在对研究假设进行检验时,也大多会同时采用这两种方法,即首先通过大样本的统计分析,考察因变量与解释变量之间的关系是否与假设相符,然后再通过具体的案例分析,来对因果性假设做进一步的检验。对这两种归纳方法的结合使用无疑会使最后

---

　　① 王德育编著:《政治学定量分析入门》,中国人民大学出版社,2007年版,第16—17页。

　　② 同上书,第18页。

　　③ John Fox, *Applied Regression Analysis and Generalized Linear Models*, Los Angeles: Sage Publications, Inc., 2008, p. 2.

第一章　如何理解美国对外政策中的经济与安全

得出的结论更具通则性和可信性。当然，这并不是说对于任何一种假设，两种归纳方法都能够进行检验。一些研究问题的特殊性或者数据来源的有限性，使得有些假设的验证更适合或者只能够采用两者中的一种。正是基于以上认识，本书将根据各章节研究问题的特征以及相关数据的可获取性，综合应用以上两种归纳方法来对本书的假设进行检验。

在详细阐述本书的分析框架和主要观点之前，第二章和第三章分别对相关的理论和历史背景进行梳理和介绍。其中，第二章主要是从知识谱系的角度考察学界尤其是国际关系学界关于经济与安全之间关系的认识及其演变，并在此基础上介绍本书的研究定位。该章将指出，经济与安全之间的关系是经济学、国际法学和国际关系学界一直关注的对象。包括重商主义、古典自由主义在内的早期古典政治经济学各流派的学者对该问题都曾给予关注，并提出了诸多重要观点。在20世纪初，也即国际关系学成为一门独立的学科之时，国际关系学者同样对国际贸易和投资与国家安全和国际冲突之间的关系进行了分析，并考察了该时期的大国如何通过经济手段来实现国家的安全目标。然而，随着安全研究在冷战期间成为国际关系研究中的一门显学，国际关系学者开始强调军事安全和军事手段的重要意义，使得经济议题逐渐被边缘化。20世纪70年代国际政治经济学的兴起并没有改变这一状态，反而进一步加剧了安全研究与经济学研究之间的分离。冷战结束之后，很多国际关系学者开始打破现状，尝试将国际政治经济学与安全研究结合起来，并逐渐形成了一系列的研究议题。其中，一部分学者开始从体系层次上系统性地考察国际经济与国际安全之间的关系，包括分析经济相互依赖对国际冲突的影响，以及国际安全如何塑造了国家间的经济合作等；另外一些学者则从对外政策的层次上分析对外经济政策与国家安全战略之间的关系，包括对外经济政策是否以及如何能够有效地服务国家安全目标等，而本书的研究正是基于这种对外政策的分析层次。

第三章主要从历史分析的角度,对经济与安全在美国对外政策中的互动进行梳理,为本书的研究提供了必要的历史背景。从美国200多年的外交史来看,经济与安全一直是美国对外政策的主要组成部分。从18世纪末开始,美国就开始通过采取保护性关税,鼓励国内制造业的发展,以实现国家的独立自主。在1792—1815年的欧洲战争期间,美国数次通过使用和威胁使用军事手段,维护在大西洋的中立贸易权利,甚至不惜与当时的老牌帝国英国卷入战争。在很大程度上同样是出于维护自身中立贸易权利的需要,美国在一战后期宣布对德开战,并为此牺牲了十几万美国人的生命。二战结束之后,美国开始尝试利用自身强大的经济实力,为战后世界的长期和平构筑必要的经济基石,其代表是"布雷顿森林体系"这一多边经济体系的建立。然而,由于与苏联矛盾的加剧和冷战的爆发,美国转而实行了歧视性的对外经济政策。一方面,美国积极通过提供优惠贸易待遇和经济援助等手段,推动商品、资本、技术和人员在所谓的西方自由世界流动,以恢复和增强西欧、东亚等地区内盟国的经济实力,加强与这些盟国之间的战略纽带;另一方面,为了在世界范围内防范和抗衡共产主义势力的扩张,限制和延缓敌对国经济和军事力量的发展,美国对以苏联为首的社会主义国家实施了严厉且代价高昂的经济制裁和战略禁运。

在对本书写作的理论和历史背景进行梳理和介绍后,第四章将详细阐述本书的分析框架和主要观点。在总结学界关于安全与经济之间关系的现有研究的基础上,该章首先阐述了对外经济政策对国家安全的意义,以及界定美国负责安全和外交事务的国务官员关于对外经济政策的偏好。作为国家对外关系的一个重要组成部分,对外经济政策不仅会影响到与其他国家之间的经济交流以及本国的经济福祉,它同样会直接或间接地影响到本国的安全利益。正是对外经济政策对国家安全利益的重要影响,使得美国负责外交和安全事务的国务官员会不断地试图去影响本国对外经济政策的制定和实施。

但与其他参与美国对外经济政策的政府官员和社会利益集团的政策偏好不同，国务官员会更多地从战略角度考虑具体的对外经济政策，并倾向于将对外经济政策服务于美国的安全战略目标。

在界定美国国务官员的对外经济政策偏好之后，第四章还将利用国际政治经济学中关于美国对外经济政策的历史制度主义分析视角，进一步考察美国不同经济政策领域内的制度环境如何塑造了国务官员的角色和影响力，并在此基础上提出关于安全战略与美国对外经济政策之间关系的假设：在其他条件相同的情况下，美国安全战略与特定对外经济政策之间的密切程度与国务官员在该政策领域内的影响力成正比。具体地，在国务官员影响力较大的经济政策领域，美国的安全战略会更有可能与该领域内的政策结果保持一致；相反，在国务官员影响力较弱的经济政策领域，相关的政策结果则会更有可能与美国的安全战略相背离。

本书的第五章至第八章将以美国的对外贸易政策为例，检验本书第四章提出的假设。其中，第五章运用了国际贸易研究领域中的引力模型，对后冷战时期美国安全战略与对外贸易政策之间的关系进行了系统性的检验，来回答冷战结束以来美国的安全战略是否在总体上影响了其对外贸易政策的制定和实施。由于研究目的是考察安全战略与美国对外贸易政策结果之间的关系，因而该章采用了计量分析的方法。具体地，该章利用统计学中的多元回归方法，并结合贸易引力模型，对1992—2006年间双边安全关系与美国的双边贸易量之间的关系进行大样本的统计分析，进而间接地检验了冷战结束后安全战略与美国对外贸易政策之间的关系。最终的分析结果表明，在控制了经济、地理和社会行为体等因素的影响之后，美国的安全战略在总体上对其贸易政策产生了显著影响。

第六、七、八章分别通过考察安全战略与美国不同类型贸易政策之间的关系，对第四章提出的假设做进一步的检验。这几章分别考察了美国对外贸易领域内三种类型的政策，包括出口控制政策、

"公平"贸易政策（fair trade policies）以及贸易自由化政策（trade liberalization polices）。这三章将首先介绍相应贸易政策领域内的制度环境，以及这种制度环境在何种程度上赋予了国务官员影响该政策的能力，随后分别通过定量和定性方法来考察这种制度环境如何影响了美国安全战略与相应贸易政策之间的关系。结果表明，国务官员在这些贸易政策领域内的影响力决定了该贸易政策与美国安全战略之间关系的紧密程度。具体地说，国务官员在出口控制政策领域具有较大的影响力，从而使得美国的安全战略与其出口控制政策保持着紧密的关系；国务官员在几种"公平"贸易政策领域内的影响力非常有限，因而使得这些"公平"贸易政策的制定和实施明显独立于美国的安全战略；而在贸易自由化政策领域，国务官员与国会的影响力基本保持着平衡，从而使得该政策领域内的具体政策结果一方面能够被国务官员用来服务于美国的安全战略目标，同时在国务官员将该政策进行"安全化"的过程中也会受到国内政治的极大限制。

当然，美国的对外贸易政策远远不只以上三种类型，诸如普惠制、"免责条款"、"337条款"、"301条款"以及进出口银行业务等，同样是美国对外贸易政策中的重要组成部分，它们都对美国的进出口贸易产生着重要影响。[①] 另外，美国的对外经济政策也不仅仅只包括贸易政策，同样包括货币、投资、对外援助政策等。但通过对以上三种贸易政策的分析，有理由认为本书提出的分析框架同样适用于美国其他类型的对外经济政策。

本书的最后一章是总结，主要是对全书的内容和结论做进一步的概括，并阐述本书的研究所具有的理论和现实意义，以及本书研究尚存在的不足之处和未来研究所应延续的方向。本章将强调将安

[①] 关于对美国各种贸易政策类型的更为详尽的介绍，参见 Stephen D. Cohen, Robert A. Blecker, and Peter D. Whitney, *Fundamentals of U. S. Foreign Trade Policy: Economics, Politics, Laws, and Issues*, 2nd Edition, Boulder: Westview Press, 2003。

全研究与国际政治经济学研究结合起来的必要性和理论价值。另外，本章还将以贸易政策为例，简要分析本书的分析框架如何帮助我们更好地理解美国的对华政策，并就中国应该采取的对策谈谈笔者的一些拙见。

第二章

理论背景：安全研究与政治经济学的再融合

冷战期间，特殊的国际政治和经济环境，使得安全研究与政治经济学的研究被人为地割裂开来。冷战结束后，安全与经济之间关系的重要性被重新发现，国际关系学者开始尝试推动安全研究与国际政治经济学研究的再次融合，并形成了几种衔接国际经济与国际安全议题的研究路径，包括对外经济政策与一国安全战略之间的关系，这也是本书写作的重要学术背景。本章第一节将回顾古典政治经济学关于安全问题的研究；第二节将介绍20世纪前半叶尤其是在两次世界大战期间学术界关于安全与经济之间关系的研究成果；第三节主要分析冷战期间安全研究与政治经济学研究的分离及其原因；第四节将介绍安全研究与政治经济学研究在冷战结束之后的再次融合、现有的几个主要研究路径，以及本书的研究定位。

第一节 古典政治经济学关于安全问题的研究

自16世纪以来，经济与安全之间的关系一直是官员和学者关注的重要议题。早期的古典政治经济学对战争的起因、和平的条件、国防的经济基础等问题进行了深入探讨。无论是最初的重商主义者，

第二章 理论背景：安全研究与政治经济学的再融合

还是随后的古典自由主义者，都认为经济与国家安全是密不可分的。

早在重商主义时期（1500—1750 年），财富与权力就被认为是紧密相连、不可分割的，两者之间的关系也成为重商主义理论的核心内容。在重商主义者看来，"无论是出于防卫目的还是为了侵略，财富都是权力的绝对基本因素"，而"权力则是获取并保持财富的必要而且是有价值的手段"。[1] 由于国家之间的关系就是一种寻求权力与财富的斗争，因此国家必须具备足够的经济和军事实力，整合并使用国内的资源以确保国家的领土主权和生存。为了发展军事实力以及在国家间权力斗争中获得相对于别国的优势，重商主义者还主张国家应该介入经济事务当中，采取各种措施推动经济和财富的增长，包括实施殖民政策、促进对外贸易和发展民族工业等。例如，西班牙的重商主义者认为贵金属是军事和经济权力的基础，因此建议君主通过开拓殖民地、禁止黄金的流出和高估外币的汇率等方式不断地积累贵金属；法国的重商主义者强调通过发展工业和扩大贸易来保证黄金的流入，包括支持工业企业，鼓励制成品的出口和禁止进口等；英国的重商主义者则强调通过贸易来发展国民经济，并主张政府以低利率为手段来发展工业和贸易。[2]

美国著名的重商主义者（或经济民族主义者）亚历山大·汉密尔顿（1755—1804 年）在其于 1791 年向美国国会众议院提交的《关于制造业的报告》一文中，尤其强调了制造业对国家安全的重要性，认为国内制造业的发展"有助于美国在军事和其他至关重要的

---

[1] Jacob Viner, "Power Versus Plenty as Objectives of Foreign Policy in the Seventeenth and Eighteenth Centuries," *World Politics*, Vol. 1, No. 1, October 1948, p. 10.

[2] Fanny Coulomb, *Economic Theories of Peace and War*, London: Routledge, Taylor & Francis Group, 2004, p. 15.

供给上不依赖于外国"。① 由于"在一国新兴制造业与另一国早已成熟的制造业之间维持公平的竞争,包括在质量和价格上,在多数情况下是不可行的",汉密尔顿认为,在面临来自英国等欧洲制造业强国的竞争压力下,美国政府必须对本国刚刚起步的制造业提供特别的帮助和保护,包括提高进口关税、限制原材料出口和实施政府补贴等。② 在关于国家间经济联系对国际冲突的影响上,汉密尔顿认为商业不仅无法促进和平,甚至还可能引发战争。他指出:"到现在为止,商业除了改变战争的目的以外,还做了些什么呢? 爱好财富同爱好权力或荣誉不都是一种凌驾一切和冒险的激情吗? 自从商业成为各国的普遍制度以来,起因于贸易动机的战争,不是和以前由于对领土或统治权的贪婪而引起的战争同样频繁吗? 商业精神在许多情况下不是给予这两种欲望以新的刺激吗?"他进而论证道:"斯巴达、雅典、罗马、迦太基都是共和国;其中雅典和迦太基两国是商业性质的国家。然而它们进行战争的次数,不论是进攻战或防御战,都不亚于它们同时代的邻近君主国。"③

重商主义理论的集大成者弗里德里希·李斯特(1789—1846年)强调了权力和安全的重要性,认为"力量比财富更重要",因为"力量的反面——软弱无能——足以使我们丧失所有的一切,不但使我们既得的财富难以保持,就是我们的生产力量,我们的文化,我们的自由,还不仅是这些,甚至我们国家的独立自主,都会落到

---

① Henry Cabot Lodge, ed., *The Works of Alexander Hamilton*, (Federal Edition), Vol. IV, New York: G. P. Putnam's Sons, 1904, p. 70, available at: http://oll.libertyfund.org/titles/hamilton-the-works-of-alexander-hamilton-federal-edition-12-vols (accessed on December 15, 2013).

② Henry Cabot Lodge, ed., *The Works of Alexander Hamilton*, (Federal Edition), Vol. IV, pp. 105 – 106, 143 – 154.

③ [美]汉密尔顿、杰伊、麦迪逊著,程逢如、在汉、舒逊译,《联邦党人文集》,北京:商务印书馆,2013年版,第26页。

在力量上胜过我们的那些国家的手里"。① 但与早期的重商主义者不同，李斯特认为生产力而非贵金属或通货才是国家安全的关键，因为一国从事战争的能力主要根据其创造财富的能力来衡量。一国的生产力越强，该国在战时的独立程度就越高，在对外关系中的权力就越大。与汉密尔顿相同，李斯特也认为政府有责任介入经济事务，促进国家生产力的发展，包括通过提高进口关税来保护国内产业，实施航海法保护本国的航运业和贸易，等等。李斯特尤其强调通过保护性关税来扶持本国制造业的发展，因为保护主义能够最大限度地发展生产力。在他看来，虽然保护关税在实施初期会导致工业品价格的提高并降低国民的生活水平，但经过一段时期后，随着本国建立了成熟的工业体系，这些商品的价格就会低于进口商品的价格。因此，"保护关税如果是价值有所牺牲的话，它却使生产力有了增长，足以抵偿损失而有余，由此使国家不断在物质财富的量上获得无限增进，而且一旦发生战事，可以保有工业的独立地位"。②

李斯特在其《政治经济学的国民体系》（1841年）一书中还探讨了和平的经济条件问题，认为各国工业的均衡发展而非国家间的贸易往来能够促进和平。他认为，"工业愈进步，愈加匀称地扩展到世界各国，则发生战争的可能性将愈小。两个工业同样发展的国家如果互相冲突，则彼此在一个星期内可以使对方受到的损害，或者经过整个世代还难以恢复"。③ 他坚信，在各国工业发展水平参差不齐的情况下，"实行普遍自由贸易的结果是不会产生一个世界范围的共和国的，情形将适得其反，比较落后的国家将普遍屈服于工商业和海军强国的优势之下"。要使一个世界共和国成为现实，"只有多

---

① ［德］弗里德里希·李斯特著，陈万煦译，蔡受百校：《政治经济学的国民体系》，北京：商务印书馆，2012年版，第52页。
② 同上书，第144页。
③ 同上书，第124页。

数国家在工业与文化、政治修养与权力达到尽可能同等的程度时，才能办到"。①

作为古典政治经济学中自由主义学派的思想先驱，亚当·斯密（1723—1790年）对自由贸易深信不疑，他不认同重商主义者关于财富的界定，也反对国家过多地干预私营部门的经济活动。但在安全与经济之间的关系上，他的观点与重商主义却惊人地相似。与重商主义者的观点相同，斯密认为财富是国家防务的基础。他认为，在现代战争中，军费的高昂成本，使得富裕的国家比贫穷的国家具有优势。"近代战争火药费用的浩大，显然给能够负担此浩大费用的国家提供了一种利益，而使文明国家对野蛮国家立于优胜的地位。"②与李斯特的观点相同，斯密反对传统重商主义者对贵金属的强调，认为衡量国家军事和战争能力的主要标准是其生产力的发展水平，而非所积累金银的数量。他指出，"一国要对外进行战争，维持远遣的海陆军，并不一定要累积金银。海陆军所赖以维持的不是金银，而是可消费的物品。国内产业的年产物，换言之，本国土地、劳动和可消费资本的年收入，就是在遥远国家购买此等可消费的物品的手段。有了这种手段的国家就能维持对遥远国家的战争"。③在斯密看来，英国之所以能够在七年战争（1756—1763年）中战胜法国，就是由于英国能够从迅速扩张的制造业和对外贸易中获得利润，并以此支付这场战争巨额费用。

在《国民财富的性质和原因的研究》（即《国富论》，1776年）一书中，虽然斯密指出一国物质上的繁荣有赖于政府尽可能少地干预个人自由，但他同时指出，当事关国家安全时，国家必须干预经

---

① [德]弗里德里希·李斯特著，陈万煦译，蔡受百校：《政治经济学的国民体系》，第126—127页。

② [英]亚当·斯密著，郭大力、王亚南译：《国民财富的性质和原因的研究》（下卷），北京：商务印书馆，2012年版，第271页。

③ 同上书，第13页。

第二章　理论背景：安全研究与政治经济学的再融合

济事务，甚至采取贸易保护主义措施，因为君主的义务"首在保护本国社会的安全，使之不受其他独立社会的暴行与侵略"。[①] 他认为，由于英国的国防在很大程度上依赖于它的海员和船只数量，所以英国的航海法"力图通过绝对禁止或对外国航船课重税来使本国海员和船舶独占本国航运业"的做法有利于国家安全，虽然航海法对进行国外贸易是不利的。[②]

斯密还对战争的起因进行了分析，认为战争之所以爆发，是因为国家从战争中所获得的收益超过了战争所需要的成本。他进一步指出，在人类社会的不同发展阶段，战争所带来的成本与收益是不同的。例如，游牧民族比猎人更能以较小的成本从战争中收益，农业社会阶段的战争成本则低于游牧阶段，而在以制造业为主的发展阶段，国家从战争所获的收益较小，并且成本高昂。因此，在经济高度发达的制造业阶段，理性的国家会更少地发起战争。[③]

在战争的根源上，托马斯·马尔萨斯（1766—1834年）提出了不同于斯密的观点，认为战争主要起源于人口所带来的压力。他认为，在人口急剧增加的年代，人们为了追求温饱或更好的生活，会进行大规模的迁徙，进而引发冲突和战争。他同时强调，通过造成人口伤亡和人口数量的减少，战争同样能够减轻人口增加所带来的压力。[④]

通过以上介绍可以看出，古典政治经济学者都强调了国家权力和安全的经济基础。不同的是，早期的重商主义者认为贵金属和通

---

① [英] 亚当·斯密著，郭大力、王亚南译：《国民财富的性质和原因的研究》（下卷），第254页。

② 同上书，第34—36页。

③ 同上书，第254—271页。

④ Craufurd D. Goodwin, "National Security in Classical Political Economy," in Craufurd D. Goodwin, ed., Economics and National Security: A History of Their Interaction, Durham, N. C.: Duke University Press, 1991, p. 26.

货是经济基础的主要内容,而古典自由主义者和汉密尔顿、李斯特等部分重商主义者则认为工业和生产力才是这种经济基础的主要组成部分。同时,古典政治经济学还从成本与收益的角度分析了战争与冲突的原因,并分别指出了经济发展水平的提高或各国经济发展水平的相似性,是避免冲突和实现和平的重要前提。

第二节 20世纪前半叶关于经济与安全之间关系的研究

从19世纪70年代开始,经济学作为一门独立学科逐渐从关于政治权力和战略关系的研究中分离出来,经济学者开始集中关注如何促进国家和社会财富的最大化。① 虽然古典政治经济学的研究在此背景下开始式微,但学者关于经济与安全之间关系的研究并没有因此消失。20世纪前半叶国际体系和大国互动的特征,对学界研究安全与经济之间的关系起到了重要推动作用。在该时期内,国际体系的结构是多极的,各主要大国之间存在着非常错综复杂的战略互动。由于该时期不存在主导性的国家,并且安全联盟非常不确定,大国纷纷利用它们所能利用的一切手段,包括经济手段,来促进安全目标的获得和维持自身的优势,而保持与其他竞争对手和弱小国家之

---

① 孔利弗(J. B. Condliffe)认为该时期的国际政治背景导致了英美经济学者对国家权力与国际安全问题的漠不关心。他指出,在19世纪,英国处于国际体系的主导地位,其海军控制着主要海洋航线,美国在该时期的对外活动主要局限于美洲地区,因此该时期英美两国的对外经济活动都没有受到明显的安全威胁,从而使得两国当时的经济学者得以主要关注市场和社会经济福利的最大化问题。参见 J. B. Condliffe, "Economic Power as an Instrument of National Policy," *American Economic Review*, Vol. 34, No. 1, March 1944, p. 305。

间在经济上的不对称性成为大国惯用的战略手段。① 在经济与安全成为主要大国战略互动的主要内容的背景下，该时期不同领域内的学者纷纷致力于研究经济与安全之间的内在联系以及这种联系在国际关系中的特殊意义。

在一战前后，很多来自经济学、政治经济学和国际法等不同专业背景的学者纷纷投入到关于战争与和平问题的研究当中，并且在这些研究当中，经济因素一直是重要的考察对象。在经济学领域，一批欧美学者尝试利用经济学的研究视角和分析工具来探讨战争爆发的原因和实现国际和平的途径。他们当中的一些人认为需要对战争的成本进行评估，并质疑在和平时期保持较高军事开支的必要性。还有一些经济学者认为，人类社会的和平并不是理所当然和与生俱来的，通过向相互敌对的国家阐明战争和冲突的高昂成本和较低的收益，能够减少冲突和促进各国利益的协调。②

列宁在1916年关于帝国主义的经典著作中将马克思主义从一种国内经济理论转变为关于资本主义国家之间的政治关系理论，并将帝国主义、不平衡发展与战争问题联系在一起，认为战争是资本主义发展阶段的必然产物。列宁指出，帝国主义模式是资本主义发展的最高阶段，该阶段的资本主义国家通过向海外扩张来缓解其国内的经济压力，而资本主义国家在海外的扩张与相互争夺，使得这些国家间的冲突与战争不可避免，第一次世界大战便是资本主义国家之间为了争夺殖民地、资源和市场而进行的战争。③

---

① [美] 迈克尔·马斯坦多诺："学术与治术中的经济与安全"，载 [美] 彼得·卡赞斯坦、罗伯特·基欧汉、斯蒂芬·克拉斯纳编，秦亚青、苏长和、门洪华、魏玲译：《世界政治理论的探索与争鸣》，第223页。

② William J. Barber, "British and American Economists and Attempts to Comprehend the Nature of War, 1910 – 1920," in Craufurd D. Goodwin, ed., *Economics and National Security: A History of Their Interaction*, pp. 61 – 86.

③ [美] 罗伯特·吉尔平著，杨宇光译：《国际关系政治经济学》，上海人民出版社，2006年版，第35—38页。

在两次世界大战期间，研究国际法和国际组织的学者专门探讨了如何在国际联盟的框架下，通过经济制裁而非战争的手段来应对安全威胁与维护国际和平。例如，戴维·米特拉尼（David Mitrany）在其于1925年出版的一本关于国际制裁的小册子中，探讨了国际制裁的必要性。他认为国际制裁的存在是不可避免的，是实现国际和平的关键，国际争端的和平解决与制裁是完全相互依赖的。在对《国联盟约》（League Covenant）、1925年通过的《日内瓦议定书》（Geneva Protocl）和其他地区协议中关于制裁的条款进行分析后，他指出，"军事制裁必须是一种极端措施，只是在特殊情况下使用"。[1]相反，经济制裁应该成为争端解决的主要措施。在他看来，即使在经济制裁的实施上，也应该采取审慎的态度。他认为，"通过对经济行为的主要功能和影响的分析，我们可以区分三个阶段：预防、抑制和惩罚，而国联的利益和精神并不涉及第三个阶段"。[2]基于这种观点，他认为在经济制裁上的实施过程中，国际联盟的各成员国只需切断与侵略国家之间的经济联系，而无需采取其他过激的措施，因为只有这样，经济制裁才能发挥最佳效果，才能有利于制止侵略和维护和平。

20世纪30—40年代，出于对当时复杂国际形势的反应，一些经济学和历史学家对安全问题给予了极大关注。美国学者赫伯特·费斯（Herbert Feis）对英国、法国和德国这三国主要欧洲大国在1870年至一战期间的对外投资进行了考察，并指出这些国家在该时期的对外投资活动与国际政治博弈和各国的战略考量紧密地联系在一起。他强调了对外投资与国际安全之间的相互关系，认为只有通过理解一战之前的投资与借贷关系，才能理解该时期欧洲的地缘政治版图；

---

[1] David Mitrany, *The Problem of International Sanctions*, New York: Oxford University Press, American Branch, 1925, p. 27.

[2] David Mitrany, *The Problem of International Sanctions*, p. 45.

反之，只有认识到各国的战略意图，才能理解该时期资本的跨国流动。① 另外，赫伯特·费斯还指出，"金融实力经常被用来收买或建立友谊或联盟，金融借贷或收回借贷也经常与政治考量保持一致"。② 因此，该时期的对外投资并非是单纯的商业行为，还是国家间权力斗争的一种重要工具。也正是由于对外投资并不是单纯的商业行为，赫伯特·费斯认为不能期望国际资本的流动能够预防战争和带来国际和平。在他看来，如果要让跨国投资促进国际和平，必须要求政府不再干预对外投资的流向和流量，也不再要求对外投资必须服务于各种政治和战略目标。③

美国芝加哥大学的经济学者尤金·斯塔利（Eugene Staley）通过对1880年以来的一系列历史案例的分析，指出对外投资已经成为各国政府的一种重要外交工具。之前流行的观点认为，各国资本的对外扩张导致了利益摩擦，为了维护在海外的投资利益，各国不惜卷入冲突甚至战争。尤金·斯特利则认为，与其说对外投资是引起国家间冲突的根源，不如说对外投资是国家争夺权力的工具。为了实现在特定地区的政治目标，政府经常会诱导私人资本到该地区去投资，虽然国内的资本持有者出于商业考虑不愿到该地区投资。在他看来，"对外投资对海军的帮助和保护，比海军对投资的帮助和保护要明显有用的多"。④

---

① Herbert Feis, *Europe, the World's Banker, 1870 – 1914：An Account of European Foreign Investment and the Connection of World Finance with Diplomacy Before the War*, New Haven, Conn.：Yale University Press, 1930, xvi.

② Ibid., xvi.

③ Ibid., pp. 468 – 469.

④ Eugene Staley, *War and the Private Investor：A Study in the Relations of International Politics and International Private Investment*, Garden City, NY：Doubleday, Doran & Company, INC., 1935, p. 100.

西方宏观经济学之父约翰·凯恩斯（John M. Keynes）在1936年出版的《就业、利息和货币通论》一书中为重商主义的观点进行了辩护，认为不合理的国际货币体系导致了各国利益的冲突，并埋下了国际冲突的祸根。他指出，在金本位和固定汇率体系下，国际收支平衡是决定一国货币与利率高低的主要因素，各国必须以牺牲他国利益为代价来促进本国出口，以获得尽可能多的贵金属。在这种货币体系下，各国无法实现充分就业，并使得维持国际和平异常困难。[1]

在第二次世界大战即将结束之际，美国卡内基国际和平基金会的经济学家J. B. 孔利弗（J. B. Condliffe）专门探讨了国家安全的经济基础问题。他认为国家的经济权力，即用来支撑国家军事实力的经济活动，是经济学领域必须关注的重要议题。由于预测到二战结束后美国的经济实力无论在绝对量上还是在相对量上都要强于其他主要国家，他认为经济学者需要认真探讨美国的经济实力是否是其国家权力的基础，以及如何在当代国际体系的背景下更好地使用经济权力。[2]

著名经济学家艾伯特·赫希曼（Albert O. Hirschman）在1945年指出，"对于现代国君来说，除了要通晓马基雅维利的治国理念外，还应该熟知如何最有效地使用配额、汇率控制、资本投资以及实施经济战的其他手段"。在他看来，"将国际经济关系当作国家权力手段的做法是二战爆发之前国际关系的一个普遍现象"。[3] 在《国家权力与对外贸易结构》（1945年）一书中，赫希曼专门研究了对外贸易如何影响了国家的权力。他认为，一方面贸易能够增加商品尤其是稀缺商品的供给，进而提高一国的军事实力；另一方面，贸

---

[1] [英]约翰·梅纳德·凯恩斯著，高鸿业译：《就业、利息和货币通论》，北京：商务印书馆，2009年版，第359—360页。
[2] J. B. Condliffe, "Economic Power as an Instrument of National Policy," p. 307.
[3] Albert O. Hirschman, *National Power and the Structure of Foreign Trade*, xv.

第二章 理论背景：安全研究与政治经济学的再融合

易还能够形成依附关系，成为一国向他国施加影响的政策工具。[①] 他的研究为理解国家如何使用不对称相互依赖的权力提供了基本分析框架，并为后来关于经济制裁和经济接触的研究提供了重要的理论基础。

作为一门独立的学科，国际关系学在其成立之初也一直将经济与安全结合起来加以研究。作为国际关系研究领域"政治现实主义的奠基人"，爱德华·卡尔（Edward H. Carr）在1939年出版的《20年危机（1919—1939）：国际关系研究导论》这本经典著作中对权力的经济内涵进行了分析，强调在国际关系的研究中不能忽略经济因素。爱德华·卡尔指出，"经济力量实际上就是政治力量。我们既不能把经济学视为历史的无足轻重的附属物，也不能将经济学视为独立的科学，在其框架中历史就可以得到解释"。[②] 他认为，国际领域的政治权力可以分为三类，包括军事力量、经济力量和支配舆论的力量，并且这三种类型的权力是高度相互依赖、不可分割的。作为权力的不同形式，军事手段和经济手段都是为了增加权力。一方面，爱德华·卡尔在很大程度上继承了重商主义关于经济与安全的观点，认为经济是军事和安全的基础，指出"只有最原始的战争才会与经济因素完全无关"。各国为了为了维持强大的军事体系，会"实施不断寻求财富的的政策"。这也使得"从文艺复兴到18世纪中期，主要的国际战争都是为贸易而进行的战争（其中有些就被称为贸易战争）"。[③] 另一方面，爱德华·卡尔认为，对外经济政策还可以通过两种方式成为服务国家安全战略目标的工具。首先，对外经济政策能够帮助国家在国防建设上实现自给自足。他指出，在整个19世纪，主要大

---

① Albert O. Hirschman, *National Power and the Structure of Foreign Trade*, pp. 14 – 15.

② ［英］爱德华·卡尔著，秦亚青译：《20年危机（1919—1939）：国际关系研究导论》，世界知识出版社，2005年版，第109页。

③ 同上书，第106—107页。

国都通过自给自足的方式来增加国家的权力与安全。例如，美国在汉密尔顿的建议下，通过征收进口关税、禁运、补贴和优惠等措施对国内一些关键产业进行保护和扶持；德国同样通过实施重商主义的政策来实现国家的自给自足，从而使德国在19世纪后半叶获得了显著的成功；在经济上支持自由放任政策的英国同样通过自身强大的海军力量来实现海外粮食和原材料的供应。其次，对外经济政策还可以成为直接向其他国家施加影响力的手段，包括资本输出和控制国外市场等。爱德华·卡尔还特别指出，"近年来，资本出口已经成为强国经常使用的方法。英国在整个19世纪占据政治主导地位，这与伦敦作为世界金融中心的地位是密不可分的。……本世纪美国的政治权力大增，主要原因是美国成为国际市场上的主要资本放贷国家，其资本先是向拉美出口，自1914年之后又流向欧洲"。[1]

在战后初期的国际关系研究领域，很多学者的研究同样涉及安全与经济之间的关系。该时期的国际关系学者通常从更加宽泛的视角来界定国家安全以及追求国家安全目标的手段，将安全、经济福利和个人自由等作为国家追求的共同目标或价值，并且认为这些价值的相对重要性根据不同国家的情况和历史背景会出现变化，因此需要作出不同的权衡。[2] 另外，在实现国家安全目标的手段上，国际关系学者普遍强调非军事手段的重要性，认为国家不能过度依赖军事手段。例如，伯纳德·布罗迪（Bernard Brodie）强调国家安全政策主要是"在国内和国外的环境下处理政治、社会、经济以及军事事务"；[3] 哈罗德·拉斯韦尔（Harold D. Lasswell）在1950年指出，

---

[1] [英] 爱德华·卡尔著，秦亚青译：《20年危机（1919—1939）：国际关系研究导论》，第115页。

[2] David A. Baldwin, "Security Studies and the End of the Cold War," *World Politics*, Vol. 48, No. 1, October 1995, p. 122.

[3] Bernard Brodie, "Strategy as a Science," *World Politics*, Vol. 1, No. 4, July 1949, p. 477.

应该警惕将"防务政策与军备混为一谈",并认为"我们最大的安全依赖于所有对外政策工具之间的最佳平衡,依赖于军备、外交、信息和经济政策之间的协调";① 阿诺德·沃尔弗斯(Arnold Wolfers)指出,由于安全所包括的目标非常广泛,以至于"很多种政策可以被认为是安全政策工具",并且在一些情况下,非军事手段比军事手段更加重要。②

作为国际关系研究领域传统现实主义学派的主要代表人之一,汉斯·摩根索(Hans J. Morgenthau)在关于经济与安全之间关系问题上,提出了类似重商主义的观点。一方面,他指出了工业能力是构成国家权力的重要组成要素,认为"处于领先地位的工业国家实质上就是大国,并且工业化等级上的变化,无论是向上变化还是向下变化,都必然伴随着或导致权力等级上的相应变化,这是不可避免的"。③ 另一方面,汉斯·摩根索还认为对外经济政策是国家间权力斗争的重要工具。他指出,"自18世纪开始以来,英国在葡萄牙的影响一向是靠强有力的经济控制来支撑的。英国在阿拉伯世界的优越地位是经济政策的产物,而将其经济政策冠之以'石油外交'并无不当之处。相似的是,阿拉伯人也发现了石油的政治用途,这使得阿拉伯产油国相对于进口阿拉伯石油的工业国而言获取了一种前所未有的权力。两次世界大战之间法国之所以能在罗马尼亚等国发挥支配性的影响,在相当大的程度上也是取决于经济因素的"。④

---

① Harold D. Lasswell, *National Security and Individual Freedom*, New York: McGraw-Hill, 1950, p.75.

② Arnold Wolfers, "'National Security' as an Ambiguous Symbol," *Political Science Quarterly*, Vol. 67, No. 4, December 1952, p. 484, 502.

③ [美]汉斯·摩根索著,肯尼思·汤普森、戴维·克林顿修订,徐昕、郝望、李保平译,王缉思校:《国家间政治:权力斗争与和平》(第七版),北京大学出版社,2006年版,第158页。

④ 同上书,第96—97页。

1948年，作为国际关系研究领域内主要学术期刊之一的《世界政治》（World Poltics）创刊。值得一提的是，该期刊创刊号的第一篇文章便涉及经济与安全之间的关系问题。雅各布·瓦伊纳（Jacob Viner）在这篇文章中对重商主义关于财富与权力之间关系的认识进行了重新解读。他认为，在目前的研究中，一种普遍存在的观点是认为重商主义者强调财富只是国家追求权力的手段，而非目的。雅各布·瓦伊纳对这种观点进行了批驳，认为在重商主义者看来，不仅财富是权力的手段，权力也是国家获取财富的重要工具，财富与权力在对外政策中互为目标和手段。[1]

在《世界政治》期刊第二期的一篇文章中，爱德华·梅森（Edward S. Mason）同样探讨了经济与安全在对外政策中的互动。他指出，美国的对外政策具有两个主要目标，包括维持和平和拥有针对敌人的最大化军事能力。这两个目标在现实中是相互关联的，因为维持和平的努力可能会削弱本国的军事实力，而为了最大化本国的军事实力，则又会增加战争的可能性。因此，国家的安全战略应该是在两者之间维持一种平衡，而"经济考量则是连接这两个安全目标的关键所在"。[2] 他认为，不仅推动国家军事潜力的最大化问题涉及到经济成本与收益的计算，而且关于和平的预期同样会受到不同经济政策选择的影响。

第三节 冷战期间安全研究与政治经济学的分离

冷战期间，尤其是从20世纪50年代中期开始，国际关系研究

---

[1] Jacob Viner, "Power Versus Plenty as Objectives of Foreign Policy in the Seventeenth and Eighteenth Centuries," pp. 1 – 29.

[2] Edward S. Mason, "American Security and Access to Raw Materials," World Politics, Vol. 1, No. 2, January 1949, p. 147.

逐渐被人为地分成"高级政治"和"低级政治"两个领域。其中前者主要涉及国家之间的军事关系，而后者只涉及到国内社会压力和国家间的经济关系等议题。早期关于经济与安全之间关系的研究传统逐渐被忽视，取而代之的是安全研究与政治经济学长达几十年的分离。

从1955年开始，由于美苏竞争加剧，安全研究进入所谓的"黄金时期"。该时期，各国面临的安全挑战比较显著，国际关系研究者也因此主要从狭义的角度关注安全议题，经济议题则留给了经济学家来研究。在战后的第一个十年，安全研究所考虑的议题包括安全概念的界定、安全目标与其他目标相比的重要性以及通过何种方式来寻求国家安全。而从第二个十年开始，学者们开始从更加狭隘的视角界定安全研究，认为安全主要是如何运用军事手段来实现军事目标，安全研究应主要关注如何使用不同类型的武器，相关研究被核武器、威慑、军备控制和有限战争等议题所主导。由于核武器对新的两极体系中的超级大国关系产生了巨大影响，国际关系学者在安全研究中首要关注的是如何理解核革命的含义，分析威慑的逻辑，探讨相互确保摧毁战略以及如何把核武器作为工具用于政治谈判中。[1] 这些学者关注的核心问题十分明确，即"考虑到核战争的风险，国家该如何将大规模杀伤性武器的运用当作政策工具"。[2]

在此背景下，此前非常普遍的关于经济与安全因素之间互相作用的分析，从1955年之后几乎销声匿迹。赫德利·布尔（Hedley Bull）在1968年指出，西方学界的战略家们"极易倾向于思考通过

---

[1] 该研究领域的代表性人物包括托马斯·谢林（Thomas Schelling）、威廉姆·考夫曼（William W. Kaufmann）、赫尔曼·卡恩（Herman Kahn）、格莱恩·斯奈德（Glenn Snyder）、艾尔伯特·沃尔斯泰特（Albert Wohlstetter）、亨利·基辛格（Henry Kissinger）等。参见 Richard Smoke, "National Security Affairs," in Fred I. Greenstein and Nelson W. Polsby, eds., *Handbook of Political Science*, Vol. 8: International Politics, Reading, MA: Addison—Wesley, 1975, pp. 247 - 362。

[2] Stephen M. Walt, "The Renaissance of Security Studies," p. 214.

军事手段解决对外政策所面临的的问题,而忽视了其他可获得的手段"。① 斯蒂芬·沃尔特(Stephen M. Walt)在20多年后的一篇总结性文章中指出,冷战初期的安全研究对政治的界定非常狭隘,"倾向于忽视造成国际紧张的非军事根源"。② 该时期只有很少研究国际事务的学者将经济与安全议题结合起来。例如,林肯·戈登(Lincoln Gordon)和阿尔文·鲁宾斯坦(Alvin Z. Rubinstein)等学者在《国际组织》(International Organization)上发表的几篇涉及经济与安全之间关系的实证性研究。其中,林肯·戈登指出经济合作与安排是北约成员国家加强联盟关系的一个重要组成部分;③ 阿尔文·鲁宾斯坦考察了战略冲突如何影响了美国和苏联在国际经济组织中的互动;④ 等等。

  迈克尔·马斯坦多诺认为,从事安全研究的学者之所以在冷战初期将研究议程设置得很狭窄,并且忽视经济因素在对外政策中的作用,主要是因为该时期美苏关系和核武器的独特性。一方面,美苏这两个超级大国之间不存在太多的直接经济联系,并且两国对国际经济的依赖也不显著;另一方面,随着核武器成为国防战略的中心,经济对于军事的意义变得不再突出,因为一旦国家掌握了核武器,动用经济资源来进行长期战争或者毁灭对手的经济能力则显得不再重要。在此情况下,"核武器的摧毁能力使其成为'绝对的武器',它们使国家在考虑自身的安全时,不需要像传统大国那样一直

---

① Hedley Bull, "Strategic Studies and Its Critics," *World Politics*, Vol. 20, No. 4, July 1968, p. 600.

② Stephen M. Walt, "The Renaissance of Security Studies," p. 215.

③ Lincoln Gordon, "Economic Aspects of Coalition Diplomacy: The NATO Experience," *International Organization*, Vol. 10, No. 4, November 1956, pp. 529 – 543.

④ Alvin Z. Rubinstein, "Soviet and American Policies in International Economic Organizations," *International Organization*, Vol. 18, No. 1, Winter 1964, pp. 29 – 52.

第二章 理论背景：安全研究与政治经济学的再融合

去担心在大国经济竞争中的相对权力地位"。[1]

另外，与二战前后相比，冷战初期从事国际经济研究的学者同样很少关注安全议题，也没有关注国际经济关系的政治和战略意义，似乎认为战争与安全是一个过于简单的问题，不需要经济学领域内所广泛使用的研究方法。该时期的主流经济学家要么倾向于对国际经济过程做描述性解释，要么就是随着学术专业化的发展，试图在对国际政治环境做简单假设的基础上提出一些复杂的国际贸易与支付模型。[2] 正如苏珊·斯特兰奇（Susan Strange）在考察了该时期国际关系与国际经济研究文献之后所指出的，"我们迫切需要一种国际经济关系的理论，一种我们每个人都感到最满意的和与其他任何形式国际关系理论相一致的政治理论"。[3]

从20世纪60年代中期开始，国际形势的一系列变化结束了传统安全研究的"黄金时期"。首先，越南战争的爆发使得人们将注意力从美苏之间的冷战转移到美越之间的热战，而之前关于美苏关系、北约和核战略的研究无法被应用于越南战争，使得安全研究开始受到越来越多的质疑。其次，安全研究在越战结束后并没有迅速恢复，还因为冷战局势的缓和和各国经济相互依赖的加深使得经济议题吸引了国际关系学者更多的关注。尤其是在20世纪70年代，布雷顿森林体系的解体和阿拉伯国家的石油禁运，使得美国经济竞争力的变化和美国经济地位相对衰落问题成为国际政治学者关心的中心议题，也使得人们认识到对国家地位和安全造成威胁的因素不仅来自军事领域，同样来自非军事领域。在此背景下，国际关系研究的一

---

[1] [美] 迈克尔·马斯坦多诺："学术与治术中的经济与安全"，载 [美] 彼得·卡赞斯坦、罗伯特·基欧汉、斯蒂芬·克拉斯纳编，秦亚青、苏长和、门洪华、魏玲译：《世界政治理论的探索与争鸣》，第228页。

[2] 同上。

[3] Susan Strange, "International Economics and International Relations: A Case of Mutual Neglect," *International Affairs*, Vol. 46, No. 2, April 1970, p. 310.

个重要领域——国际政治经济学（International Political Economy，IPE）——开始兴起，经济议题再次成为国际关系研究者所关注的一个重要对象。许多国际关系学者通过借用经济学的概念和观点，从政治学的角度来研究体系层次上的国际经济合作与冲突以及国家层次上的对外贸易、投资与货币政策。

虽然国际关系学者开始对经济议题给予更多的关注，国际政治经济学也逐渐成为国际关系研究的重要学术分支，但经济议题的研究与安全议题的研究仍然处在隔离状态。正如有学者指出的，"国际经济议题重要性的增加并没有导致国际关系学术研究中经济与安全研究的整合，相反，两个独特的次领域研究——国际政治经济学与安全研究——仍然按照两个平行的方向发展着"。[①] 时任《国际研究季刊》（International Studies Quarterly）主编雷蒙德·杜瓦尔（Raymond D. Duvall）等学者的观察印证了以上观点。他们在一篇介绍性文章中指出，"在近些年来，国际关系的政治经济学受到了越来越多的关注。……然而我们发现，作为经济—政治关系中的一个重要方面，经济因素与国际冲突的原因和产生之间的关系很少在研究领域被给予关注或探讨"。[②]

关于国际政治经济学与安全研究在该时期的分离，一些学者认为主要根源于安全议题与国际经济议题所具有的不同特征，这些特征上的差异影响了国家在这些领域内的互动与合作，进而影响了学术界的研究。[③] 更多的学者则从冷战时期国际体系结构的特征寻找原因。例如，理查德·库珀（Richard N. Cooper）认为冷战后期的国际

---

① [美]迈克尔·马斯坦多诺："学术与治术中的经济与安全"，载[美]彼得·卡赞斯坦、罗伯特·基欧汉、斯蒂芬·克拉斯纳编，秦亚青、苏长和、门洪华、魏玲译：《世界政治理论的探索与争鸣》，第230页。

② Raymond D. Duvall, et al. "The Economic Foundations of War: Editor's Introduction," *International Studies Quarterly*, Vol. 27, No. 4, December 1983, p. 379.

③ Charles Lipson, "International Cooperation in Economic and Security Affairs," *World Politics*, Vol. 37, No. 1, October 1984, pp. 1–23.

第二章 理论背景：安全研究与政治经济学的再融合

体系仍然处于一种"双轨制"体系当中，即国际经济问题主要存在于美国与其盟国之间，而安全问题则主要是美国阵营与苏联阵营之间的竞争关系。① 阿隆·弗里德伯格（Aaron L. Friedberg）指出，"从某种程度上来看，最近所出现的史无前例的现象是，军事力量的模式现在完全与世界范围内的经济资源分布不相匹配"。② 一方面，美苏两个超级大国之间无太多经济联系；另一方面西方发达国家之间除了关于防务负担的分配外并无其他显著安全问题的困扰。在此背景下，由于其最主要的安全挑战者不是一个经济挑战者，而最主要的经济挑战则来自于盟国，国际政治经济学研究者可以在不考虑国际安全环境的前提下分析西方发达国家之间的政治经济问题。③ 正如国际政治经济学主要代表学者之一的罗伯特·基欧汉（Robert Keohane）在1984年指出的，"我们在分析中重点考察发达工业化国家的政治经济情况，而不是经常涉及国际安全方面的事务，这样做是有一定理由的"。④

在国际政治经济学领域关于对外经济政策的研究中，学者要么认为国内利益集团或阶级塑造了对外经济政策，要么将对外经济政策作为国家经济利益——尤其是霸权国经济利益——的一种反应，或者将对外经济政策当作是满足世界资本主义经济功能的需求。国际政治经济学的两个主要理论成果——霸权稳定论和内生关税理论（endogenous tariff theory）——要么主要关注国家福利最大化，要么强调集团利益对经济政策的影响，普遍忽视了安全战略对一国外经

---

① Richard N. Cooper, "Trade Policy Is Foreign Policy," *Foreign Policy*, No. 9, Winter 1972–1973, pp. 18–36.

② Aaron L. Friedberg, "The Strategic Implications of Relative Economic Decline," *Political Science Quarterly*, Vol. 104, No. 3, Autumn 1989, p. 428.

③ Jonathan Kirshner, "Political Economy in Security Studies after the Cold War," pp. 64–65.

④ [美] 罗伯特·基欧汉著，苏长和、信强、何曜译：《霸权之后：世界政治经济中的合作与纷争》，上海人民出版社，2001年版，第167页。

济政策的影响。

霸权稳定论认为,开放和自由的世界经济需要有一个居霸主或主导地位的强国提供必需的国际公共物品,诸如国际货币基金组织(IMF)、世界银行(WB)和关贸总协定(GATT)等国际经济机制的建立和维持依赖于经济实力集中在一个霸权国或主导国家。在该理论看来,"由一个国家主宰的霸权结构,非常有益于强大的国际机制的发展,这个机制的运行规则相对比较明确,并且得到很好的遵守"。根据该理论,"霸权结构的衰落,将是相应的国际经济机制衰落的前奏"。[1] 霸权国之所以愿意为国际经济体系的开放和稳定提供诸如自由贸易和国际货币等公共物品,是因为这符合霸权国的经济利益,而霸权国的这种经济利益主要来源于其所处的国际经济结构。霸权国在国际经济实力分布中的地位,使得其从提供公共物品所获得的收益大于其所付出的成本。[2]

显然,霸权稳定论在分析国家对外经济政策的根源时,主要考虑的是国际经济实力的分布,而没有考虑国际政治和安全环境的影响。正如斯蒂芬·哈格德(Stephan Haggard)和贝斯·西蒙斯(Beth A. Simmons)指出的,霸权稳定论所关注的"结构"经常被界定为"国际资本主义体系而非世界政治中的实力分布",因此忽视了冷战时期美苏对峙的两极结构对霸权国对外经济政策的影响。[3] 另

---

[1] Robert O. Keohane, "The Theory of Hegemonic Stability and Changes in International Economic Regimes, 1967 – 1977," in Ole Holsti, Randolph M. Siverson, and Alexander L. George, eds. , *Change in the International System*, Boulder, Colo. : Westview Press, 1980, p. 132.

[2] [美]查尔斯·金德尔伯格著,宋承先、洪文达译:《1929—1939年世界经济萧条》,上海译文出版社,1986年版; Stephen D. Krasner, "State Power and the Structure of International Trade," *World Politics*, Vol. 28, No. 3, April 1976, pp. 317 – 347; David A. Lake, *Power, Protection, and Free Trade: International Sources of U. S. Commercial Strategy, 1887 – 1939*, Ithaca, NY: Cornell University Press, 1988.

[3] Stephan Haggard and Beth A. Simmons, "Theories of International Regimes," *International Organization*, Vol. 41, No. 3, Summer 1987, p. 503.

第二章 理论背景：安全研究与政治经济学的再融合

外，霸权稳定论过于强调国家会以最大化自身经济福利为目标，而忽视了它们的军事和战略动机。在很多情况下，国家会追求通过特定经济政策来服务安全战略目标，即使这种经济政策从长期来看会有损于本国经济福利的最大化。[①] 因此，作为国际政治经济学重要理论成果之一的霸权稳定论并未将政治经济学研究与安全研究结合起来。

如果说霸权稳定论从国际体系结构的层面来解释国家的对外经济政策，内生关税理论则是从国内经济结构的层次来分析对外经济政策。根据该理论，对外经济政策，尤其是贸易政策，主要是国内利益集团或阶级等次国家行为体所推动的。这些行为体根据自身经济利益最大化的利益诉求，通过国内政治进程向政府决策者施压，政府最终制定的对外经济政策就是这些国内经济行为体相互博弈和互动的结果。[②] 20世纪80年代以来，一些学者就国内利益集团主要按何种模式进行结盟与组合的问题进行了研究。例如，有的学者认为利益集团主要按照国内不同生产要素的持有者来划分，包括劳工阶层、资本持有者、土地所有者等；有的学者则认为利益集团主要是按照不同产业来划分的，并且同一产业内的工人、资本家和土地所有者在对外贸易上会具有相同的利益和政策偏好。[③] 这种关于对外经济政策的国内分析视角主要关注追求福利最大化的社会利益集团，不仅忽视了安全和战略因素所扮演的角色，同样也忽视了政府或国家在制定对外经济政策中的重要影响。

[①] Lars S. Skålnes, *Politics, Markets, and Grand Strategy: Foreign Economic Policies as Strategic Instruments*, pp. 6–7.

[②] Stephen P. Magee, "Endogenous Tariff Theory: A Survey," in David C. Colander, ed., *Neoclassical Political Economy: The Analysis of Rent-Seeking and DUP Activities*, Cambridge, Mass.: Ballinger Press, 1984, pp. 41–54.

[③] 相关研究的介绍，参见 Jeffry A. Frieden, "Actors and Preferences in International Relations," in David A. Lake and Robert Powell, eds., *Strategic Choice and International Relations*, Princeton, NJ: Princeton University Press, 1999, p. 68。

在"双轨制"的国际体系中,不仅国际政治经济学可以在不考虑国际安全环境的情况下研究发达国家之间的经济关系,安全研究也可以在不考虑国际经济关系及其所涉及的政治问题的情况下,集中关注主要大国之间的军事问题。在国际政治经济学兴起的20世纪70年代,虽然安全研究已经不处在国际关系学科研究的前沿,但对于从事安全研究的国际关系学者来说,经济议题仍然还是属于"低级政治"的范畴。这些学者一方面为自身的研究进行辩护,另一方面通过引入官僚政治模型、心理学方法等分析工具来完善安全研究。① 尤其是自20世纪70年代末以来,受到越南战争的结束、美苏新冷战的开始以及冷战局势的再度紧张等因素的影响,国际关系中的安全研究再次活跃起来。

在20世纪80年代,为了更好地分析和应对国际社会所面临的新的安全挑战,一些学者开始主张用新的国际安全研究取代旧的国家安全研究。该时期的安全研究给予了常规武器和常规战争、大战略研究等议题以新的重视。一些学者引入历史方法、组织理论等分析工具,对传统的威慑理论和核武器政策进行了不同程度的修正,并寻求对战争的根源、和平的条件、联盟的形成与维持以及国防政策的原则等问题作出新的解释。② 然而,新的国际安全研究与1955年以来的国家安全研究非常相似,主要关注的议题同样还是如何利用军事手段来应对军事威胁,安全研究依然表现出"军事化"的倾向。③ 在大战略(Grand Strategy)研究领域,虽然巴里·博森(Barry R. Posen)和约翰·米尔斯海默(John J. Mearsheimer)等学者认

---

① Graham T. Allison and Morton H. Halperin, "Bureaucratic Politics: A Paradigm and Some Policy Implications," *World Politics*, Vol. 24, Spring 1972, pp. 40–79;[美]罗伯特·杰维斯著,秦亚青译:《国际政治中的知觉与错误知觉》,世界知识出版社,2003年版。

② Stephen M. Walt, "The Renaissance of Security Studies," pp. 217–219.

③ David A. Baldwin, "Security Studies and the End of the Cold War," p. 125.

识到决策者可以利用政治、经济和军事手段来实现国家安全目标，但他们在具体的分析中主要强调的仍然是政治和军事手段。[1]

不可否认的是，冷战期间确实存在整合经济与安全研究的努力。例如，依附理论一直持续地关注经济与安全议题的整合，认为资本主义世界经济与政治军事模式之间的互动是自然的现象。然而该理论从来就没有进入西方国际关系学界的主流，并在20世纪80年代逐渐式微。[2] 还有一些学者探讨了从研究方法上整合国际经济与国际安全这两大研究领域的可能性和意义，如将博弈论应用国家之间的经济和安全合作上。[3] 然而，该类研究只是指出了国际经济与国际安全这两个研究领域的相似性，但并未深入分析这两个领域是如何互动的。另外一部分学者关注了经济与安全研究之间的联系，例如，《国际研究季刊》（International Studies Quarterly）在1983年组织了一期以"战争的经济基础"为主题的特刊；[4] 克劳斯·诺尔（Klaus Knorr）等欧美学者在一本论文集中探讨了作为安全目标的经济因素和军事力量的经济基础等议题；[5] 罗伯特·吉尔平（Robert Gilpin）认识到冷战对美国的对外经济政策的塑造，并分析了安全战略如何

---

[1] Barry R. Posen, *The Sources of Military Doctrine: France, Britain, and Germany between the World Wars*, Ithaca, NY: Cornell University Press, 1984, p. 13; John J. Mearsheimer, *Liddell Hart and the Weight of History*, Ithaca, NY: Cornell University Press, 1988, p. 17.

[2] ［美］迈克尔·马斯坦多诺："学术与治术中的经济与安全"，载［美］彼得·卡赞斯坦、罗伯特·基欧汉、斯蒂芬·克拉斯纳编，秦亚青、苏长和、门洪华、魏玲译：《世界政治理论的探索与争鸣》，第233页。

[3] ［美］肯尼思·奥耶编，田野、辛平译：《无政府状态下的合作》，上海人民出版社，2010年版。

[4] "The Economic Foundations of War," Special Issue in *International Studies Quarterly*, Vol. 27, No. 4, December 1983.

[5] Klaus Knorr and Frank Trager, eds, *Economic Issues and National Security*, Lawrence: University of Kansas Press, 1977.

影响了美国的对外投资政策;[1] 罗伯特·鲍德温（Robert A. Baldwin）对"经济治术"（Economic Statecraft）进行了开创性分析;[2] 等等，但这些学者对安全与经济之间的联系并未提供一以贯之的分析，相关的系统性研究则始于冷战结束以后。

第四节 政治经济学与安全研究的再次融合

在冷战期间，由于外部军事威胁是国家安全面临的主要挑战，因此学术界强调安全的军事维度虽然并不合理但是可以理解的。然而，在后冷战时代，随着新的非军事安全威胁的出现，以及随着传统的军事手段无法有效应对新的安全威胁，安全研究领域内原有的思维模式和分析方法逐渐变得不合时宜。在此背景下，安全研究领域出现了一系列变化，该领域的学者对后冷战时代的安全问题逐渐形成了新的认识。[3] 在多数学者看来，首先，国际政治中军事实力的重要性已经下降，这不仅体现为军事威胁在减少，还体现为军事力量在对外政策中的作用在降低；其次，需要重新考察思考国际关系和国家安全的方式，这种认识既起源于后冷战时代国际环境的变化，也起源于原有的理论工具未能预测到冷战结束的时间或实质；最后，需要一个关于国家安全更为广泛的观点，包括将国内问题包括在安全研究的范畴，也包括将外部对国家福祉的非军事威胁作为安全议题。

后冷战时期安全研究的转变以及主要大国之间经济相互依赖的

---

[1] [美] 罗伯特·吉尔平著，杨宇光译：《国际关系政治经济学》，第84页；[美] 罗伯特·吉尔平著，钟飞腾译：《跨国公司与美国霸权》，东方出版社，2011年版。

[2] David A. Baldwin, *Economic Statecraft*, Princeton, NJ: Princeton University Press, 1985.

[3] David A. Baldwin, "Security Studies and the End of the Cold War," p. 118.

第二章　理论背景：安全研究与政治经济学的再融合

不断加深，使得如何通过系统的分析框架将安全研究与国际政治经济学整合起来，成为国际关系学者面临的一个重要课题。正如有学者指出的，"在当代国际关系理论中，国际政治经济学与安全研究之间存在着显著的区分。然而，这很大程度上是一个错误的区分，是与冷战相关的独特环境下的产物，这种区分在后冷战时代变得越来越不合时宜。为了在后冷战时期理解国际关系，对该学科重新整合显得非常必要"。[①]

冷战结束以来，国际关系学者开始应用微观经济模型来解释安全问题，或者利用安全研究的概念，如安全困境和均势等，来解释国际政治经济问题。近些年来，国内学者也同样对经济与国家安全之间的关系给予了很多关注，尤其体现在关于美国对外政策的研究当中。其中，张敏谦教授的《美国对外经济战略》一书是笔者所接触到的较早的系统研究美国外交、安全战略和对外经济政策之间关系的研究成果。[②] 在关于美国安全战略的研究中，一些国内学者考察了对外贸易政策如何作为美国安全战略的一个组成部分。例如，在于群教授主编的关于冷战期间《美国国家安全与冷战战略》一书中，就有两章专门论述美国的对外贸易政策。[③] 类似地，在关于美国对外贸易政策的研究中，一些国内学者也开始关注安全战略的影响。[④]

目前，国际关系学界关于安全与经济之间关系的研究可以划分为两种层次：第一种是体系层次，研究经济相互依赖对国际冲突的影响，以及体系结构和联盟关系对国际经济的影响；第二种是国家

---

① Jonathan Kirshner, "Political Economy in Security Studies after the Cold War," p. 64.
② 张敏谦：《美国对外经济战略》，世界知识出版社，2001年版。
③ 于群主编：《美国国家安全与冷战战略》，中国社会科学出版社，2006年版。
④ 相关研究可参见：张远鹏：《经济全球化与美国经济的重新崛起》，中国社会科学出版社，2004年版，第20—21页；梁碧波：《美国对华贸易政策决定的均衡机理》，中国社会科学出版社，2006年版，第五章；张继民：《美国对华贸易政策的决定：政治经济视角下的均衡》，复旦大学出版社，2009年版，第五章。

层次上的政策研究,研究一国如何通过经济政策服务国家战略目标,以及如何通过战略和军事手段来服务经济目标。[①] 需要指出的是,这两种层次上的研究并不是相互孤立的,而是具有高度的相关性。例如,体系层次上的经济相互依赖既有可能是对国家行为的限制因素,也有可能是国家出于战略考虑而人为创造出来的。为了维护或加强同盟关系,或者为了增加对特定国家的影响力,一国会通过签订优惠贸易协定和提供优惠待遇等途径来推动与相应国家之间的经济合作,进而提高两国间的经济相互依赖水平。

一、经济相互依赖对国际安全的影响

在国际关系学界,关于经济相互依赖与国际冲突之间关系的争论由来已久,但关于该问题的系统性理论分析和实证研究主要集中在冷战结束后的20多年间。从相关的研究成果来看,目前关于相互依赖与冲突之间关系的本质和强度主要存在以下三种不同的观点。[②]

第一种观点认为经济相互依赖程度的增加能够减少冲突和防止战争,而对国际经济交流的阻碍则会导致利益冲突,甚至战争。该观点主要是建立在以下几点认识之上:首先,国家间经济相互依赖的加深,在各国国内形成了依赖于外部市场的利益相关方。由于政

---

① Michael Mastanduno, "Economic Statecraft, Interdependence, and National Security: Agendas for Research," in Jean-Marc F. Blanchard, Edward D. Mansfield, and Norrin M. Ripsman, eds., *Power and the Purse: Economic Statecraft, Interdependence, and National Security*, p. 288.

② Edward D. Mansfield and Brian M. Pollins, "Interdependence and Conflict: An Introduction," in Edward D. Mansfield and Brian M. Pollins, eds., *Economic Interdependence and International Conflict: New perspectives on an Enduring Debate*, pp. 2 – 4; Jean-Marc F. Blanchard, Edward D. Mansfield, and Norrin M. Ripsman, "The Political Economy of National Security: Economic Statecraft, Interdependence, and International Conflict," in Jean-Marc F. Blanchard, Edward D. Mansfield, and Norrin M. Ripsman, eds., *Power and the Purse: Economic Statecraft, Interdependence, and National Security*, pp. 7 – 9.

第二章 理论背景：安全研究与政治经济学的再融合

治纷争和军事冲突会损害这些利益相关方的利益，它们会向本国政府施压，要求避免冲突，从而对政府挑衅性的对外政策进行限制。其次，由于经济交往和武力征服都是可以被国家用来获取资源和促进政治安全与经济增长的手段，并且这两种手段是可以相互替代的，因此，贸易和对外投资的增加能够降低各国通过领土扩张、帝国主义和对外征服来获取财富和实现国家安全的动机。最后，经济相互依赖的加深还增加了各国政府和社会之间的接触和交流渠道与频率，而不断增加的接触和交流会有利于促进各国之间形成合作性的政治关系。

第二种观点认为经济相互依赖的加深不仅无法减少冲突，甚至还会损害国家安全并导致国家冲突。这种观点认为，各国从国际经济交往中所获得的收益是不同的，有些国家能够从中获得相对于其他国家更大的利益。久而久之，这种收益上的差异会导致国家间实力对比的变化，而实力对比的变化则被普遍认为是导致军事冲突的主要原因之一。经济相互依赖的加深之所以会导致冲突的加剧，还因为经济联系的加强导致了潜在冲突议题的增加，各国围绕经济议题的冲突有可能演化为政治敌对。另外，有些国家为了降低对外经济依赖所带来的脆弱性，可能会倾向于通过武力等方式来管理甚至切断与潜在挑战国的经济联系。最后，在现实中，各国对贸易的依赖程度也会有所不同。那些对贸易的依赖程度较低的国家很难受到经济相互依赖的制约，因为切断与外界的经济联系给这些国家所带来的成本较低。

与前两种观点不同，第三种观点认为国际经济关系对国际冲突并没有显著的影响。持该观点的学者认为，国家间的敌对主要来自政治—军事实力分布的变化，经济关系对政治和军事冲突的影响建立在权力政治的基础上。例如，在一战之前，主要大国间的经济联系非常密切，在二战之前，这些国家间的经济联系则比较弱，这表明冲突的爆发与经济联系之间并没有必然的联系。

冷战结束以来，很多学者通过建立数据库和理论模型，利用大样本的统计方法来检验国际经济联系对国家间冲突的影响，相关的研究成果分别对以上三种观点的一种提供了经验支持。其中，布鲁斯·拉塞特（Bruce M. Russett）和约翰·奥尼尔（John R. Oneal）等学者的实证研究支持了经济相互依赖能够促进和平的观点；[①] 凯瑟琳·巴比艾里（Katherine Barbieri）等学者的研究认为经济相互依赖并不能预防冲突，甚至会加剧冲突；[②] 还有一些学者的分析则认为经济相互依赖与冲突之间并没有直接的联系，很难通过相互依赖程度的高低来预测国家之间军事冲突发生的可能性或频率。[③]

关于该议题更多的研究是界定影响经济依赖与国际冲突之间关系的中间变量，即在何种条件下逐渐增长的经济联系会降低国家间的冲突。例如，爱德华·曼斯菲尔德（Edward D. Mansfield）等学者认为优惠贸易安排（preferential trade arrangements, PTAs）的存在与否，决定了国际经济联系是否会对冲突产生显著影响。具体地，国际商品流动的增加能够显著减少PTAs成员国之间的军事冲突，而对

[①] John R. Oneal, Frances H. Oneal, Zeev Maoz, and Bruce M. Russett, "The Liberal Peace: Interdependence, Democracy, and International Conflict, 1950 – 1985," *Journal of Peace Research*, Vol. 33, No. 1, February 1996, pp. 11 – 28; John R. Oneal and Bruce M. Russett, "The Classical Liberals Were Right: Democracy, Interdependence, and Conflict, 1950 – 1985," *International Studies Quarterly*, Vol. 41, No. 2, June 1997, pp. 267 – 293; "Assessing the Liberal Peace with Alternative Specifications: Trade Still Reduce Conflict," *Journal of Peace Research*, Vol. 36, No. 4, July 1999, pp. 423 – 442; Bruce M. Russett and John R. Oneal, *Triangulating Peace: Democracy, Interdependence, and International Organization*, New York: W. W. Norton, 2001.

[②] Katherine Barbieri, "Economic Interdependence: A Path to Peace or a Source of Interstate Conflict?" *Journal of Peace Research*, Vol. 33, No. 1, February 1996, pp. 29 – 49; Hyung Min Kim and David L. Rousseau, "The Classical Liberals Were Half Right (or Half Wrong): New Tests of the 'Liberal Peace', 1960 – 88," *Journal of Peace Research*, Vol. 42, No. 5, No. 5, September 2005, pp. 523 – 543.

[③] Cullen F. Goenner, "Uncertainty of the Liberal Peace," *Journal of Peace Research*, Vol. 41, No. 5, September 2004, pp. 589 – 605.

第二章　理论背景：安全研究与政治经济学的再融合

非 *PTAs* 成员国之间的冲突则没有影响。[1] 保罗·帕帕约诺（Paul A. Papayoanou）认为经济相互依赖与国际冲突之间的关系受到国内政治制度的影响。通过对一战之前英国和德国对外战略的考察，他认为两国之所以在该时期采取了不同的安全战略，是因为它们各自国内政治制度的差异，这些制度决定了是具有国际利益导向的社会集团还是具有国内利益导向的社会集团在国家安全决策中占据主导地位。[2] 克里斯托弗·盖尔皮（Christopher Gelpi）和约瑟夫·格雷克（Joseph M. Grieco）认为经济相互依赖对战争的影响建立在民主制度的基础之上，民主国家之间的相互依赖能够减少战争风险，而非民主国家之间的相互依赖则会导致冲突的恶化。[3]

哈沃德·海格瑞（Håvard Hegre）认为国内经济状况决定了经济相互依赖对双边安全关系的影响。具体地说，发达工业国家之间经济联系的加强能够降低相互之间的敌对，而发展中国家之间的经济

---

[1] Edward D. Mansfield, Jon C. Pevehouse, and David Bearce, "Preferential Trading Arrangements and Military Disputes," in Jean-Marc F. Blanchard, Edward D. Mansfield, and Norrin M. Ripsman, eds., *Power and the Purse: Economic Statecraft, Interdependence, and National Security*, pp. 92 – 118; Edward D. Mansfield and Jon C. Pevehouse, "Trade Blocs, Trade Flows, and International Conflict," *International Organization*, Vol. 54, No. 4, Autumn 2000, pp. 775 – 808; Edward D. Mansfield, "Preferential Peace: Why Preferential Trading Arrangements Inhibit Interstate Conflict," in Edward D. Mansfield and Brian M. Pollins, eds., *Economic Interdependence and International Conflict: New perspectives on an Enduring Debate*, pp. 222 – 236.

[2] Paul A. Papayoanou, "Interdependence, Institutions, and the Balance of Power: Britain, Germany, and World War I," *International Security*, Vol. 20, No. 4, Spring 1996, pp. 42 – 76.

[3] Christopher Gelpi and Joseph M. Grieco, "Economic Interdependence, the Democratic State, and the Liberal Peace," in Edward D. Mansfield and Brian M. Pollins, eds., *Economic Interdependence and International Conflict: New perspectives on an Enduring Debate*, pp. 44 – 59.

联系则不能减少相互之间的冲突。① 彼得·李伯曼（Peter Liberman）考察了经济相互依赖与进攻—防御平衡之间的互动如何对冲突产生影响。他认为在防御主导的情况下，贸易的增加会容易导致冲突，因为严重依赖贸易的防御方出于增强自给自足和减少脆弱性的需要，会采取武力方式来征服能够给自己带来巨大经济收益的第三方国家。② 伊特尔·索林根（Etel Solingen）认为全球市场、制度和规范的扩张影响了国内联盟，而国内联盟的特征则影响了地区层面上的冲突与合作。③ 戴尔·考普兰（Dale C. Copeland）的研究表明，经济上相互依赖的国家走向战争的可能性不取决于它们之间的相互依赖程度，而取决于它们对未来贸易关系的预期。④ 虽然目前学界关于该问题并没有形成统一的答案与共识，但近些年的研究无疑进一步加深了我们对经济相互依赖与国际冲突之间关系的理解。

二、国家间经济关系的政治和安全基础

第二个研究议题把经济相互依赖与国际安全之间的因果关系颠倒过来，考察国际安全对国际经济关系的影响。根据对国际安全内涵的不同界定，该研究领域内的学者分别关注了国际权力结构、联

---

① Håvard Hegre, "Development and the Liberal Peace: What Does It Take to Be a Trading State?" *Journal of Peace Research*, Vol. 37, No. 1, January 2000, pp. 5 – 30.

② Peter Liberman, "The Offense-Defense Balancce, Interdependence, and War," in Jean-Marc F. Blanchard, Edward D. Mansfield, and Norrin M. Ripsman, eds., *Power and the Purse: Economic Statecraft, Interdependence, and National Security*, pp. 59 – 91.

③ Etel Solingen, "Internationalization, Coalition, and Region Conflict and Cooperation," in Edward D. Mansfield and Brian M. Pollins, eds., *Economic Interdependence and International Conflict: New perspectives on an Enduring Debate*, pp. 60 – 85.

④ Dale C. Copeland, "Economic Interdependence and War: A Theory of Trade Expectations," *International Security*, Vol. 20, No. 4, 1996, pp. 5 – 41; "Trade Expectations and the Outbreak of Peace: Détente 1970 – 74 and the End of the Cold War 1985 – 91," in Jean-Marc F. Blanchard, Edward D. Mansfield, and Norrin M. Ripsman, eds., *Power and the Purse: Economic Statecraft, Interdependence, and National Security*, pp. 15 – 58.

第二章　理论背景：安全研究与政治经济学的再融合

盟、军事争端、战争、政治相似性等对国家间贸易、投资等经济关系的影响。

乔安娜·古瓦（Joanne Gowa）等学者关注了国际权力分布这一结构性因素对国家间贸易的影响。他们的研究认为，由于贸易具有安全外部性（security externality）特征，即对外贸易能够直接推动贸易伙伴国的经济增长并间接提高伙伴国的军事实力，因此各国会更倾向于加强与盟国之间的经贸合作，限制与敌对国或潜在对手的贸易。另外，相对于多极体系下的联盟结构，由于在两极体系下联盟背叛的风险相对较小，并且联盟责任较为清晰，因此两极体系下联盟成员之间更容易结成自由贸易联盟，盟国之间的贸易量也会明显高于多级体系下盟国之间的贸易量。[1] 乔安娜·古瓦在分析美苏两极格局下的战略对抗如何塑造了冷战时期的国际贸易时指出，"即使是对二战后的历史非常不经意的分析，都会发现对权力的追求强烈地影响了对财富的追求。在冷战期间，国际贸易与被分为两大政治军事集团的国际格局密切相关。毫无例外地，北大西洋组织的成员国成为关贸总协定的成员，而华沙条约组织的成员则加入了经济互助委员会"。[2] 在随后的研究中，她还指出了联盟关系如何在不完全市场条件下为盟国之间的贸易提供了政治基础。[3]

一些学者专门考察了不同类型的联盟关系对贸易的影响。例如，爱德华·曼斯菲尔德和瑞秋·布朗森（Rachel Bronson）认为，在其他条件相同的情况下，盟国之间的贸易量要大于非盟国之间的贸易量，并且如果盟国之间存在优惠贸易协定，则这些盟国之间的贸易

---

[1] Joanne Gowa, *Allies, Adversaries, and International Trade*, Princeton, NJ: Princeton University Press, 1994; Joanne Gowa and Edward D. Mansfield, "Power Politics and International Trade," *American Political Science Review*, Vol. 87, No. 2, June 1993, pp. 408 – 420.

[2] Joanne Gowa, *Allies, Adversaries, and International Trade*, p. 3.

[3] Joanne Gowa and Edward D. Mansfield, "Alliances, Imperfect Markets, and Major-Power Trade," *International Organization*, Vol. 58, Fall 2004, pp. 775 – 805.

量要明显高于未签订优惠贸易协定的盟国间的贸易量。① 类似地，安德鲁·朗（Andrew G. Long）等学者认为如果同盟条约中存在具体的经济合作安排，则盟国之间的贸易要高于非盟国之间的贸易；如果盟国条约中不包括具体的经济合作安排，则盟国之间的贸易量并不显著高于非盟国之间的贸易量。② 在另外一篇文章中，安德鲁·朗还指出了具有防务承诺的联盟能够明显增加成员国之间的贸易，而不具有防务承诺的联盟对成员国间贸易的影响与非联盟国家之间的贸易没有显著区别。另外，与乔安娜·古瓦的观点不同，安德鲁·朗认为联盟对贸易的影响并不受到国际体系结构的制约。③

还有一些学者考察了国家间军事冲突（MIDs）与战争对国际贸易的影响。例如，查理斯·安德顿（Charles H. Anderton）和约翰·卡特（John R. Carter）对 27 对国家之间的战争对这些交战国之间贸易的影响进行了统计分析，结果显示，战争的确显著减少了交战国之间的贸易流量；④ 李泉（Quan Li）和大卫·萨科（David Sacko）的研究表明，国家间军事争端的不确定性、严重性和持久性程度与争端当事国之间的贸易量成反比；⑤ 约翰·奥尼尔等学者的研究也表

---

① Edward D. Mansfield and Rachel Bronson, "Alliances, Preferential Trading Arrangements, and International Trade," *American Political Science Review*, Vol. 91, No. 1, March 1997, pp. 94 – 107.

② Andrew G. Long and Brett Ashley Leeds, "Trading for Security: Military Alliances and Economic Agreements," *Journal of Peace Research*, Vol. 43, No. 4, 2006, pp. 433 – 451.

③ Andrew G. Long, "Defense Pacts and International Trade," *Journal of Peace Research*, Vol. 40, No. 5, September 2003, pp. 537 – 552.

④ Charles H. Anderton and John R. Carter, "The Impact of War on Trade: An Interrupted Times-Series Study," *Journal of Peace Research*, Vol. 38, No. 4, July 2001, pp. 445 – 457; "Does War Disrupt Trade?" in Gerald Schneider, Katherine Barbieri, and Nils Petter Gleditsch, eds., *Globalization and Armed Conflict*, pp. 299 – 310.

⑤ Quan Li and David Sacko, "The (Ir) Relevance of Militarized Interstate Disputes for International Trade," *International Studies Quarterly*, Vol. 46, No. 1, March 2002, pp. 11 – 43.

明，国家间军事冲突对贸易有消极影响，但他们的研究结果表明联盟关系并不能够显著地促进盟国之间的贸易；[1] 贝斯·西蒙斯（Beth A. Simmons）的研究表明领土争端对争端方之间的贸易具有消极影响；[2] 鲁文·格里克（Reuven Glick）和艾伦·泰勒（Alan M. Taylor）指出战争对交战国之间甚至是对交战国与中立国之间的贸易具有消极影响，并且这种影响能够持续很长时间；[3] 安德鲁·朗认为由于对国内和国际冲突的预期增加了贸易的运输、交易和生产成本，因此冲突减少了国家间的贸易。[4]

威廉姆·迪克森和布鲁斯·穆恩考察了政治相似性对双边贸易的影响。他们指出，出于规避经营风险的本能，从事对外贸易的进出口商会倾向于加强与政治相似性国家之间的贸易往来，因为对后者更加熟悉和信任。他们对1966—1983年间美国的对外贸易所进行的分析显示，政治上的相似性——包括国内政治体系和外交政策取向——显著影响了美国对其他国家的商品出口。具体而言，当一国与美国之间的政治相似度较高时，美国对该国的出口商品的规模越

---

[1] John R. Oneal, Bruce Russett, and Michael L. Berbaum, "Causes of Peace: Democracy, Interdependence, and International Organizations, 1885 – 1992," *International Studies Quarterly*, Vol. 47, No. 3, September 2003, pp. 371 – 393; Omar M. G. Keshk, Brian M. Pollins, and Rafael Reuveny, "Trade Still Follows the Flag: The Primacy of Politics in a Simultaneous Model of Interdependence and Armed Conflict," *Journal of Politics*, Vol. 66, No. 4, November 2004, pp. 1155 – 1179.

[2] Beth A. Simmons, "Rules over Real Estate: Trade, Territorial Conflict, and International Borders as Institution," *Journal of Conflict Resolution*, Vol. 49, No. 6, December 2005, pp. 823 – 848.

[3] Reuven Glick and Alan M. Taylor, "Collateral Damage: Trade Disruption and the Economic Impact of War," Federal Reserve Bank of San Francisco, Working Paper Series, August 2005.

[4] Andrew G. Long, "Bilateral Trade in the Shadow of Armed Conflict," *International Studies Quarterly*, Vol. 52, No. 1, March 2008, pp. 81 – 101.

大；反之，该国从美国进口商品的规模就会较小。①

除了贸易之外，还有一些学者专门考察了国际安全对国际投资的影响。例如，格伦·比格莱泽（Glen Biglaiser）等学者认为美国在一国的军事部署以及美国与该国在外交政策上较高的相似度，能够促进美国对该国的直接投资；② 戴维·菲尔丁（David Fielding）考察了以色列和巴勒斯坦之间的冲突对跨国投资的影响，认为在宏观经济条件不变的情况下，巴以冲突的加剧推动了以色列资本的外流。③

与以上认为国际安全能够影响国家间经济关系的观点不同，还有一些学者认为国际安全对国家间经济关系的影响并不显著，国际冲突并不一定会减少国家间的经济联系，甚至在有些情况下还会促进冲突国在某些经济领域内的交往。例如，詹姆斯·莫洛（James D. Morrow）认为，由于一国可以通过增加国防支出来抵消外部安全威胁，因此贸易所带来的安全外部性问题并不是影响一国对外贸易的主要因素，安全上的考虑不会显著影响与敌对国之间的贸易往来。他指出："国家能够提升他们的军事分配来保护自己。如果一个国家把来自贸易的一些收益用在军事上，另一个国家则能够通过在军事上投入更多资源来减少这种威胁。军事分配一般在国民收入的10%以下，因此每一方都不可能把来自贸易的所有收益都用在军事上。"④

---

① William J. Dixon and Bruce E. Moon, "Political Similarity and American Foreign Trade Patterns," pp. 5 – 25.

② Glen Biglaiser and Karl DeRouen Jr., "Following the Flag: Troop Deployment and U. S. Foreign Direct Investment," *International Studies Quarterly*, Vol. 51, No. 4, December 2007, pp. 835 – 854.

③ David Fielding, "How Does Violent Conflict Affect Investment Location Decisions? Evidence from Israel during the Intifada," *Journal of Peace Research*, July 2004, Vol. 41, No. 4, July 2004, pp. 465 – 484.

④ James D. Morrow, "When Do 'Relative Gains' Impede Trade," *Journal of Conflict Resolution*, Vol. 41, No. 1, February 1997, p. 13.

第二章 理论背景：安全研究与政治经济学的再融合

詹姆斯·莫洛还与其他学者对1907年至1990年间国际政治和冲突对国家间贸易的影响进行了系统考察。与乔安娜·古瓦等学者的观点不同，詹姆斯·莫洛等学者的研究结果表明，军事争端对国际贸易的影响并不大，联盟关系对贸易的影响也不确定。联盟既可能增加也可能减少贸易，并且多极体系下盟国之间的贸易量要明显高于两极体系下盟国之间的贸易量。[1]

凯瑟琳·巴比艾里和杰克·列维（Jack S. Levy）对1870年以来7对曾卷入战争的国家之间的经济关系进行了研究。研究结果表明，在多数情况下，战争对贸易的影响并不显著。虽然战争会暂时地导致双边贸易的下降，但多数情况下战争对贸易关系的影响并不持久，并且经常在战后阶段逐渐增加。[2] 不仅战争不会减少贸易，还有学者认为在一些情况下，战争甚至会促进贸易。例如，相互交战的国家会为了战争需要而扩大贸易，增加相关产品的进口和出口，进而推动了战争期间贸易的增加。[3]

克里斯蒂娜·戴维斯（Christina L. Davis）和索菲·梅尼尔（Sophie Meunier）考察了政治紧张对国家间经济关系的影响，认为在全球化时代，行为体缺乏将政治与经济关系相关联的意愿，政治争端不会显著影响双边的经济往来。她们认为现有贸易和投资关系的沉淀成本（sunk costs）和双边经济关系的相互依赖，使得投资者和消

---

[1] James D. Morrow, Randolph M. Siverson, and Tressa E. Tabares, "The Political Determinants of International Trade: The Major Powers, 1907–90," *American Political Science Review*, Vol. 92, No. 3, September 1998, pp. 649–661.

[2] Katherine Barbieri and Jack S. Levy, "Sleeping with the Enemy: The Impact of War on Trade," *Journal of Peace Research*, Vol. 36, No. 4, July 1999, pp. 463–479; "Does War Impede Trade? A Response to Anderton & Carter," *Journal of Peace Research*, Vol. 38, No. 5, September 2001, pp. 619–624.

[3] Arnd Plagge, "Trade Patterns in the Shadow of Major War," Paper presented at the 65th Annual Meeting of the Midwest Political Science Association in Chicago, IL., April 12–15, 2007.

费者不可能因为国家间的政治争端而去改变他们的市场和商业行为。①

斯科特·卡斯特纳（Scott L. Kastner）考察了冲突影响贸易的条件。他认为，政治冲突是否会减少国家间的经济往来建立在国内政治的基础之上。② 具体而言，如果具有国际经济利益的社会集团在冲突国国内具有很大的政治影响力，则冲突对经济关系的影响并不大。相反，当这些具有国际利益导向的社会集团在国内的政治影响力较小时，则冲突会显著地降低冲突国之间的经济联系。

三、作为战略工具的对外经济政策

正如上文指出的，将对外经济政策作为战略工具的研究在二战之前就已存在。然而，这些早期的研究主要关注的是一些历史案例，很少总结其背后的模式和规律，如决策者将经济政策作为战略工具的目的是什么？主要有哪些方式？在什么情况下才会将对外经济政策服务于安全战略？在何种情况下对外经济政策才能实现战略目标？等等。冷战结束后，很多关注经济与安全之间关系的学者开始尝试对这些问题进行回答。

一般而言，将对外经济政策作为战略工具的方式无外乎两种，即消极的经济战略和积极的经济战略。其中，前一种方式又称为经济制裁或经济强制（economic coercion），是指通过切断或威胁切断与目标国之间的经济联系来改变后者的行为；后一种方式又称经济接触（economic engagement），是指通过允诺向目标国提供优惠经济待遇或经济援助等方式来改变后者的行为。目前学界对经济制裁和

---

① Christina L. Davis and Sophie Meunier, "Business as Usual? Economic Responses to Political Tensions," *American Journal of Political Science*, Vol. 55, No. 3, July 2011, pp. 628 – 646.

② Scott L. Kastner, "When Do Conflicting Political Relations Affect International Trade," *Journal of Conflict Resolution*, Vol. 51, No. 4, August 2007, pp. 664 – 688.

经济接触进行了不少理论和案例分析，但在关于这两种政策的有效性问题上却并未达成一致观点，也缺乏系统的评估。

自20世纪以来，学界关于经济制裁的有效性问题经历了几个不同的认知阶段。起初，出于对战争残酷性的认识，一战后的国际关系学者希望能够通过经济制裁而非军事手段来威慑侵略或者替代战争，因此对经济制裁给予了很高的期望。由于被寄予厚望的国联未能通过经济制裁制止意大利在1935年对埃塞俄比亚的入侵，经济制裁的作用受到了质疑。在此背景下，二战后的多数学者认为经济制裁虽然能够使受制裁国蒙受巨大的经济损失，但并不足以改变受制裁国的挑衅行为。在20世纪80年代中期，戴维·鲍德温等学者通过一系列的理论和案例分析，对这种悲观的认识进行了反驳，认为经济制裁的目标不仅仅在于改变目标国的行为，其作用比学界所认识的要大得多。[①] 20世纪90年代以来，学界围绕经济制裁的有效性问题进行了新一轮探讨。罗伯特·佩普（Robert Pape）等学者对80年代的研究进行了批判，指出这些关于经济制裁的研究在方法上存在问题，并认为经济制裁并不是实现对外政策目标的有效工具，决策者也不应该过度依赖对经济制裁的使用。[②] 戴维·鲍德温等人则对自身的研究进行了辩护，认为无论是从研究方法还是从研究结果上

[①] David A. Baldwin, *Economic Statecraft*, p. 4; Gary Clyde Hufbauer and Jeffrey Schott, *Economic Sanctions Reconsidered: History and Current Policy*, Washington, D. C.: Institute for International Economics, 1985.

[②] Robert A. Pape, "Why Economic Sanctions Do Not Work," *International Security*, Vol. 22, No. 2, Autumn 1997, pp. 90 – 136; "Why Economic Sanctions Still Do Not Work," *International Security*, Vol. 23, No. 1, Summer 1998, pp. 66 – 77; Richard N. Hass, "Sanctioning Madness," *Foreign Affairs*, Vol. 76, No. 6, November/December 1997, pp. 74 – 85; Charles H. Blake and Noah Klemm, "Reconsidering the Effectiveness of International Economic Sanctions: An Examination of Selection Bias," *International Politics*, Vol. 43, 2006, pp. 133 – 149.

来看，他们之前关于经济制裁的判断都是成立的。①

然而，随着论战的深入，很多学者开始意识到，这种关于"是与否"的辩论已无太大的理论和现实意义，重要的问题不是经济制裁是否有用，而是在何种情况下经济制裁才会发挥或者无法发挥作用。② 也正因为此，冷战结束后关于经济制裁的多数研究关注的是经济制裁发挥作用的条件，而非经济制裁是否有用。在相关的研究中，一些学者开始关注各种经济因素对制裁效果造成的影响。例如，肖恩·伯内蒂（Shane Bonetti）通过对104个经济制裁案例的分析，指出制裁方与被制裁方之间经济联系的强度影响了制裁效果。如果双方的经济联系较少，则制裁很难取得成功；若双方之前的经济联系非常密切，则经济制裁更有可能达到预期效果。③ 其他学者的研究也表明，制裁方对被制裁方所施加的经济成本越大，则经济制裁就越有可能成功改变被制裁方的行为。④

另外一些学者专门考察了第三方国家、国内政治、政策目标等一系列因素对制裁效果的影响。例如，肖恩·伯内蒂的研究表明，被制裁方从第三方获得的援助越少，则制裁越有可能成功，反之，

---

① David A. Baldwin, "Evaluating Economic Sanctions," *International Security*, Vol. 23, No. 2, Fall 1998, pp. 189 – 195; Kimberly Ann Elliott, "The Sanctions Glass: Half Full or Completely Empty?" *International Security*, Vol. 23, No. 1, Summer 1998, pp. 50 – 65.

② Jean-Marc F. Blanchard and Norrin M. Ripsman, "Asking the Right Question: When Do Economic Sanctions Work Best?" in Jean-Marc F. Blanchard, Edward D. Mansfield, and Norrin M. Ripsman, eds., *Power and the Purse: Economic Statecraft, Interdependence, and National Security*, pp. 219 – 253.

③ Shane Bonetti, "Distinguishing Characteristics of Degrees of Success and Failure in Economic Sanctions Episodes," *Applied Economics*, Vol. 30, No. 6, 1998, pp. 805 – 813.

④ T. Clifton Morgan and Valerie L. Schwebach, "Fools Suffer Gladly: The Use of Economic Sanctions in International Crises," *International Studies Quarterly*, Vol. 41, No. 1, March 1997, pp. 27 – 50.

经济制裁则很难达到预期目标;[1] 贾勒赫·达史提—吉布森（Jaleh Dashti-Gibson）等学者认为经济制裁是否成功，取决于政策目标的制定是否适度;[2] 罗伯特·哈特（Robert A. Hart Jr.）认为，相对于非民主国家，民主国家由于更能够通过经济制裁来表达政策决心，因此所实施的经济制裁更容易获得成功;[3] 等等。还有一些研究表明，经济制裁是否能够达到目的，取决于制裁的类型。例如，相对于实际上实施的制裁，威胁进行经济制裁更能有效地改变目标国的行为。[4]

与经济制裁的研究相比，学界关于经济接触战略的研究并不多见。由于认识到经济接触在推动德国统一和冷战结束过程中所发挥的重要作用，以及在全球化时代各主要大国之间日益加深的经济联系，国际关系学者在过去20年间对经济接触进行了更为深入的研究。但与经济制裁的研究往往采用大样本的统计方法不同，关于经济接触的研究主要采取的方法是案例分析方法，并且主要考察决策者向目标国实施经济接触的动机、过程以及效果。例如，帕特丽夏·戴维斯（Patricia Davis）分析了联邦德国政府如何在冷战期间利用经济接触战略来与波兰建立政治互信，并且这种政治互信使得波兰并没有反对德国在1989年实现统一。[5] 类似地，兰德尔·纽汉姆（Randall Newnham）指出，联邦德国在冷战后期通过对苏联实施经

---

[1] Shane Bonetti, "Distinguishing Characteristics of Degrees of Success and Failure in Economic

[2] Jaleh Dashti-Gibson, Patricia Davis, and Benjamin Radcliff, "On the Determinants of the Success of Economic Sanctions: An Empirical Analysis," *American Journal of Political Science*, Vol. 41, No. 2, April 1997, pp. 608 – 618.

[3] Robert A. Hart Jr., "Democracy and the Successful Use of Economic Sanctions," *Political Research Quarterly*, Vol. 53, No. 2, June 2000, pp. 267 – 284.

[4] Daniel W. Drezner, "The Hidden Hand of Economic Coercion," *International Organization*, Vol. 57, No. 3, Summer 2003, pp. 643 – 659.

[5] Patricia A. Davis, *The Art of Economic Persuasion: Positive Incentives and German Economic Diplomacy*, Ann Arbor: The University of Michigan Press, 1999.

济接触战略，增加了苏联对德国贸易和信贷的依赖。尤其是在冷战结束前夕，苏联严重依赖于联邦德国提供的食品援助和大规模的贷款支持。作为回报，苏联接受了德国的统一。①

拉尔斯·斯卡尔恩斯分别考察了历史上三个大国（包括19世纪的法国、两次世界大战期间的英国以及二战后的美国）利用对外经济政策当作战略工具的模式。他指出，决定这些国家是否向盟国提供优惠性经济待遇的主要因素是战略需求，即这些国家在面临外部安全挑战的情况下是否需要盟国的军事支持。具体地说，当这些国家需要盟国的军事支持时，则会寻求通过在对外经济政策上给予盟国优惠待遇，来加强同盟关系；当能够依靠自身的实力来应对外部安全威胁时，这些国家则不会刻意通过增强经济纽带的方式来加强与盟国之间的关系。②

在理论分析上，迈克尔·马斯坦多诺对经济接触和经济制裁进行了比较。他认为相对于经济制裁，经济接触战略具有诸多优势。首先，经济制裁会引起目标国的憎恨和抵制，而经济接触通过奖赏和诱导的方式则更有可能促进目标国进行谈判的意愿；其次，经济制裁在目标国国内会导致"团结在旗帜周围"的效应，即目标国的决策者通过强调外部威胁来获得国内政治支持，而经济接触战略则不会在目标国激起这种爱国主义的情绪；再次，经济制裁需要获得多边支持才能有效，而经济接触虽然也得益于多边支持，但同样可以单方面地发挥作用；最后，经济制裁的失败会导致较大的风险，

---

① Randall Newnham, *Deutsche Mark Diplomacy: Positive Economic Sanctions in German-Russian Relations*, University Park: Pennsylvania State University Press, 2002. 其他关于经济接触进行案例分析的研究成果，还包括 William J. Long, "Trade and Technology Incentives and Bilateral Cooperation," *International Studies Quarterly*, Vol. 40, No. 1, March 1996, pp. 77 – 106; Paul A. Papayoanou, *Power Ties: Economic Interdependence, Balancing, and War*, Ann Arbor: University of Michigan Press, 1999；等等。

② Lars S. Skålnes, *Politics, Markets, and Grand Strategy: Foreign Economic Policies as Strategic Instruments*, p. 3.

第二章 理论背景：安全研究与政治经济学的再融合

即一旦失败，则很有可能必须进一步采取军事措施，而经济接触则不会引起这种风险。[①]

将对外经济政策作为战略工具的研究议题正是本书的研究对象。但与现有的研究不同，本书关注的不是经济制裁或经济接触是否能够发挥作用，也不是界定这些经济战略发挥作用的条件和机制，而是以美国为研究对象，考察这些经济政策如何能够成为战略工具，或者决策者在国内政治进程中如何能够将战略目标施加到对外经济政策上。正如本书在第一章所指出的，对该问题的关注对于分析美国的对外政策具有重要的理论和现实意义，尤其能够帮助我们理解这样一种困惑：一方面，美国对经济制裁和经济接触战略的运用频率远远高于其他国家，并且冷战结束后的安全研究对美国对外政策中的经济因素给予了高度重视；另一方面，在国际政治经济学的研究当中，美国政府在对外经济政策的制定当中一直被认为是"弱"的，美国的对外经济政策主要是国内众多压力集团相互博弈的结果，政府决策者的战略偏好很难影响到这些政策的制定。现有的研究关于这种悖论的解释仍存在盲区，即在政府官员很难影响对外经济政策的条件下，服务于美国安全战略目标的对外经济政策又是如何出台的？如何弥补这种研究上的盲区，正是本书努力的方向。

[①] Michael Mastanduno, "The Strategy of Economic Engagement: Theory and Practice," Edward D. Mansfield and Brian M. Pollins, eds., *Economic Interdependence and International Conflict: New perspectives on an Enduring Debate*, pp. 178 – 179.

第三章

美国对外政策中的经济与安全
(1776—1991)

要理解后冷战时代美国对外政策中的经济与安全之间的关系，显然需要对两者在美国对外政策中的互动历史进行梳理和介绍。通过对美国外交史的回顾可以发现，经济利益在美国对外政策的形成中发挥着重要作用，美国的决策者们自始至终都主张在海外进行自由的市场交换是美国国家利益的重要组成部分，美国的历届政府也无一不把保护海外经济利益视作它们的核心职责之一。与此同时，经济在很多情况下也不仅仅是目的，对外经济政策同样被美国的决策者们用作促进安全利益的手段，用来服务美国的整体安全战略目标。自建国以来，贸易保护、禁运、经济抵制、经济制裁等，都曾被美国政府用来维护国家的独立、生存、扩张等战略目标。本章将主要梳理和介绍在过去200多年来——自建国到冷战结束——美国对外政策中的经济与安全互动的历史和主要模式，以期为本书的研究提供必要的历史背景。

第一节 通过贸易保护谋求自给自足和独立

18世纪末，刚刚从英国殖民体系中独立的美国立足未稳，该时期美国政治领袖关注的首要目标就是如何巩固联邦的独立和生存,所有重大举措都围绕该目标展开。在独立战争期间,美国在一些必需品尤其是军需品的供给上严重依赖进口,并且当时美国的海军较弱,无法有效保护对外贸易的安全。鉴于独立战争期间的教训,美国当时的政治精英认为在一些关键必需品上实现自给自足和摆脱对欧洲的依赖是维护联邦独立和生存的重要途径。正如美国第一任总统乔治·华盛顿在1790年初提交国会的年度咨文中指出的,"维护和平的最为有效的途径是备战。一国的自由人民不仅应该被武装起来,还应受过训练,而这需要一个统一和行之有效的计划。自由人民的安全和利益需要他们发展有助于在重要供给尤其是军事供给上不依赖于他国的制造业"。[①]

1791年12月5日,美国首任财政部长亚历山大·汉密尔顿向国会提交了一份《关于制造业的报告》,进一步阐述了发展制造业对于国家安全的重要意义。在该报告中,汉密尔顿坚信国内制造业的发展将帮助美国在军事和其他必需品的供给上摆脱对外国的依赖。作为一位重商主义者和经济民族主义者,他认为,"不仅是财富,而且一国的独立与安全看起来都与制造业的繁荣有实质性的联系。着眼于这些伟大的目标,每个国家都应努力确保在其国内拥有所有至关重要的补给。它们包括维持生存、居住、衣着和防御的手段。拥有这些对于政体的完善、社会的安全和福祉是必需的。任何一种必需品的缺乏都会导致政治生活和政治运作缺乏一个重要器官。在可能遇到的各种危机中,一国必然会对任何此类匮乏的影响有着切肤之痛。美国在上次战争(独立战争)期间由于无法自给自足而处于极度的困境,其情景依然让人记忆犹新。未来战争可能将在很大程度

[①] George Washington: "First Annual Message to Congress on the State of the Union", January 8, 1790. Online by Gerhard Peters and John T. Woolley, *The American Presidency Project*, available at: http://www.presidency.ucsb.edu/ws/?pid=29431 (accessed on November 20, 2013).

上重现这种无法自给自足所带来的灾难和危险,除非对此进行及时和有力的改变"。[1] 他还认为,一个繁荣的制造业基础,同样会增加国内对本土农产品的需求,因此减少农产品出口对国外市场的依赖。

然而,在18世纪90年代,美国大部分的制造业活动尚处于原始状态,生产效率低下,很难与欧洲国家尤其是英国的制造业进行竞争。在此背景下,美国的政治领袖积极主张通过征收进口关税和提供政府补贴等方式,保护国内仍处于萌芽阶段的制造业。事实上,美国国会在其成立之后制定的首部法律就是一部具有保护主义色彩的关税法。这部于1789年通过的关税法,开宗明义,指出了对进口产品征收关税的目的,包括"支持政府、偿还合众国债务"以及"鼓励和保护制造业"。[2] 该法对30多种进口商品设定了具体关税,针对一些特定的进口产品制定了7.5%—15%的从价税,对其他没有列举的商品征收5%的关税。如果从从价税来计算,1789年关税法对进口产品设定了8.5%的平均关税。虽然总体关税水平不高,但该部关税法使得征收进口关税和"鼓励与保护制造业"的必要性得以正当化。[3] 在随后的一个多世纪里,美国对进口商品施加的关税水平逐年提高。另外,1789年关税法不仅通过对一些进口商品征收税费来保护某些国内产品,还要求外国船只(不管其运载何种货物)缴纳吨位税和港口费用,其费用是美国船只的8倍之多,随后这项规定也有力地促进了美国商业船队的发展。

---

[1] Henry Cabot Lodge, ed., *The Works of Alexander Hamilton*, (Federal Edition), Vol. IV, pp. 135 – 136.

[2] Sidney Ratner, *The Tariff in American History*, New York: D. Van Nostrand Company, 1972, p. 91.

[3] Louis Fisher, *President and Congress: Power and Policy*, New York: The Free Press, 1972, p. 134.

第三章 美国对外政策中的经济与安全（1776—1991）

起初，1789年关税法的一个主要目的是通过征收进口关税（美国宪法禁止对出口商品征收关税）为新成立的联邦政府提供财政收入来源。然而，在美国国会关于该法案的辩论中，一些议员尤其是来自北部各州的议员纷纷呼吁将进口关税作为保护和扶持国内制造业的手段。例如，来自宾夕法尼亚州的国会议员托马斯·哈特雷（Thomas Hartley）在辩论中就主张通过立法为国内"婴儿产业"免受外国竞争提供关税保护。即使是积极提倡自由贸易的时任众议员詹姆斯·麦迪逊也认为，在进口商品威胁到国内制造业的生存或国家安全等情况下，应偏离自由贸易原则，实施贸易保护。[①] 在国会表决通过后，时任总统华盛顿特地于1789年7月4日（即美国独立日）签署了1789年关税法。显然，虽然在设定进口关税的水平上存在分歧，但在通过关税立法维护国家安全利益上，美国当时的政治精英存在较大的共识。

拿破仑战争期间，英法两国出于战争需要相互实施经济封锁，强制抓扣美国的商船和船员，损害了美国当时所主张的中立贸易权利。为了维护自身的中立贸易权，美国政府自1794年起先后出台了多部贸易禁令，通过限制或禁止与欧洲的贸易往来的方式，向英法两国施压。尤其是在1806年4月，美国国会在杰斐逊政府的推动下通过了《禁止进口法》（Non-Importation Act），列出了禁止从英国进口的商品清单。该法通过后，来自英国的进口商品急剧减少。到1812年美英战争爆发之前，英国对美国的出口几乎中断。进口商品的剧减，极大地刺激了美国国内制造业部门的发展。尤其是美国的东北部各州，制造业在贸易抵制的影响下逐渐繁荣起来。然而，当美英战争于1815年结束后，来自英国的商品开始大量涌入美国市场，对美国新兴的制造业造成了很大冲击。在此背景下，代表新兴生产商利益的国会议员开始呼吁进一步提高进口商品关税，为国内

[①] Sidney Ratner, *The Tariff in American History*, p. 11.

制造业提供保护。

与英国之间的战争，使得美国政治精英进一步认识到经济上自给自足的重要性。正如美国学者罗伯特·帕斯特（Robert A. Pastor）指出的，"1812年战争及之前长达十年的经济孤立与禁运，不仅在美国东北部产生了一个新兴的和需要保护的产业，还酝酿出一个为此提供思想支撑的'新民族主义'"。[1] 1812年爆发的美英战争在美国国内激起了新一波爱国主义热潮，并促使当时的共和党人放弃了之前反对贸易保护主义的立场。之前，共和党人认为限制性关税对国家整体利益没有益处，并且反对给予联邦政府太大的权力，包括指导工业发展权力。美英战争结束后，掌握政权的共和党人认识到国内制造业的发展是维持国家独立的重要基础，并开始支持通过保护性关税为在战争期间发展起来的本土制造业提供帮助。

共和党在贸易议题上的立场转变，尤以美国前总统托马斯·杰斐逊为代表。在1816年1月9日写给本杰明·奥斯丁（Benjamin Austin）的信中，托马斯·杰斐逊对那些引用他之前自由贸易观点的人表示了不满，并对自己的贸易立场进行了澄清。他认为外部形势在过去30年里发生了很大变化。过去他之所以支持自由贸易，是因为美国的独立地位受到了承认和尊重。然而，1785年以来发生的一系列事件表明，美国的独立受到了新的威胁和挑战。当前，"我们必须将制造商置于和农民同等的地位"，因为"经验已经教导我，制造业现在对于我们的独立就像对于我们的舒适一样必不可少"。他还呼吁支持以上观点的美国人"和我保持一致，在凡能获得相同国产纺织品的地方绝不买外国货，不论价格有何差异"。[2]

---

[1] Robert A. Pastor, *Congress and The Politics of U. S. Foreign Economic Policy (1929–1976)*, Berkeley, CA: University of California Press, 1980, pp. 73–75.

[2] Merrill D. Peterson, *The Portable Thomas Jefferson*, The Viking Press, Inc., 1975, pp. 547–550.

第三章 美国对外政策中的经济与安全（1776—1991）

美英战争结束后，一方面为了给国内新兴的制造业提供保护，另一方面为了扩大联邦政府财政收入，偿还战争期间所欠下的大量债务，麦迪逊政府开始着手推动新的贸易立法。1816年2月，时任财政部长的亚历山大·达拉斯（Alexander Dallas）提交了一份关税法案的草案。在该草案中，他建议将进口商品划分为三种类型，不同类型的商品适用于不同的关税。其中，第一类商品包括国内制造业能够充分提供的商品，针对这些商品应制定较高的关税来排除外国竞争；第二类商品包括那些美国生产商只能部分提供的商品，针对这些商品应制定相对较低的保护性关税；第三类商品是在美国国内没有生产的商品，对这些商品征收进口关税的主要目的应是增加财政收入。[①] 在来自南卡罗莱纳州的国会议员威廉姆·朗兹（William Lowndes）提交的另一份关税法案中，其所主张制定的关税税率要低于亚历山大·达拉斯提出的建议。然而，即使威廉姆·朗兹所主张的关税税率低于战争期间美国的关税税率，但在总体上依然显著高于之前和平时期的关税水平。

在1816年最终通过的关税法中，美国国会对可征收商品设定了平均20%的关税，对毛织品、棉花等产品更是征收了几乎是禁止性的高额关税。其中，进口棉花和羊毛产品被征收25%的关税；对于进口价格低于每平方码25美分的棉布，按照每平方码25美分的价格征收关税；对诸如帽子、厨具、木制品、四轮马车、皮革及其制品等进口商品征收高达30%的从价税；针对食糖征收每磅3至12美分的特别关税。在此情况下，1816年关税法使得"贸易保护成为美国关税体系中的主要原则"。[②] 之前，美国对进口商品征收关税的首要目的是为政府提供财政来源，而在1816年关税法通过以后，对进

---

① Sidney Ratner, *The Tariff in American History*, p. 13.
② Ibid. 类似地，罗伯特·帕斯特指出，作为美国贸易政策的一种论据、原则和重要工具的"保护主义"，在1816年关税法中才被真正开始被加以运用。参见Robert A. Pastor, *Congress and The Politics of U. S. Foreign Economic Policy (1929–1976)*, p. 73.

口商品征收关税的首要目的转变为保护国内产业，增加政府财政收入则成为次要目的。

虽然面临来自南部种植园主和东北部商人的反对，但美国在内战之前的几十年内仍不断通过大规模的进口替代和禁止性关税，来刺激本国经济和加大对国内制造业的保护。例如，在1816年关税通过后10年左右的时间内，美国对可征税进口商品制定的平均关税从20%提高到49%，翻了一倍多；在1818年关税法中，美国将进口铁制品纳入保护范围，并推迟降低进口棉花和羊毛产品的关税；1824年关税法对铁、铅、羊毛制品、大麻、棉布袋和其他商品征收了更高的关税，使得应征税进口产品的平均关税超过30%；1828年关税法将进口初级羊毛或原毛的关税从1824年的30%提高到50%，羊毛制品的进口关税为45%，铁制品、大麻、蜜糖等产品的关税水平也显著增加等等。

在内战结束后的半个多世纪里，美国的关税水平一直维持在很高的水平，只是在1913—1922年期间，保护主义和高水平关税才不占主导地位。虽然高关税同样受到美国财政政策的影响，例如在20世纪之前，关税收入在美国联邦政府中的总收入中至少占到40%的比例，[1]但保护国内制造业仍是首要原因。值得指出的是，虽然通过高关税壁垒保护国内产业的呼声依然存在，但随着美国国内制造业水平和竞争力逐步接近英国等欧洲工业国家的水平，其国内经济规模在19世纪末也已位居世界前列，推动美国采取高关税政策的动力开始更多地来自国内利益集团及代表部门利益的国会议员，他们的贸易政策主张更多地是基于自身的利益诉求而非推动国家在经济上的自给自足。

---

[1] Stephen D. Cohen, Robert A. Blecker, and Peter D. Whitney, *Fundamentals of U. S. Foreign Trade Policy: Economics, Politics, Laws, and Issues*, 2nd Edition, p. 29.

第二节　使用军事和外交手段维护贸易权利

除了通过对外贸易政策来谋求独立自主和国家安全外，美国自建国以来也多次利用军事和外交手段保护自身的经济利益，尤其是中立贸易权利。例如，为了维护自身的中立贸易权利，美国分别在18世纪末和19世纪初卷入了与法国和英国之间的军事冲突；在很大程度上同样是为了维护自身的贸易权利，美国在一战后期卷入了欧洲战争。作为一个前殖民地国家，海外贸易对美国经济的成长具有至关重要的作用，美国的农场主尤其需要进入欧洲和加勒比海的市场，为国内的农产品寻找销售渠道。同时，美国的政治精英也崇尚中立贸易的权利，认为任何外国政府都无权干预贸易自由。自19世纪末以来，在自身的贸易权利受到欧洲国家的挑战时，美国历届政府都不遗余力地通过各种手段，包括军事手段，要求欧洲国家给予中立贸易以最大限度的自由。事实上，美国自建国以来"要打的第一仗便是如何在这个危险的世界上保护美国的商业利益"。①

一、中立贸易权与美法之间的"准战争"

1789年的法国大革命将欧洲拖入了现代历史上历时最长的战争，包括1792年至1802年法兰西共和国和反法同盟之间的法国大革命战争以及1803年至1815年的拿破仑战争。为了远离欧洲战争，避免卷入冲突，美国政府在欧洲战争爆发之际便确立了中立原则。1793年4月，时任总统华盛顿颁布了《中立宣言》，宣布对各交战国执行友好的和不偏不倚的中立政策。之后，美国政府还就《中立

---

① ［美］埃里克·方纳著，王希译：《给我自由：一部美国的历史》，北京：商务印书馆，2013年版，第382页。

宣言》进行了一系列补充立法。例如，1794年通过了临时性的《中立法》，禁止招募外国军队，以及禁止在美国领水武装或加强交战国军舰；1800年，《中立法》成为永久法律；1817年，《中立法》的适用范围被扩大到包括一国国内的革命战争等等。除了一些细则外，美国在该时期所确定的中立立场和中立原则一直未发生太大变化，并一直持续到第一次世界大战。

与中立立场相适应，美国同时主张在海外贸易上的中立权利，即可以同时与交战国进行互利的贸易往来，要求给予中立贸易以最大限度的自由。欧洲战争极大地刺激了欧洲各国对美国商品尤其是农产品的需求，因此与英法等国同时保持贸易往来符合美国的商业利益。在欧洲市场需求的带动下，美国在1791年至1807年间的出口额从1900万美元增加到4400万美元。由于战争期间外国的商船要么被征用，要么被赶出了大西洋，美国的船队接管了欧洲与世界其他地区特别是加勒比海地区的贸易。[①] 然而，由于欧洲战争的持续升温，美国所积极主张的中立贸易权利不断受到挑战。对于欧洲交战国来讲，打击和控制海上贸易成为战争的重要组成部分之一，各交战国都不希望对方从大西洋贸易中获得物资补给，同样也不希望敌对国通过贸易获得贵金属来支持战争。

虽然1792—1815年期间的战争几乎将整个欧洲卷入其中，但主要军事冲突发生在英国和法国之间。由于未能预见到美国会发表《中立宣言》，以及认为美国会支持其在独立战争期间的盟友法国，英国在1792年欧洲战争爆发之初就开始大规模攻击中立贸易。英国海军不仅截获以法国及其所控制的国家为目的地的商船，将其所运商品截往英国港口并以强制价格出售，随后还开始捕获所有与法国殖民地进行贸易的中立国船只（包括美国的船只），以及恢复强制服

[①] [美]布拉福德·珀金斯著，周桂银、杨光海译：《第一卷：共和制帝国的创建（1776—1865）》，载[美]孔华润主编：《剑桥美国对外关系史》，新华出版社，2004年版，第94—95页。

役措施，劫持海员和强迫英国出生的美国人加入英国海军服役。英国的行为沉重打击了美国的商业活动，尤其是美国北方各州的对外贸易。据当时的统计，到1794年初的时候，美国有数百艘船只遭到英国扣押。

英国对美国商船的抓扣，使得美国国内要求对英国采取反制措施的呼声逐渐高涨。特别是1793年12月美国国会开会以来，由麦迪逊领导的共和党议员一直积极呼吁，要求对英国实施贸易报复。在此背景下，美国国会于1794年3月通过了一项为期30天的针对英国及其殖民地贸易的禁运令，双边贸易战一触即发。[①] 作为缓和两国紧张关系的努力，美国和英国在1794年11月签署了《杰伊条约》。该条约虽然未就强制征兵和中立国贸易权利等问题作出任何规定，但却促使英国相对宽松地对待美国的中立贸易，并帮助美国撬开了英属殖民地市场的大门，包括有条件地允许美国与印度之间的贸易，以及允许加勒比海各殖民地向美国船只开放港口。另外，美国还通过该条约促使英国承诺对在西印度群岛非法捕获的美国船只进行补偿，以及释放被英国海军强制扣押的美国海员。

《杰伊条约》缓和了美英矛盾，扭转了两国走向战争的趋势，然而却引起了美法之间的冲突。美国与英国签署的条约引起法国的极大不满，后者认为美国背叛了两国间的盟友关系。为了报复美国的"背叛"行为，迫使美国改变倾向英国的政策，法国废除了与美国在1778年签署的《友好和商业条约》，断绝了与美国的外交关系，并开始大规模捕获美国的商船和打击美国的对外贸易。然而，法国的"惩罚"行动并未改变美国的中立立场。正如华盛顿总统在其1796年9月的告别演说中宣称的，"我们真正的政策，就是避免永久的同

[①] 该禁令在1794年4月份被延长。1794年夏季国会休会期间，美国国会将实施或撤销贸易禁令的权力授予总统，后者可以根据情况实施或者撤销贸易禁令。参见 Louis Fisher, *President and Congress: Power and Policy*, New York: The Free Press, 1972, p. 58。

盟……应当消除对个别国家的由来已久的、根深蒂固的反感和对其他国家的强烈的好感，没有什么比这更重要了。"①

1797年，美国时任总统约翰·亚当斯派遣特使前往法国，希望通过谈判来解决中立国船只劫掠问题，并谋求法国对所捕获的美国商船进行赔偿。然而法国官员却在谈判开始前向美国代表进行索贿。在国会议员的要求下，亚当斯公布了美国特使发回的报告，并将要求行贿的法国官员的名字用英文字母表的最后三个字母"XYZ"代替。"XYZ事件"在美国国内引起了轩然大波，并直接导致了美法之间在公海上进行的不宣而战的有限战争。1798年，美国国会通过法案，中止与法国及其附属国之间的商业往来，授权捕获法国战舰和商船，并宣布废除与法国的《友好和商业条约》。法国也加大了对美国商船的打击力度，并一直持续到1800年。截至1800年，法国共捕获了800多艘美国船只。针对法国的挑衅行为，美国海军开始与英国海军联合为两国商船进行护航，美国同时也俘获了法国的数艘武装船只。两国之间矛盾的加剧甚至使得美法面临一场全面战争。亚当斯总统曾两次起草战争咨文，提出海军建设计划，组织地面部队，以应对可能爆发的美法军事冲突。虽然面临国内要求与法国宣战的压力，但亚当斯政府最后还是在1800年10月与法国达成了和平协定，即《莫特枫丹条约》。该条约通过结束对峙和恢复贸易，消除了两国进入全面战争的风险。

二、中立贸易权与"第二次独立战争"

欧洲战事在短暂的停顿之后于1803年再次恢复。从1805年起，英国开始对美国的海外贸易活动实施更加严厉的控制。其程度之深，远甚于战争初期。尤其是从1806年起，英法两个交战国都宣布对对

---

① 转引自［美］布拉福德·珀金斯著，周桂银、杨光海译：《第一卷：共和制帝国的创建（1776—1865）》，载［美］孔华润主编：《剑桥美国对外关系史》，新华出版社，2004年版，第105页。

方实施贸易禁运,并对中立国的贸易实施更加严厉的控制,阻止美国与自己的对手进行贸易。

1806年,英国时任外交大臣福克斯宣布对布雷斯特河至易北河之间的整个欧洲北部海岸实行封锁。1807年11月英国发布枢密院敕令规定,除了那些经过英国港口并向英国缴纳关税的贸易之外,英国政府禁止所有与法国及其附属国之间的贸易。根据以上授权,英国海军在公海不断加大搜捕外国船只的力度。在英国颁布贸易禁令后的数年内,美国的大量船只被英国扣押,以至于从美国港口起航的船只中,每9艘就有2艘遭到英国海军捕获。① 为了满足海军扩充海员的需要,英国皇家海军除了捕获美国船只外,还恢复了之前"强制服役"的做法,以美国海员是英国公民或逃兵为由,大量抓扣美国船员。以至于在战争期间,数千美国人被强迫到英国海军服役。

尽管其海军力量与英国海军相比差距较大,但法国的拿破仑政府同样也发布敕令,要求抓扣敌对国和中立国的船只。在1806年和1807年分别发布的《柏林敕令》和《米兰敕令》中,法国一方面下令禁止英国商船和货物进入其所控制的港口,另一方面也要求没收那些屈从于英国法规或主动接受英国海军搜查的中立国船只。英国和法国在战争期间的敌对行动,严重打击了中立国的贸易,剥夺了美国与英法两大帝国之间的所有贸易。对于美国的政治精英来说,英法的行为不仅损害了美国的中立贸易权利,还对美国的国家尊严乃至独立构成了挑战。

鉴于贸易对美国经济的重要意义,尤其是对美国农产品出口的重要性,美国对英法两国的贸易封锁和损害中立国贸易的行为提出了抗议。如同之前的做法一样,针对英法两国的行为,美国首先决

---

① [美]布拉福德·珀金斯著,周桂银、杨光海译:《第一卷:共和制帝国的创建(1776—1865)》,载[美]孔华润主编:《剑桥美国对外关系史》,第122页。

定将贸易作为武器和战争警告手段。为了促使英国改变政策，在时任总统托马斯·杰斐逊的推动下，美国国会在1806年初开始考虑同英国打一场经济战的可能性。同年4月，在经过三个月的争论之后，美国国会通过了《禁止进口法》，列出了禁止从英国进口的商品清单。

为了停止欧洲人对美国海运的干扰，降低"强制服役"事件的数量，杰斐逊总统在1807年敦促美国国会通过禁运法，禁止所有美国船只驶往外国港口。虽然禁运导致了美国出口的急剧下降，但处于酣战中的英法两国对美国的警告并不加以理睬，也未改变对美国中立贸易权利的藐视。鉴于禁运未能实现改变英法政策的目标，同时禁运也对美国港口城市的经济造成了沉重打击，杰斐逊总统在1809年3月签署了《不接触法》（Non-Intercourse Act），将禁运改为专门禁止与英法两国的贸易。该法禁止与交战国的进出口贸易，开放对世界其他地区的商业往来。该法同时规定，如果英法任何一国放弃攻击美国海运的法令，美国将与其恢复贸易往来。

《不接触法》不但未能消除美国的经济萧条，也未能迫使英国和法国改变政策。1810年，在时任总统麦迪逊的推动下，国会通过了一项名为《第二号梅肯法案》的法律，宣布废除代价过高的《不接触法》，允许恢复贸易。该法同时规定，在英法任何一方不停止干扰美国中立贸易权利的情况下，美国总统有权重新实施禁运。

因为当时公海基本上由英国海军控制，法国的海军实力较弱，并且出于离间美英关系的考虑，法国随后宣布废止攻击中立国商船的法令。鉴于英国海军继续攻击美国船只，并加大抓扣美国海员的力度，麦迪逊总统在1812年春恢复了对英国的贸易禁运。与此同时，美国国会的一些议员开始主张向英国宣战，强调维持畅通无阻的海外市场通道的重要性，呼吁将美国从英国的不断侵犯之下一劳永逸地解放出来。① 由于美英关系不断恶化，美国的航运继续遭到英国海军的攻击，麦迪逊总统在1812年6月开始要求国会对英宣战。显然，英国对美国商业利益的漠视，成为美国对英国宣战的一个重要原因。在经过两年多的战争后，由于双方都不愿再继续这场战争，美国和英国在1814年12月签署了《根特条约》（Treaty of Ghent），结束了这场战争。

三、中立贸易权利与参与第一次世界大战

1914年8月，第一次世界大战爆发。由于当时美国的安全并未受到明显威胁，当时的威尔逊政府在战争爆发之初就宣布了美国的中立立场，希望避免卷入欧洲战争。除了安全上的考虑，美国还希望通过采取不选边站的立场，维护自身的中立贸易权利。一战爆发之际，美国的经济利益已经遍布全球，通过采取中立立场来维持自身的海外经济利益成为当时美国对外政策的最优选项。一战也极大地刺激了欧洲国家的商品和资本需求，推动了美国对欧洲的商品和资本输出。欧洲交战国对美国商品和资金的大量需求，也使得美国一夜之间从债务国变成债权国。此外，当欧洲各交战国忙于战争而从亚洲、拉丁美洲和中东等地区撤回商业投资时，美国企业和商人则填补了空白，一战也因此极大地推动了美国在世界其他地区的商业拓展。总之，一战所带来的巨大商业利益，促使美国敦促欧洲各交战国接受美国的中立观，尊重美国的中立贸易权。这些中立贸易权利包括"把商品从美国运到欧洲、从欧洲的一个国家运到另一个国家、乘坐美国或欧洲国家的船只以及与交战国政府及其公民进行金融等交易"等。②

---

① ［美］埃里克·方纳著，王希译：《给我自由：一部美国的历史》，第382页、第384页。

② ［美］入江昭著，张振江、施茵译：《第三卷：美国的全球化进程（1913—1945）》，载［美］孔华润主编：《剑桥美国对外关系史》，第18页。

然而，与1792—1815年期间的欧洲战争类似，经济封锁成为一战期间欧洲各交战国打击对方的重要手段，交战双方都试图限制美国的中立贸易权利，防止敌对国从中受益。一战爆发后，英国即宣布对德国实施海上封锁，并开始截留和扣押驶往欧洲大陆的美国船只。英国对德国实施海上封锁的目的在于通过武力措施阻止美国向德国运送各种违禁物品。这些违禁物品涵盖范围非常宽泛，不仅包括武器、弹药等军用物资，同样还包括食品和医药等非军用物资。另外，由于美国的货物还可能通过另一个中立国（譬如瑞典）运抵德国，因此英国海军也对这种"连续航行"的方式进行封锁。为了抵消英国及其盟国的海上优势，同样也为了打击英国的经济，德国从1915年开始启用潜艇战，对进出英国港口的战舰及其他种类的船只进行攻击。

欧洲国家在一战中的上述军事行动不可避免地损害了美国的商业利益，美国国内也因而爆发了对破坏美国中立权的抗议活动。为了避免与美国发生冲突和平息美国国内舆论，英国一度将棉花从禁运品清单中删除。但此举并未解决英美之间的严重分歧。美国在1914—1915年间向英国提交了一系列外交照会，抗议英国对其中立权的损害。然而，以下两种因素缓和了两国之间的矛盾，避免了两国冲突的加剧。

第一个因素是与英国之间紧密的贸易往来。虽然中立贸易意味着美国可以和任何一个交战国进行贸易往来，但由于英国的海上封锁，实际上很难有货物运进欧洲大陆。相反，英国及其盟国却能够从美国的中立贸易中获得所需要的任何商品，包括武器和弹药。从1914年8月到1917年3月的中立期，美国仅向英国及其盟国出售的武器价值就超过了22亿美元，而美国在1913年的全部出口额仅为24亿美元左右。该时期，美国同样向英国提供了大量的贷款，用来帮助英国维持对美国商品的进口。因此，尽管在中立贸易权方面存在激烈争论，但美国与英国在经济方面上几乎完全绑在了一起。美国与英国之间日益紧密的贸易和金融联系,"即便没有改变美国的中立政策,至少也缓和了双方在海上争端的危机氛围"。①

第二个因素是美国与德国之间矛盾的加剧。为了弥补在海上的劣势,德国从1915年开始启用潜艇战,对进出英国港口的战舰及其他非军事船只进行攻击。德国的潜艇战无疑对美国中立贸易的权利构成了威胁。1915年的"卢西塔尼亚"号事件加剧了德美之间的矛盾,甚至将两国推向了战争边缘。该年5月,从纽约港口出发的"卢西塔尼亚"号豪华邮轮在航行至爱尔兰海岸附近时,被德国潜艇击沉,导致包括大量美国人在内的一千多名乘客丧生。"卢西塔尼亚"号事件引起了美国公众的极大愤怒,威尔逊政府也立即对德国发出了措辞严厉的抗议,要求德国为美国人的牺牲和中立权的破坏承担责任。为了防止美国可能因为此次事件而与英国结盟,德国随即对该事件表示遗憾并承诺此后将尊重美国的中立权利。"卢西塔尼亚"号事件虽然未直接导致美国卷入针对德国的战争,但却在美国国内增强了要求参战和支持英国的呼声。1915年底,威尔逊政府开始实施扩大美国陆军和海军力量的"备战"政策。德国的潜艇战和德美矛盾的加剧,也在很大程度上缓和了英美之间的关系。

在美国加快备战步伐的背景下,德国在1916年5月宣布停止对非军事船只实施潜艇攻击。然而,为了赶在美国军队加入战争之前实行海上封锁,使英国经济陷入瘫痪,德国在1917年1月宣布恢复无条件潜艇战,对进出英国岛屿的船只进行攻击,包括数艘美国商船在内的非军事船只遭到攻击而沉没。德国潜艇对美国商船的攻击,加上随后的"齐默尔曼电报"事件和俄国革命,共同推动了美国加入一战。② 1917年4月2日,威尔逊总统向美国国会提交战争提案,

---

① [美]入江昭著,张振江、施茵译:《第三卷:美国的全球化进程(1913—1945)》,载[美]孔华润主编:《剑桥美国对外关系史》,第22—23页。

② 同上书,第36—37页。

该提案尤其提到了对德国实施无限制潜艇战的不满。4天以后，美国国会以压倒性多数通过决议，正式向德国宣战。1918年春，美国军队开始大批抵达欧洲，并扭转了一战的形势，迫使德国在1918年底投降，而10万以上美国人在此次战争中丧生。

第三节 构建和平的经济基础

内战结束后，美国国家利益的重心开始由大陆领土扩张逐渐转向海外商业拓展。对国外市场的渴求，也推动了美国在19世纪后期的商业扩张。然而，海外利益的不断扩展，使得美国在国际事务中很难独善其身，传统的孤立主义政策很难再适用于走向全球化的美国。正如美国时任总统麦金莱在1901年的一次演讲中指出的，美国"令人震惊的财富"决定了"孤立已不再可能，也不再受到欢迎"。[①]一战的教训也表明，国际冲突同样会危及到自身的商业利益甚至安全利益。也正因为此，一战后的美国政府开始更积极主动地参与全球事务，并尝试构建维护国际和平的框架，包括为国际社会的持久和平构建必要的国际经济基础。

与此同时，经济实力的显著提高，也为美国参与和领导国际秩序的构建提供了必不可少的资源。自建国以来尤其是在19世纪，美国经济经历了高速增长。从1774年到1909年间，美国经济年均增长近4%。到第一次世界大战爆发前，美国已经成为世界上最大的商品生产者，其在工业生产方面已经超过了英国、法国和德国，每年的经济产出比三个欧洲主要国家（包括英国、德国和法国）的总和还要多。在金融实力方面，美国长期以来是资本的净流入

[①] [美]沃尔特·拉夫伯著，石斌、刘飞涛译：《第二卷：美国人对机会的寻求（1865—1913）》，载[美]孔华润主编：《剑桥美国对外关系史》，第465页。

国，其在 19 世纪吸收的外国资本远远高于资本的对外流出。但到一战结束后，美国已经成为世界上最大的资本输出国。总之，早在成为军事和政治上的超级大国之前，美国就已经成为一个经济上的超级大国，这也为美国参与全球事务奠定了坚实的物质基础。

第一次世界大战极大地削弱了欧洲传统强国的实力，权力真空的出现也为美国的领导角色提供了前所未有的机遇。早在一战期间，美国总统威尔逊就曾呼吁争取在欧洲实现一种"没有胜利的和平"，并勾画出世界新秩序的蓝图。在威尔逊的设想中，各国应该维持海上自由、限制军备竞赛以及国家不分大小都享有民族自决的权利等。1915 年初，威尔逊派遣豪斯出使欧洲各国进行战争调解，并提出裁军和重建相互依赖的全球经济体系的倡议。1918 年 1 月，威尔逊发表了著名的"十四点计划"。在该计划中，威尔逊对新的国际秩序规划做了详细的阐述，其主要内容包括所有国家的民族自决、海上自由、自由贸易、公开外交等，其中加强各国间的贸易往来成为构建和平的重要基石之一。

一战之前美国政治精英的思想对威尔逊的"十四点计划"形成了很大影响。在第一次世界大战爆发的前几年，美国的政治领袖就开始强调美国在世界事务中所应该扮演的特殊角色，认为美国能够通过推动国家间的经济交往和加强国际法的作用，来为世界的和平作出贡献。当时的塔夫脱总统就曾设想利用美国的经济资源促进各国在经济上的相互依赖，认为经济上相互依赖的加深能够带来政治上的稳定，并最终形成和平的国际秩序。20 世纪初期，美国国内日益兴起的和平主义者进一步加强了这种将经济发展和相互依赖作为世界和平基石的观点。当时的和平主义者认为，国际和平是一种可以进行法律定义的现象，各国都应遵守一些特定的国际法原则，并将国际仲裁作为解决国家间争端的途径。塔夫脱的经济相互依存观点与和平主义者的通过国际法落实世界和平的想法都在威尔逊的思想中得以体现。①

虽然早已具备了参与和领导构建新型国际秩序的思想基础和经济实力，但由于国内普遍存在的孤立主义情绪，威尔逊的倡议并没能获得美国民众的支持。另外，欧洲国家间的深刻矛盾，也使得威尔逊的诸多设想很难付诸实施。例如，威尔逊在"十四点计划"中坚持航海自由和获取世界市场的平等权是和平国际秩序的前提条件，并主张尽可能快地将德国及其战时盟国重新融入战后全球经济体系之中，认为德国的经济复苏对欧洲的发展甚至战后整个欧洲的稳定至关重要。然而，国联盟约却对各国在这一方面的利益只字未提。②

20世纪30年代的大萧条以及二战的爆发，使得美国人进一步认识到开放、稳定的国际经济体系对维护世界和平的重要意义。在当时多数分析人士看来，大萧条期间各国采取的以邻为壑的贸易保护主义政策是引发极端民族主义和第二次世界大战爆发的重要原因。有历史学家在分析二战爆发的原因时指出，"封闭的经济集团不仅仅会损害贸易，也容易发展出政治集团。集团之间的摩擦导致了世界战争。20世纪30年代的事态可以这样简略概括：英国人、德国人、日本人和俄国人先是在经济上彼此对抗，然后就上升到了军事层面上。"③ 二战的教训使得更多的美国精英人士认识到，只有全球市场和原材料在机会均等的基础上向所有民族和国家充分开放，才能避免另一次可怕的经济萧条和世界大战的发生，这种反思也推动了威尔逊主义的复活。正如国务院前经济顾问威尔·克莱顿（Will Claton）指出的那样，"在市场上互为敌手的国家不可能长期做朋友"。④

---

① ［美］入江昭著，张振江、施茵译：《第三卷：美国的全球化进程（1913—1945）》，载［美］孔华润主编：《剑桥美国对外关系史》，第15—16页。
② 同上书，第58—59页。
③ ［美］沃尔特·拉费伯尔著，牛可、翟韬、张静译：《美国、俄国和冷战（1945—2006）》，世界图书出版公司，2010年版，第9页。
④ 同上书。

为了建立一个开放、稳定的国际经体系，美国在二战后期至1947年间，开始推动和领导国际社会筹建多边、开放的国际经济机制，其结果就是布雷顿森林体系的建立。

早在1941年8月由美国时任总统罗斯福和英国时任首相丘吉尔联合发布的《大西洋宪章》中，就指出了要重视和平的经济基础。宪章指出，要"努力促使所有国家，不分大小，战胜者或战败者，都有机会在平等的条件下，为了实现它们经济的繁荣，参加世界贸易和获得世界的原料"；希望"促成所有国家在经济领域内最充分的合作，以促进所有国家的劳动水平、经济进步和社会保障"。[①] 1944年，为了确保战后国际经济体系的开放和稳定，避免各国在经济上的排外和敌对，美国邀请其他国家在新罕布什尔州的布雷顿森林召开了国际会议。该次会议创设了国际复兴开发银行（International Bank for Reconstruction and Development，IBRD，也即后来的世界银行）和国际货币基金组织（International Monetary Fund，IMF），框定战后世界经济秩序的布雷顿森林体系得以建立。两个机构都以美国强大的金融实力为基础，通过美元与黄金的挂钩，稳定国际金融体系，并通过输出美元供急需资金的其他国家使用。其中，世界银行将拥有76亿美元的资金和两倍资金于此的借贷授权，为向欧洲重建和其他国家工业化建设的私人贷款提供担保，并向那些急需外国经济援助的国家提供长期贷款；国际货币基金组织将拥有73亿美元资金来为国际支付中的短期缺口提供资金以稳定汇率，防止汇率剧烈波动，进而促进国际贸易的发展。显然，美国希望这两个机构能够帮助重建遭到战争破坏的世界经济体系，稳定国际金融市场，扩展世界贸易，避免未来再发生类似于20世纪30年代的危机。

---

① *The Atlantic Charter*, August 14, 1941.

在国际贸易领域，美国在战后倡导国际市场的开放，积极推动建立多边、开放的国际贸易组织，并在联合国经社理事会的框架内提交了国际贸易组织宪章草案。虽然由于国会的反对，美国未能实现建立国际贸易组织的目标，但作为国际贸易组织成立前的过渡性安排——关税及贸易总协定（GATT）——却被保留下来，并成为之后半个世纪在西方国家间推动国际贸易自由化的重要机制。

为了促进各国在经济上的友好与合作，避免敌对性的经济关系，美国在战后初期所提倡的各种国际经济机制具有多边性、开放性和非歧视性的特征。根据二战期间的设计，美国关于战后的战略建立在两个支柱之上，包括政治合作和经济多边主义。政治合作意味着美国与苏联、英国和中国成为四个世界警察，主导世界事务；经济多边主义则被用来避免经济民族主义，通过多边主义、非歧视和货币的可兑换取代20世纪30年代的贸易保护和汇率控制。由于当时多数美国官员认为经济歧视和保护主义会导致战争和冲突，因此美国主张建立非歧视的经济体系，解散帝国特惠制，并将苏联等社会主义经济体包括在内。正是建立在这种战略目标之上，1944年达成的布雷顿森林协定中包括了特别的安排来容纳社会主义经济体；美国在1945年和1946年起草的在联合国框架内的国际贸易组织同样寻求将苏联包括在内，并将苏联作为组建国际贸易组织的"世界贸易和就业大会"筹备会的成员；1946年初，美国还希望通过具体的关税减让来获取苏联关于贸易安排的承诺。[1] 然而，正如下节将要指出的，随着美苏矛盾加剧和冷战的开始，美国之前通过开放的国际经济机制来维持世界和平的设想，开始转变为通过采取歧视性的经济政策来与苏联进行争霸。

---

[1] Lars S. Skålnes, *Politics, Markets, and Grand Strategy: Foreign Economic Policies as Strategic Instruments*, pp. 155 – 157.

第四节　冷战期间的歧视性对外经济政策

二战结束后不久，随着美苏矛盾的加剧和冷战的爆发，美国对其安全战略进行了重大调整，而作为冷战期间美国对外战略的重要组成部分的对外经济政策也随之出现了较大变化。具体地，美国将其所倡导的非歧视性对外经济政策转变为歧视性的对外经济政策，包括将苏联及其他社会主义阵营国家排除在之前推动的多边国际经济体制之外，对敌对国家实施贸易禁运和经济制裁；向西欧和日本等盟国提供大规模经济援助，通过促进西方国家间的多边投资和贸易加强资本主义阵营国家之间的战略纽带。

早在1945年秋季，美国对外部安全威胁的认知就出现了微妙变化。当时美国国防部的参谋长联席会议主席就曾警告，苏联可能会征服欧洲，并最终主导世界。1946年之后发生的一系列事件，使得美国的对苏政策逐渐清晰，将苏联看作主要挑战国也逐渐成为美国政界的共识。例如，1946年2月，美国驻苏联大使馆代办乔治·凯南向华盛顿发回了著名的八千字电报，分析了苏联对外政策的动机和行为方式，认为苏联的意识形态、国内制度和历史传统决定了它必然谋求无限制的对外扩张，美国和苏联不可能达成永久性的妥协，认为美国应该依靠实力，抵制苏联的扩张。凯南的电报在美国决策者间被广泛传阅和欢迎，表明美国对苏强硬政策在政府和国会取得了优势，也标志着美国冷战思想的基本形成。[1] 同年3月，英国前首相丘吉尔在美国总统杜鲁门的陪同下，在美国密苏里州富尔顿的威斯敏斯特学院发表了题为"和平砥柱"的演说。丘吉尔声称，"从

---

[1] 徐蓝：《冷战的起源与两极格局的形成》，载牛军主编：《冷战时期的美苏关系》，北京大学出版社，2006年版，第30页。

波罗的海的什切青到亚得里亚湾的里雅斯特,一道横贯欧洲的铁幕已经落下",使得东欧受到"警察国家"的统治。他号召"讲英语的民族"在联合国的原则之下,"建立兄弟联盟",重整世界。[①] 丘吉尔的"铁幕演说"使得与苏联进行合作的任何可能不复存在。正如有学者指出的,从"铁幕演说"之后,美国的决策者将苏联看作一个潜在的敌人,而非一个不合作的盟国。[②] 1947年3月12日,杜鲁门最终发布了他自己的冷战宣言,向国会提出了杜鲁门主义,要求美国人加入全球性的反共事业。

杜鲁门主义标志美国对外政策的转折点,美国与苏联之间的冷战正式拉开序幕。在冷战期间的两极格局中,以苏联为首的社会主义阵营是美国的主要对手,巩固以为美国为首的所谓"自由世界"阵营和遏制苏联阵营的扩张,是该时期美国国家安全战略的首要目标。虽然军事力量部署、外交和联盟安排是美国实现上述目标的主要手段,但对外经济政策同样是美国决策者手中掌握的最为重要的工具之一。美国在战后强大的经济实力,也为美国利用经济手段服务其安全战略目标提供了必要条件。另外,核武器的发展和"相互摧毁"能力的制约,使得美苏之间爆发大战的可能性大大下降,从而也在事实上削弱了美国利用军事手段实现对外战略目标的能力,这也给美国利用其经济优势来应对苏联挑战提供了巨大空间。正如美国国家安全会在当时一份文件(NSC 68)中指出的,对外经济政策在美国的对外政策中具有重要战略角色,"是美国处理对外关系中的一个主要工具,是一个非常适合冷战的工具",因为对外经济政策能够在自由国家创造一种经济状态,形成抵制颠覆和侵略的意愿和

---

① [美]沃尔特·拉费伯尔著,牛可、翟韬、张静译:《美国、俄国和冷战(1945—2006)》,第31页。
② Diane B. Kunz, *Butter and Guns: America's Cold War Economic Diplomacy*, New York: Free Press, 1997, pp. 23-24.

第三章　美国对外政策中的经济与安全（1776—1991）

力量，并使得苏联的计划失败。①

作为美国安全战略的重要组成部分，安全战略目标的调整必然影响到美国的对外经济政策。冷战开始后，美国改变了在二战期间形成的关于战后非歧视性国际经济秩序的设想，转向采取歧视性和差异化的对外经济政策。这种对外经济政策主要包括两个组成部分：一是对西欧和日本等战略盟友进行经济援助，在贸易和投资上对这些盟友提供优惠待遇，推动盟国间的经济合作；二是针对苏联和其他敌对国家实施贸易禁运和经济制裁，遏制共产主义的扩张。当然，美国对外政策调整并不是一夜之间完成的，而是循序渐进的。事实上，早在1946年苏联拒绝加入世界银行和国际货币基金组织后，杜鲁门政府就开始采取歧视性的对外经济政策。例如，美国对西欧的援助从1945年的5.54亿美元增加到1946年的27.52亿美元，1947年更是增加到43亿美元。相反，该时期对东欧的援助从3.9亿美元降到2.1亿美元，对苏联的援助更是被停止了。②

对于冷战初期美国的决策者们来说，通过给予欧洲国家和日本出口到美国市场的优惠待遇，以及通过美国的对外直接投资和经济援助，不仅能够增强这些盟国的实力，还能强化与这些盟国之间的战略纽带。战后西欧各国的实力受到极大削弱，国内混乱不堪，经济崩溃，而共产党的力量在欧洲却迅速扩大。尤其是在法国，新诞生的第四共和国的首届内阁中有4名共产党人，包括国防部长。因此，美国认为欧洲地区的权力平衡已经受到苏联的巨大威胁，如何通过经济援助重建西欧各国的经济和抗衡苏联势力的扩张，成为当时美国安全战略的重要着力点。事实上，在说服国会批准对西欧的援助计划时，美国行政当局也曾多次公开声称对盟国的经济援助是

---

① 转引自 Lars S. Skålnes, *Politics, Markets, and Grand Strategy: Foreign Economic Policies as Strategic Instruments*, pp. 161 - 162.

② Robert A. Pollard, *Economic Security and the Origins of the Cold War, 1945 - 1950*, New York: Columbia University Press, 1985, p. 63.

阻止共产主义扩散的必要条件。

另外，美国对盟国提供的优惠性经济待遇还旨在强化这些国家与美国之间的战略纽带。在战后初期，苏联威胁的出现，提升了西欧各国和日本对于美国的重要性。在美国当时的决策者们看来，世界上有五大国的工业和军事力量对实现其战略利益至关重要，包括美国本身、其对手苏联、英国、德国和日本，只要紧紧抓住后三者，使其经济尽快得到复兴，并纳入美国体系，便可从根本上孤立苏联，使整个世界力量对比向着有利于美国的方向发展。[1] 然而，美国决策者当时对于对西欧国家的走向并不确定，这就需要美国通过包括经济手段在内的各种途径将西欧国家捆绑在冷战的战车上。战后初期美国对德国的援助计划就是为了防止德国在经济上过于依赖其在东欧的传统市场，使其转向与西欧和美国更为密切的经济联系。美国同样不希望德国统一后在经济上过于独立，从而回到战前的状况当中，在苏联和美国之间左右逢源。[2] 正是出于增强盟国的经济实力和强化盟国间战略纽带的考虑，美国在冷战期间对其盟国提供了大规模的经济援助，并通过市场开放、鼓励跨国投资、允许盟国对美国进行"不公平贸易"等方式，促进美国与盟国之间经济的整合。

1947年6月，美国时任国务卿乔治·马歇尔（George Mashall）在哈佛大学发表了重要演说，提出了一项帮助欧洲恢复战争创伤的大规模援助计划，即马歇尔计划。1948年初，该计划获得通过并开始实施。从1948年4月至1951年7月，美国通过该计划向欧洲盟国提供了120.53亿美元的援助。关于马歇尔计划的初衷，时任美国国务院政策规划部主任的凯南做了明确的解释。凯南认为，国家安全建立在对工业和军事中心（如英国、法国、德国等）的控制上，应该避免苏联控制这些中心。马歇尔本人也认为，应该避免这些关键

---

[1] 张敏谦：《美国对外经济战略》，第11—12页。
[2] Lars S. Skålnes, *Politics, Markets, and Grand Strategy: Foreign Economic Policies as Strategic Instruments*, pp. 166 – 167.

第三章 美国对外政策中的经济与安全(1776—1991)

地区落入苏联之手。因此,马歇尔计划的主要目的就是为了应对苏联的,旨在在欧洲地区重建势力平衡。[①]

除了针对西欧的马歇尔援助计划外,美国对日本的政策也进行了调整。在二战结束初期,美国主要关注如何清除日本国内对二战负有责任的政治、经济和军事体系。然而,冷战的开始和中国国内革命的爆发,改变了美国的对日政策。1948年,当时的杜鲁门政府对美国1945年以来的对日政策做了巨大调整,美国在对日政策上开始转向重建日本工业和日本的经济复兴,而非日本的非军事化和民主化。美国调整对日政策的原因在于认识到日本对于美国安全的重要作用,包括在亚洲遏制苏联等。美国同样担心苏联利用日本对中国和东北亚各国的经济依赖来拉拢日本,也担心日本会在美国与苏联之间保持中立。另外,如果西欧各国的情况一样,美国也担心日本经济的脆弱性使得其国内共产主义势力得势。[②] 总之,对于当时的美国政府来说,美国的军事安全与日本的经济安全已经密切地联系在一起。

为了促进日本经济的复苏,美国提出了与欧洲重建计划类似的日本重建计划。[③] 一方面,美国向日本提供了大规模的经济援助,帮助其恢复濒临破产的国内经济;另一方面,为了解决日本的美元短缺问题,美国加大了对日本的军事采购,扩大对日本产品的进口,还竭力为日本产品在东南亚等地区寻找其他潜在的出口市场。1953年4月,由于担心共产党在日本的选举中获得势力,美国还与日本签署了《友谊、商业和航行条约》,赋予了日本出口商品最惠国待

[①] [美]沃尔特·拉费伯尔著,牛可、翟韬、张静译:《美国、俄国和冷战(1945—2006)》,第52—53页。

[②] Lars S. Skålnes, *Politics, Markets, and Grand Strategy: Foreign Economic Policies as Strategic Instruments*, pp. 170–171.

[③] 关于冷战初期美国对日经济复兴政策的详细介绍,可参见邓峰:《美国对日经济复兴政策与日本加入关贸总协定的进程》,载崔丕主编:《冷战时期美国对外政策史探微》,北京:中华书局,2002年版,第84—110页。

遇。同样是由于担心日本国内的共产主义势力的增强，美国国务院在1953年4月承诺对日本的军事采购计划延长到1955年，从而为日本提供经济发展所急需的美元。[1] 除了继续向日本提供经济援助和扩大对日本商品的进口外，美国还开始劝说西欧国家接受日本加入关贸总协定和给予日本最惠国待遇。在面临其他盟国激烈反对的条件下，美国仍然推动日本在1955年成为GATT成员国。由于GATT中存在规避条款，其他国家可以利用该条款限制日本的进口产品，因此美国专门与日本签署了一个双边贸易协定以及包括其他亚洲和欧洲国家的三边贸易协定。在三边贸易协定中，第三方国家必须给予日本优惠贸易待遇以换取美国对其的优惠贸易待遇。美国通过这种方式一方面增加了日本的出口，一方面减轻了美国的负担。[2]

美国在冷战期间除了向西欧和日本等盟国提供大量的经济援助和开放本国市场外，还鼓励这些国家加入由美国霸权支持的多边经济体制，力图通过多边经济体制推动资本主义经济的发展，加深盟国与美国之间的经济整合。冷战开始后，美国对战后初期的非歧视性多边经济机制进行了重新设计，以适应打败共产主义、促进资本主义发展的目的。在苏联及其他社会主义国家退出布雷顿森林体系之后，该体系内的机构被设定为能够保证美国霸权的维持和抵制苏联的影响。世界银行和国际货币基金组织的主要功能是为美国的盟国弥补国际收支逆差提供资金保障，推动国际资本主义发展。美国对世界银行和国际货币基金组织的控制于是成为冷战中的一件有力武器，美国的战略考虑在许多情况下决定了哪些国家可以获得国际贷款和信贷，而哪些国家则不能获得贷款，即使是由别国政府或私人银行提供贷款也不例外。在贸易领域，GATT也被深深地置于两极

---

[1] Lars S. Skålnes, *Politics, Markets, and Grand Strategy: Foreign Economic Policies as Strategic Instruments*, p. 174.

[2] Ibid., pp. 175–176.

第三章 美国对外政策中的经济与安全（1776—1991）

体系，成为美国冷战战略的组成部分。[①] 美国一方面将敌对国家排除在 GATT 贸易进程之外，另一方面将 GATT 作为促进盟国经济发展的重要工具，包括帮助日本在 20 世纪 50 年代加入 GATT，确保 GATT 不把欧洲煤钢联营裁决为非法，并通过数轮多边经济谈判，大幅削减了各成员国的关税水平，在世界范围内推动贸易的自由化，促进西方各国之间的经济整合。

为了将西欧和日本整合到安全同盟体系当中，美国在向西欧和日本提供优惠性经济待遇的同时，容忍着来自这些国家和地区的经济歧视。例如，即使关税同盟形成以后会通过共同对外关税对美国出口产生歧视，美国依然鼓励西欧经济的一体化以和欧洲关税同盟的建立；在日本，美国企业除了要容忍高关税与非关税壁垒以外，还要照顾到日本政府要求降低美国在日本直接投资的愿望，并推动美国公司向日本转让更多的技术，以提高日本公司的生产能力。[②] 以上对西欧和日本实施的优惠性经济政策对塑造有利于美国的战略环境起到了关键的作用。这些经济政策不仅恢复了西欧和日本的经济实力和政治稳定，同时也重新定位了西欧和日本的外交政策方向，使得这些国家和地区转向与美国建立紧密的安全同盟关系。

几乎是在向盟国提供不对称的优惠经济待遇的同时，美国对以苏联为首的社会主义阵营国家实施了出口控制、贸易禁运和经济制裁等歧视性经济政策。这些歧视性经济政策作为美国对苏"遏制战略"的组成部分，一方面被用来向敌对国家发出信号，以表明美国在应对挑战时的坚定立场，另一方面被用来削弱敌对国家的经济发

[①] David Vogel, "Global Trade Linkages: National Security and Human Security," in Vinod K. Aggarwal and Kristi Govella, eds., *Linking Trade ans Security: Evolving Institutions and Strategies in Asia, Europe, and the United States*, New York: Springer, 2013, pp. 26–27.

[②] [美] 迈克尔·马斯坦多诺：《学术与治术中的经济与安全》，载 [美] 彼得·卡赞斯坦、罗伯特·基欧汉、斯蒂芬·克拉斯纳编，秦亚青、苏长和、门洪华、魏玲译：《世界政治理论的探索与争鸣》，第 225 页

展。战后初期,美国曾计划通过贷款援助等手段将苏联纳入到对美国有利的国际体系当中。然而,当这种尝试在1947年失败后,作为实施对苏联遏制战略的组成部分,美国迅速转向对苏联采取全面的出口控制、贸易禁运和金融制裁。值得一提的是,在实施对苏联和其他敌对国家的禁运和制裁时,"美国官员们对执行此项国策的经济成本根本不在乎,他们坚持维持对苏联全面的禁运措施,即使其他西方国家与美国这项政策保持距离,并与共产主义国家进行贸易也如此"。①

在贸易领域,美国对苏联等社会主义国家的歧视性经济政策主要包括两个组成部分:一是美国自身对社会主义国家实施的单边贸易管制政策;二是通过巴黎统筹委员会(简称"巴统")对社会主义国家实施的多边贸易管制政策。1947年12月,也即在杜鲁门主义发布9个月后,美国国家安全会员即决定:"美国的安全需要立即、无限期地停止从美国向苏联及其附庸国出口所有美国短缺物资和有助于增强苏联军事潜力的物资。"② 1949年2月,美国国会通过了冷战时期的首部《出口控制法》(Export Control Act of 1949)。按照该法的规定,美国实行出口控制的目的在于:1. 防止因为稀有物资过度流出、外部需求反常引起的通货膨胀;2. 促进美国的外交政策,帮助履行美国政府的国际责任;3. 根据对美国国家安全的影响,对出口物资实行必要的监督。该法还规定,美国政府应该尽可能与那些同美国缔结防务条约的国家合作,制定、改进和实施出口管制,并制定一项所有非共产党国家都遵守的统一的商业和贸易政策。同时,美国政府还应利用美国的经济资源和在共产党国家贸易中的优

---

① [美]迈克尔·马斯坦多诺:《学术与治术中的经济与安全》,载[美]彼得·卡赞斯坦、罗伯特·基欧汉、斯蒂芬·克拉斯纳编,秦亚青、苏长和、门洪华、魏玲译:《世界政治理论的探索与争鸣》,第225—226页

② 崔丕:《美国的经济遏制政策与巴黎统筹委员会的起源》,载崔丕主编:《冷战时期美国对外政策史探微》,第298页。

第三章 美国对外政策中的经济与安全（1776—1991）

势，推进美国的国家安全和外交政策目标。① 1949年《出口控制法》的出台，也标志着美国对社会主义国家单边贸易控制体系的建立。

1963年，肯尼迪政府的政策计划委员会曾经出台了一份报告，指出了对苏联进行贸易控制的政治意义。该报告指出，美国在贸易上对苏联的限制，其政治意义大于经济意义。出口控制虽然无助于削弱苏联向美国发动战争的能力，但却向苏联表明了美国的坚定立场和意图。另外，出口控制也可以防止苏联利用美国的商业集团来影响美国的对外政策。② 由此可见，美国的出口控制政策主要针对的目标是苏联，并且主要是出于安全动机。

除了单边的出口控制外，美国还与其盟国推动成立了多边的出口控制机制。1950年1月，美国与西欧各国达成协定，成立了"对共产党国家出口管制统筹委员会"（Coordinating Committee for Export Control to Communist Area，简称COCOM，又称"巴黎统筹委员会"或"巴统"），协调各盟国对以苏联为首的社会主义阵营实行技术与经济的禁运和封锁。巴统的建立将美国对社会主义国家的单边贸易控制变成盟国间的联合行动，并使得对社会主义国家的贸易控制得以扩大化和强化。显然，巴统的建立为美国推行对抗苏联的冷战战略提供了一个新的工具。

第三世界国家的重要战略地位，也促使美国在冷战期间增加了对这些国家的战略投入。两次世界大战的推动和战后的非殖民化运动，使得第三世界普遍觉醒。而如何争取这些国家，防止它们投向苏联阵营，成为当时美国决策者们的重要战略考虑。除了频繁的军事干涉外，美国在冷战期间还利用其巨大的经济资源在第三世界实施所谓的"发展干涉"，试图通过改善第三世界国家的经济状况来抑

---

① 崔丕：《美国的经济遏制政策与巴黎统筹委员会的起源》，载崔丕主编：《冷战时期美国对外政策史探微》，第301页。

② Lars S. Skålnes, *Politics, Markets, and Grand Strategy: Foreign Economic Policies as Strategic Instruments*, pp. 163–164.

制共产主义在第三世界的扩张。为了拉拢第三世界国家，美国积极推行发展援助计划，推动世界银行和国际货币基金组织向那些选择市场导向和开放经济的国家提供贷款援助。另外，虽然鲜有成功的案例，但美国政府在冷战期间积极鼓励本国的私人公司增加其在第三世界的投资，以扩大美国的影响力并增进当地"发展"。

美国对第三世界国家的援助主要是出于政治或战略目的。例如，《1961年对外援助法案》的明确意图就是利用援助来打冷战。肯尼迪总统在向国会提交这份法案时断言："苏联有能力作出长期的投入，这使得它能够利用其援助项目来使发展中国家在经济上依赖于苏联的支持，从而推进世界共产主义的目标。这些新兴国家之所以需要帮助是有一个特别的原因的。它们无一例外都处于共产主义的压力之下。在很多情况下，那种压力是直接的和军事性的。在其他情况下，则表现为突出的颠覆性活动。企图破坏并取代那些国家已建立起来的新的、往往很脆弱的现代制度。"肯尼迪宣称，美国援助将表明"经济增长和政治民主可以携手并进"。[1]

总之，虽然在不同时期相对于军事手段的相对重要性有所变化，但对外经济政策在冷战期间一直保持一种关键的战略角色。经济手段是美国对苏联的遏制政策重要组成部分。美国通过歧视性的对外经济政策，推动盟国经济的复苏，抗衡共产主义的扩展，遏制苏联等敌对国家的经济发展。美国成功地将经济服务于安全战略，以至于尼克松政府时期的商务部长彼得·彼特森（Peter G. Peterson）指出，"在战后时期，一旦'经济'与军事'安全'政策直接冲突时，美国本能地强调后者。"[2]

---

[1] ［挪］文安立著，牛可等译：《全球冷战：美苏对第三世界的干涉与当代世界的形成》，第156—157页。

[2] Peter G. Peterson and James K. Sebenius, "The Primacy of the Domestic Agenda," in Graham Allison and Gregory F. Treverton, eds., *Rethinking America's Security: Beyond Cold War to the New World Order*, New York: Norton, 1992, p. 58.

第四章

后冷战时期美国"经济治术"的分析框架

上一章指出,在历史上,经济与安全在美国对外政策中存在密切的互动,海外经济利益是美国历届政府在处理对外关系中所极力维护的目标,但在很多情况下,为了追求国家的安全利益,美国的决策者们也经常不惜牺牲经济利益,将对外经济政策作为推动国家战略的手段。尤其是在两极体系的冷战格局下,对外经济政策明确地被美国政府用来服务美国的安全战略,是美国拉拢盟国、对抗苏联的重要战略工具。然而,正如本书在第一章指出的,随着冷战的结束和外部安全威胁的变化,关于后冷战时期美国"经济治术"(economic statecraft)存在几种不同的观点。一种观点认为美国的对外经济政策将独立于其国家安全战略目标,美国的决策者也很难再将对外经济政策作为追逐安全目标的工具;另一种观点认为后冷战时期的单极体系将推动美国的决策者将经济与安全结合起来;还有观点认为后冷战时期美国的对外经济政策与安全战略之间的关系将由美国经济状况和外部安全威胁情况决定。

本章主要通过演绎推理的方法,构建一种关于美国安全战略与其对外经济政策之间关系的分析框架,具体地,本章将主要探讨后冷战时代美国对外经济政策与其安全战略之间互动的模式,尝试回答对外经济政策在何种情况下才会与美国的安全战略存在紧密的关系。本章首先在第一节对"国务官员"这一概念进行界定，并指出美国国务官员在外交和安全事务上的独特角色和地位使得他们在对外经济政策的制定和实施上具有不同于国内社会利益集团、国会议员以及其他政府官员的政策偏好，这些官员倾向于从国家安全战略的角度而非部门利益或纯粹经济利益的角度来考虑美国对外经济政策的制定和实施。第二节将主要介绍国务官员参与和影响美国对外经济政策的动因，以及美国的国务官员将对外经济政策服务于安全目标的几种主要方式。第三节通过历史制度主义的视角，指出不同经济政策领域内的国内制度安排如何塑造了国务官员参与和影响美国对外经济政策的能力，进而提出关于美国安全战略与对外经济政策之间关系的假设。

第一节 国务官员：将经济服务于安全的推动者

如同其他所有政策的出台一样，对外经济政策的制定和实施需要有具体的推动者。在美国，由于具体的对外经济政策带有调整利益分配的影响，往往会涉及到不同利益集团、阶层和部门的参与。因此，要考察美国的安全战略与其对外经济政策之间的关系，必须首先界定将对外经济政策服务于安全战略目的的主要推动者。将对外经济政策服务于美国安全战略目标的主要推动者首先应该具有特定的战略目标，肩负制定和实施美国国家安全战略的任务。虽然所主张的特定经济政策在有些情况下符合某些利益集团或部门的狭隘利益，但这些政策推动者主要从国家的整体战略利益看待特定的对外经济政策，他们的主要目的在于将经济政策纳入国家安全战略的轨道，而非仅仅为了特定集团或部门的经济利益，甚至在一些情况下为了国家的安全利益，会支持有损于国家整体经济利益的对外经济政策。

根据以上标准，可以将美国国内众多的利益集团排除在外，包括企业、个人、团体甚至特定阶层。这些利益集团在选择是否支持一项对外经济政策时，首先考虑的是该项政策是否有助于提高自身的经济收益和福祉，而非国家的安全利益甚至整体的经济利益。在美国政府中，国会同样可以被排除在外。虽然国会被美国宪法赋予制定法律的职能，并在对外经济政策尤其是对外贸易政策领域享有较大的权力，但由于自身狭隘的选民基础和争取连任的政治需要，国会议员很难从国家总体的战略利益考虑一项对外经济政策，尤其是当该项经济政策会损害其主要选民的利益并受到这些选民的强烈反对时。

本书认为，在美国将对外经济政策服务于美国安全战略目标的主要推动者是以总统为代表的负责外交和安全事务的行政官员，即国务官员（state officials），包括总统、国家安全事务助理、国务卿、国防部长等。国务官员之所以是将对外经济政策服务于美国安全战略目标的主要推动者，是因为他们在对外经济政策领域具有不同于其他政府官员和社会利益集团的政策偏好。一方面，国务官员是制定和实施美国对外安全战略的主要行为体，更倾向于从国家安全的视角看待美国的对外经济政策，也更倾向于将贸易和经济利益服务于更为广泛的外交和安全目标，而不像特定经济利益集团或负责经济事务的行政官员那样，主要从经济收益的角度看待美国的对外经济政策；另一方面，与国会议员不同，国务官员所代表的选民基础更为广泛，不会轻易地被特殊利益集团所"捕获"，因而更容易从美国整体的国家战略利益考虑经济议题。

在美国，由于联邦政治体制具有三权分立和相互制衡的特征，以总统为代表的行政机构在对外政策和国内政策的制定过程中通常会受到来自国会和社会利益集团的极大限制。美国宪法通过将联邦政府划分为三个分支，包括行政、立法和司法，并且通过将多数政府权威赋予由参议院和众议院组成的国会，从而促进和保证了大量的社会力量能够参与和影响联邦政府的决策过程。在对外政策领域，美国宪法赋予总统接纳外国使节、赦免以及执行国会制定的法律等权力。虽然总统同时被授予武装总司令的职责，但是美国宪法并没有对该职责给予具体阐述。相反，美国宪法却非常详细地授予了国会在宣布战争、招募和给养军队、准备共同防御等方面的诸多权力。另外，总统任命驻外大使和制定条约的权力必须与参议院共同分享；总统能够否决国会的立法，但这种否决能够被国会两院的三分之二多数票加以推翻；国会能够弹劾总统，但后者却无法解散国会。因此，从宪法框架的角度来看，以总统为代表的行政机构很难在对外政策中占据主导地位。[①]

然而正如许多学者指出的，在具体的实践中，总统在美国对外政策特别是安全政策的制定和实施上具有非常大的影响力。早在20世纪50年代，美国著名的政治学家罗伯特·达尔（Robert A. Dahl）在其关于国会与美国外交政策的研究中就指出，国会对外交政策的影响主要局限于对行政机提出的政策倡议进行合法化和修补，"在外交政策中，总统提议（propose），而国会则负责应对（dispose）——甚至在相当多的重大决定中，国会并没有机会去应对"。[②]罗伯特·达尔的观点客观地反映了当时总统与国会在对外政策领域内影响力的巨大差异。尤其是随着二战后期核武器的出现以及美苏冷战的开始，美国总统不断推动了对宪法的解释，使行政机构在对外政策中逐渐获得越来越大的权力。通过对美国宪法所进行的新的解释，"总统在对外事务中单独地享有最终决定权，并且在国家安全受到威胁时（这种威胁完全由行政机构作出），总统被合法地赋予了

[①] Paul E. Peterson, "The President's Dominance in Foreign Policy Making," pp. 219–220.

[②] Robert A. Dahl, *Congress and Foreign Policy*, New York: Norton, 1950, p. 58.

第四章 后冷战时期美国"经济治术"的分析框架

摆脱宪法限制的权力,以维持和保护国家的安全"。[1] 更为重要的是,这种加强总统外交事务权的解释已经被国会和最高法院所接受,并以法律和先例的形式加以确定。[2]

虽然美国总统在安全政策领域内的主导地位由于越南战争和"水门事件"的影响而受到削弱,并且国会在冷战结束之后不断地参与到美国对外政策的制定当中,但美国的安全战略仍然主要反映了行政部门的政策偏好,并且冷战的结束和单极体系世界并没有改变这一特征。[3] 事实上,由于国际政治与国内政治相比所存在的极大差异——即国际体系的无政府状态和国内政治的等级结构,使得包括美国在内的所有国家都需要建立以一个相对集中的对外政策决策体系。国际体系的无政府状态,使得国家和民族的生存很难依靠任何国际机构或者他国的承诺,而是需要本国的实力和外交努力。无政府状态下国际安全威胁的不确定性,则要求各国必须对外部战略环境的变化作出迅速、即时的应对,而政府外交权力的相对集中则是满足这种需求的必要条件。也正是由于国际体系的这种特征和维护美国国家安全的需要,使得美国对外政策"主要的决策权依然掌握在总统的手中……国会依然只是次要的政治行为体,虽然它不断地参与其中"。[4]

作为国家对外关系的一个重要组成部分,贸易、投资、金融等各种不同类型的对外经济政策不仅会影响到与其他国家之间的商品、人员、技术和货币流量,还会影响到本国的整体经济福祉,正如本章在下一节所指出的,各种对外经济政策同样会直接或间接地影响

---

[1] Gordon Silverstein, *Imbalance of Powers: Constitutional Interpretation and the Making of American Foreign Policy*, p. 9.

[2] Gordon Silverstein, *Imbalance of Powers: Constitutional Interpretation and the Making of American Foreign Policy*, p. 214.

[3] Lars S. Skålnes, "U. S. Statecraft in a Unipolar World," in Peter Dombrowski, ed., *Guns and Butter: The Political Economy of International Security*, p. 134.

[4] Paul E. Peterson, "The President's Dominance in Foreign Policy Making," p. 217.

到本国的外交和安全利益。例如，通过向贸易伙伴出口商品，贸易能够直接或间接地增强贸易伙伴的军事实力；另外，随着贸易联系的日益紧密，本国对贸易的依赖程度也会随着加深，并且不对称的相互依赖还会增加本国相对于贸易伙伴的脆弱性。正是对外经济政策对国家外交和安全利益的重要影响，使得各国的战略决策者——包括美国负责外交和安全事务的国务官员，会不断地试图去影响本国对外经济政策的制定和实施，努力将对外经济政策纳入国家安全战略的轨道，预防特定的经济政策损及安全利益。

由于自身职能和所关注利益的不同，美国国务官员的对外经济政策偏好会明显区别于其他参与对外经济政策的政府官员和社会利益集团的政策偏好。不同于企业、工会、国会议员等政策行为体，国务官员在对外经济政策的制定和实施过程中会更多地从战略角度考虑具体的对外经济政策，并倾向于将对外经济政策服务于本国的安全战略目标，或者至少确保一项对外经济政策不与自身所主张的安全战略相冲突。

美国学者戴维·莱克（David A. Lake）曾深刻地指出，在分析美国的对外经济政策时，一般意义上的"国家"（state）可以被简化为两个组成部分。其中，第一个组成部分包括国会和一些诸如农业部、商务部和劳工部等所谓的"选民"机构（"constituent" agencies）。对于美国的国会议员来说，他们的首要目标是竞选连任，为本选区的选民利益服务。基于这一政治目标，参众两院议员必须对各自选区内选民的利益诉求作出反应。这种政治结构也使得作为立法机构的国会成为连接国家与社会的主要纽带，国会议员的决策也更容易受到各种狭隘的社会利益集团的影响。

另外，农业部、商务部和劳工部等部门虽然属于总统领导的行政机构，但由于这些机构只具有范围较小的制度授权，往往很容易被其所服务的利益集团所"捕获"。例如，分别关注农业、商业和劳工问题的农业部、商务部和劳工部，它们所主张的政策诉求经常受到美国农业利益集团、企业集团和劳工组织的影响，这些机构在对外经济政策上的政策偏好也往往代表着这些利益集团的利益诉求。如同国会一样，这些行政机构在对外贸易政策领域内的行为在很大程度上受到利益集团的限制，独立性非常有限。这些作为连结政府与社会基本纽带的国会和选民机构，是政府之中最不具有独立性的组成部分，因而可以把它们的政策行为理解为仅仅是对不同社会利益的反映。[1]

国务官员构成了"国家"的另外一个组成部分。正如上文指出的，国务官员负责美国的整个国防和外交事务，在外交和安全政策的制定中享有最高权威。国务官员的这种独特职能，使得他们的对外经济政策偏好明显区别于其他政府官员和社会集团的利益要求。首先，与代表地方性利益诉求的国会议员相比，具有广泛选民基础的国务官员代表着整个国家参与国际事务，他们的政策目标来源于对美国在特定历史时期所处国际环境的认识，来源于对国家利益的整体考虑。因此，国务官员更倾向于把具体的对外经济政策与更广泛的外交和安全战略联系起来。另外，国务官员的经济政策偏好与各种社会利益集团所追求的狭隘利益也有着本质上的不同。在无政府状态的国际体系中，国务官员的政策主要建立在对其他国家相对优势的考虑之上，其政策目标具有明显的战略性。而"在追求自身物质利益的过程中，没有哪个社会集团——即使是集团的联盟——具有足够的动力去推动民族国家相对资源和权力的最大化"，因此，"（社会）集团利益在某些时候可能与这种（国家的）权力利益互

---

[1] David A. Lake, "The State and American Trade Strategy in the Pre-hegemonic Era," in G. John Ikenberry, David A. Lake, and Michael Mastanduno, eds., *The State and American Foreign Economic Policy*, pp. 36 – 37.

补，但它们在本质上具有不同的基础"。①

国务官员的对外经济政策偏好同样不同于其他行政官员的政策偏好。正如上文指出的，农业部、商务部和劳工部等部门虽然属于总统领导的行政机构，但由于这些机构只具有范围较小的制度授权，它们在对外经济政策上的政策偏好往往代表着国内不同利益集团的利益诉求。国务官员与其他行政官员在对外经济政策偏好上的巨大差异尤其体现在冷战期间美国对日本的经济政策上。冷战初期，为了解决日本的美元短缺问题，美国需要通过授予日本关税减让待遇扩大从日本的进口，并帮助日本打开东南亚和西欧的市场。对于当时的艾森豪威尔总统和国务卿杜勒斯来说，美国的军事安全与日本的经济安全密切地联系在一起，认为扩大进口日本的商品是防止出现一个共产主义日本的必要条件。他们认为1955年与日本的关税谈判非常关键，并指出禁止日本商品的进口从长期来看会导致战争灾难。虽然一些美国的大公司对从日本进口商品表示欢迎，但美国国内的一些制造商却在游说对日本进口产品实施贸易保护。时任美国商务部长的威克斯也不主张对日本产品过度开放国内市场，而是主张其他替代政策如增加对日本的军事采购、降低日本工人的工资等方式来解决日本的美元短缺问题，而非降低美国关税和扩大对日本的进口。但艾森豪威尔总统和美国国务院出于战略考虑，反驳了商务部的观点，并积极劝说美国公众接受日本的商品。②

总之，在美国，以总统为代表的国务官员在外交和安全事务中的独特地位，使得他们在对外经济政策领域具有不同于其他政策行为体（包括利益集团、国会议员和其他行政官员）的政策偏好。来

---

① David A. Lake, "The State and American Trade Strategy in the Pre-hegemonic Era," in G. John Ikenberry, David A. Lake, and Michael Mastanduno, eds., *The State and American Foreign Economic Policy*, p. 38.

② Lars S. Skålnes, *Politics, Markets, and Grand Strategy: Foreign Economic Policies as Strategic Instruments*, p. 174 – 175.

自不同行业的企业、公司和工会在对外经济政策进程中首先考虑的是本集团的经济福祉,而非国家的整体战略利益。由于国会议员和一些"选民"机构更容易受到国内利益集团的影响,他们的对外经济政策主张会更多地反映了地方性利益集团的诉求,很难具有独立的、服务于国家安全战略目标的偏好。国务官员是负责美国对外安全政策的主要行为体,使得他们在对外经济政策中更倾向于使具体的经济政策服务于国家的安全战略目标,或者至少不与所主张的安全目标相背离。当然,这一观点并不是说国务官员在对外经济政策领域总是将安全利益放在首位,忽视对外经济政策给美国带来的经济收益和成本,或者国务官员在对外经济政策过程中完全不受各种社会利益集团的影响。事实上,以总统为代表的国务官员同样会考虑美国的整体经济利益,并会在不同程度上受到社会利益集团的影响。只是与国会议员和其他行政官员相比,国务官员的对外经济政策偏好具有更高程度的独立性,更倾向于在对外经济政策的制定中考虑国家的安全利益,因而也是将对外经济政策服务于美国国家安全战略目标的主要推动者。[1]

第二节 国务官员的对外经济政策偏好

在确定了美国的国务官员是将对外经济政策服务于美国安全战略的主要推动者之后,本节将进一步分析美国的国务官员将对外经济政策纳入国家安全战略框架之内的主要动因,以及他们一般倾向

---

[1] 关于总统与国会在对外贸易政策上不同政策偏好的研究,还可参见 William R. Keech and Kyoungsan Pak, "Partisanship, Institutions, and Change in American Trade Politics," *The Journal of Politics*, Vol. 57, No. 4, 1995, pp. 1130 – 1142; Susanne Lohmann and Sharyn O'Halloran, "Divided Governments and U. S. Trade Policy: Theory and Evidence," *International Organization*, Vol. 48, No. 4, Autumn 1994, pp. 595 – 632。

于通过何种方式将对外经济政策作为服务美国安全战略目标的工具。

在国际关系史上，对外经济政策历来是一国安全战略的重要组成部分，被决策者用来服务国家的安全目标。各国决策者之所以在安全战略中重视经济的重要作用，是由于经济所具有的安全意义。然而在学界，关于两者之间关系的认识却经历着一个变化的过程。正如本书第二章指出的，早期的国际关系学者曾客观地认识到贸易、投资、金融等国际经济因素与国家安全之间的密切关系，认为对外贸易、投资和汇率政策是国家在国际社会中追求权力与安全所不可忽视的手段。[①] 然而，在冷战时期，对外经济政策与安全战略之间关系的研究却被人为地加以分离。一方面，在安全研究领域，对外经济政策所扮演的军事战略角色逐渐被忽视，学者们主要关注国家间的军事关系等高级政治议题，认为军事是实现国家安全目标的根本手段，贸易、投资和金融等经济议题属于"低端"政治而无足轻重。[②] 另一方面，虽然随着国际政治经济学（IPE）在20世纪70年代的兴起，贸易等经济议题逐渐受到了更多的关注，但该领域关于

[①] 早期关于贸易、金融和投资政策如何服务于国家安全的研究，可参见Jacob Viner, "Political Aspects of International Finance," *Journal of Business of the University of Chicago*, Vol. 1, No. 2, April 1928, pp. 141 – 173; Eugene Staley, *War and the Private Investor: A Study in the Relations of International Politics and International Private Investment*, Chicago: University of Chicago Press, 1935; Albert O. Hirschman, *National Power and the Structure of Foreign Trade*, Berkeley: University of California Press, [1945] 1980。

[②] ［美］迈克尔·马斯坦多诺：《学术与治术中的经济与安全》，第227—230页。安全研究领域对贸易等经济政策的忽视尤其体现在现实主义者关于大战略（grand strategy）的研究当中，相关代表成果可参见Stephen M. Walt, "The Case for Finite Containment: Analyzing U.S. Grand Strategy," *International Security*, Vol. 14, No. 1, Summer 1989, pp. 5 – 49; Barry R. Posen, "Measuring the European Conventional Balance: Coping with Complexity in Threat Assessment," *International Security*, Vol. 9, No. 3, Winter 1984/85, pp. 47 – 88; John J. Mearsheimer, "Maneuver, Mobile Defense, and the NATO Central Front," *International Security*, Vol. 6, No. 3, Winter 1981 – 1982, pp. 104 – 122。

第四章 后冷战时期美国"经济治术"的分析框架

对外经济政策的研究主要关注的是政策的经济目标而非安全目标。[①] 相关的研究认为一国的对外经济政策要么是由追求狭隘经济利益的国内利益集团所塑造的,[②] 要么主要受到霸权国自身经济利益的影响,[③] 或者是对国际经济结构压力的反应。[④] 只是在冷战结束以来,随着融合国际政治经济学和安全研究热潮的兴起,学界才开始了对安全战略与对外经济政策之间关系进行系统的分析。

现有的研究已经表明,各国的决策者们之所以会关注对外经济政策以及国家间的商品、资本、技术和信息的流动,主要是因为国际经济所具有的安全外部性问题(security externalities)。所谓"外部性"是指一些社会行为体的活动对其他行为体所造成的或所带来的非补偿性的损失或收益,而这些社会行为体并没有意识到自己的行为对其他行为体所造成的影响。[⑤] 国际经济对国家安全的影响同样可以被看作是一种外部性问题,因为国内企业的进口和出口、对外投资与吸纳外资、汇率的降低和提高等,都会对国家的安全造成正面或负面的影响,而从事这些经济活动的企业有可能并没有意识到

---

① 例如,国际政治经济学领域内关于战略性贸易政策和经济外交的研究主要关注的就是政策的经济目的。参见樊勇明:《西方国际政治经济学》(第二版),上海人民出版社,2006年版,第200—208页。

② Thomas Ferguson, "From Normalcy to New Deal: Industrial Structure, Party Competition, and American Public Policy in the Great Depression," *International Organization*, Vol. 38, No. 1, Winter 1984, pp. 41 – 94; Helen Milner, "Resisting the Protectionist Temptation: Industry and the Making of Trade Policy in France and the United States During the 1970s," *International organization*, Vol. 41, No. 4, Autumn 1987, pp. 639 – 665; etc.

③ Stephen D. Krasner, "State Power and the Structure of International Trade," *World Politics*, Vol. 28, No. 3, April 1976, pp. 317 – 347.

④ David A. Lake, *Power, Protection, and Free Trade: International Sources of U. S. Commercial Strategy, 1887 – 1939*, Ithaca: Cornell University Press, 1988.

⑤ 例如,一个工厂的生产活动所排放的废气和污水对环境造成了伤害;一个苹果种植者通过种植果树可能无意识地向周围的养蜂者提供了花蜜;等等。参见 Leland B. Yeager and David G. Tuerck, "Realism and Free-Trade Policy," *The Cato Journal*, Vol. 3, No. 3, Winter 1983/84, pp. 660 – 661。

自身的市场行为给国家的安全所带来的影响。以国际贸易为例，国际经济对国家安全的影响可以概括为以下三个方面：

首先，国际贸易和商品的跨国流动能够直接或间接地增加经济伙伴的军事实力。显而易见，向贸易伙伴国出口战略性商品特别是能够被直接应用于军事用途的商品，能够直接增强贸易伙伴国的军事实力和国防能力，进而影响双方军事力量的对比。另外，跨国贸易之所以具有安全外部性，还因为商品的流动能够使贸易伙伴国增加对其国内资源的利用效率。根据国际贸易的比较优势原理，一国在国际贸易中会更倾向于出口在本国生产效率较高的产品，而进口在本国生产成本较高的产品。显然，基于比较优势的国际贸易，能够帮助贸易伙伴国节省额外的经济资源，包括人力、矿产、能源等，而这些经济资源显然能够被伙伴国应用于军事力量的发展，从而间接地增强了贸易伙伴国的军事实力。[1] 事实上，国际贸易的这种安全外部性并非最新发现。早期的古典自由主义者以及重商主义者已经指出贸易如何促进了国家经济的发展，以及国家经济的发展又如何促进了现代国家军事实力的提高。[2]

其次，跨国贸易会产生非对称的相互依赖以及增加自身的脆弱性。国际贸易的深化和扩展，往往会推动跨国生产活动的专业化分工。对于任意两个存在专业化分工的贸易伙伴来说，这种跨国生产的专业化分工一方面有利于两国各自发挥比较优势、提高生产效率和提升整体的经济福祉，另一方面也会增加两国间的相互依赖程度。

---

[1] Michael Mastanduno, *Economic Containment: CoCom and the Politics of East-West Trade*, pp. 41 - 42; Joanne Gowa, *Allies, Adversaries, and International Trade*, p. 6; [美] 詹姆斯·R. 施莱辛格著，韩亚军、李韬、陈洪桥译：《国家安全的政治经济学：当代大国竞争的经济学研究》，北京理工大学出版社，2007年版，第83页。

[2] Edward M. Earle, "Adam Smith, Alexander Hamilton, Friedrich List: The Economic Foundations of Military Power," in Edward M. Earle, Gordon Alexander Craig, and Felix Gilbert, *Makers of Modern Strategy: Military Thought from Machiavelli to Hitler*, Princeton: Princeton University Press, 1943, pp. 117 - 154.

第四章 后冷战时期美国"经济治术"的分析框架

然而,由于历史、地理、资源禀赋、经济规模和经济发展水平等诸多条件的差异,现实中两个国家间的经济相互依赖往往是不对称的,尤其是大国与小国之间的贸易关系。这种非对称的相互依赖不仅体现为弱小的一方会对两国间贸易的中断更为敏感,同时还体现为一方相对于另一方在贸易中断后进行政策调整时所付出的代价更为高昂。正因为此,非对称的贸易联系会成为强国影响甚至控制弱国的重要权力来源。在强国威胁限制或切断双边贸易关系时,弱国要么必须满足前者的政策要求,要么为选择新的贸易伙伴而付出高昂的调整代价。而无论弱国选择何种方式,无疑都是对国家安全的一种损害。[1]

最后,跨国贸易会改变本国国内政治联盟的力量对比,进而限制决策者的政策选择空间。1989年,著名经济学家罗纳德·罗格斯基(Ronald Rogowski)运用斯托珀—萨缪尔森(Stolper-Samuelson)贸易模型,考察了国际贸易如何塑造了国内不同要素持有者的贸易政策偏好。他指出,从自由贸易中受损的稀缺要素持有者将支持保护主义政策,而从自由贸易中受益的丰富要素持有者则会偏好自由、开放的贸易政策。无论是稀缺要素持有者还是丰富要素的持有者,他们为了自身的经济利益都会结成相应的政治联盟,并会通过各种途径敦促本国政府采取与自身利益相符的对外政策。而一国国内政治联盟结构的特征,则会随着该国对外贸易开放程度的变化而变化。当一国对外贸易开放度较低时,稀缺要素持有者的政治联盟一般会更具政治影响力;而当一国对外贸易开放程度较高时,丰富要素持有者所组成的政治联盟就会较为强大。[2] 正是由于国际贸易对国内政

---

[1] 关于非对称相互依赖如何成为权力来源的分析,参见[美]罗伯特·基欧汉、约瑟夫·奈著,门洪华译:《权力与相互依赖》(第3版),北京大学出版社,2002年版,第11—20页。

[2] Ronald Rogowski, *Commerce and Coalitions: How Trade Affects Domestic Political Alignments*, Princeton: Princeton University Press, 1989.

治联盟的上述影响,如果两国间的贸易联系不断加深,会促使国内自由贸易联盟的政治实力不断增强。在两国政治和安全关系出现紧张时,该联盟必然会向本国政府施压,要求政府对其贸易伙伴采取和平或妥协性的安全政策,而这无疑极大地限制了政府可供选择的政策选项。[①]

国际经济交往所具有的安全外部性及其对国家安全的影响并不仅仅限制在贸易领域,汇率的变动和跨国资本的流动同样也会给一国的安全造成潜在影响。例如,本国货币的升值能够增加国际购买力,有助于本国企业在国际市场以更少的成本采购本国所急需的战略物资。但汇率的提高同时也会降低本国商品的国际竞争力,限制本国商品的出口,从长远来讲,不利于本国经济的健康发展和削弱国家的实力。相反,本国货币的贬值则会提高国内企业的国际竞争力,拉动出口,增加本国的外汇收入。但货币贬值同时会推升进口商品的价格,增加本国企业在国际市场上的采购成本,对国家的外汇收支构成压力。另外,汇率的人为压低和货币的恶性贬值,还会引发国家间的经济摩擦,进而会恶化与其他国家的政治和安全关系,这在20世纪30年代表现得尤为突出。

对于跨国投资来说,一国鼓励本国企业的对外投资尤其是对外直接投资,包括"绿地投资"和跨国并购,能够获取国外的市场、技术,提高本国企业的国际竞争力,进而提升本国的综合实力。另外,对外国矿产资源、能源的投资,还有助于保障本国的资源供应和能源安全。与贸易上的非对称相互依赖类似,扩大对特定东道国的投资,还会增加该国对投资国资本的依赖程度,有助于构建更为紧密的政治和安全关系。从吸收外国投资的角度来看,跨国资本的

[①] 关于经济相互依赖如何在国内催生了自由贸易联盟并对政府的对外政策行为进行限制的详细论述,可参见 Bruce Russett and John R. Oneal, *Triangulating Peace: Democracy, Interdependence, and International Organization*, New York: W. W. Norton, 2001。

流入不仅给国内经济发展带来了急需的资金,同样往往伴随着先进技术的流入,有助于本国经济质量的提升。但外来投资同样会对东道国的安全造成损害,包括外国资本对本国敏感产业的控制,以及增加东道国对母国的依赖程度等。

正是国际经济的以上几种安全外部性问题,使得各国政府包括美国负责安全事务的国务官员会积极关注与它国进行经济交往的潜在影响,并在必要时主动参与和影响本国对外经济政策的制定和实施,努力将特定的对外经济政策纳入国家的安全战略轨道,如将对外经济政策用于增强盟国的实力和削弱敌国的实力、目标国国内培养或增强支持联盟关系的势力以及向相关国家显示本国的战略意志和决心。[1]

美国学者戴维·鲍德温（David A. Baldwin）在其于1985年出版的名为《经济治术》（Economic Statecraft）一书中,对决策者通过使用对外经济政策来影响其他国家政策行为的方式进行了分类和介绍。具体地说,他认为一国决策者可以主要通过两种方式来对目标国施加影响,包括消极制裁（Negative Sanctions）和积极制裁（Positive Sanctions）。[2] 其中前者是通过威胁或惩罚来影响目标国的行为,具体手段包括贸易上禁运、抵制、增加关税、关税歧视等,以及资金上的冻结资产、征用、取消援助等（见表4-1）;后者是通过允诺或奖赏来改变目标国的行为,具体手段包括贸易上给予优惠关税待遇、关税减让和放松进出口管制等,以及在资金上提高援助水平、扩大投资和鼓励借贷等（见表4-2）。

---

[1] Lars S. Skålnes, *Politics, Markets, and Grand Strategy: Foreign Economic Policies as Strategic Instruments*, pp. 4-5.

[2] David A. Baldwin, *Economic Statecraft*, Princeton, NJ: Princeton University Press, 1985, pp. 40-50.

表 4-1 消极经济制裁的具体案例

贸 易	资 金
禁运（Embargo）	冻结资产（Freezing assets）
贸易抵制（Boycott）	进出口控制（Controls on imports and exports）
提高关税（Tariff increase）	中止援助（Aid suspension）
关税歧视（Unfavorable tariff discrimination）	征用（Expropriation）
取消最惠国待遇（Withdrawal of "most-favored-nation" treatment）	增加税费（Unfavorable taxation）
黑名单（Blacklist）	扣缴国际组织费用（Withholding dues to international organization）
进出口配额（Quotas）	威胁采取以上措施（Threats of the above）
否决进出口许可（License denial）	
倾销（Dumping）	
排除性购买（Preclusive buying）	
威胁采取以上措施（Threats of the above）	

资料来源：转引自 David A. Baldwin, *Economic Statecraft*, Princeton, NJ: Princeton University Press, 1985, p. 41.

表 4-2 积极经济制裁的具体案例

贸 易	资 金
优惠性关税待遇（Favorable tariff discrimination）	提供援助（Providing aid）
给予最惠国待遇（Granting "most-favored-nation" treatment）	投资保证（Investment guarantees）
关税减让（Tariff reduction）	鼓励私人投资（Encouragement of private capital exports or imports）
直接购买（Direct purchase）	优惠税收待遇（Favorable taxation）
进出口补贴（Subsidies to exports or imports）	许诺采取以上措施（Promises of the above）
批准进出口许可（Granting licenses）	
许诺采取以上措施（Promises of the above）	

资料来源：转引自 David A. Baldwin, *Economic Statecraft*, Princeton, NJ: Princeton University Press, 1985, p. 42.

第四章 后冷战时期美国"经济治术"的分析框架

还有学者专门考察了决策者将对外贸易政策服务于安全目标的主要方式，并且同样认为对外贸易政策可以通过两种方式帮助决策者实现安全战略目标，包括消极的贸易战略和积极的贸易战略。前者主要是通过经济战（economic warfare）或者战略禁运（strategic embargo）的方式，在不同程度上限制与目标国的贸易往来；而后者主要是通过条件性接触（conditional engagement）或者非条件性接触（unconditional engagement）来保持或扩大与目标国之间的贸易联系。这几种服务于安全目标的贸易战略都建立在关于贸易的安全外部性的不同认识之上，并且具有各自的逻辑和实施方式。[①]

经济战。经济战是指全面限制与目标国之间的所有贸易联系，包括军事和非军事产品的贸易。经济战的目标是通过切断国际经济交往给目标国所带来的经济收益，来削弱目标国的经济实力或发展潜力，进而削弱目标国的军事能力或潜力。[②] 显然，经济战的逻辑建立在贸易的第一种安全外部性之上，即国际贸易能够促进目标国国内资源的利用效率和推动目标国经济的发展，进而间接地增强目标国的军事实力。历史上，关于经济战的实际应用并不少见。尤其是在20世纪初期，由于国际体系中各主要国家的武装力量逐渐向机械化部队转变，这些国家的军事实力也越来越依赖于各自的经济基础，这也诱使敌对国特别是交战国之间更加倾向于从总体上阻碍或削弱对方经济的发展，以遏止对方军事实力的提高。在两次世界大战当中，通过经济制裁、经济封锁等方式来扰乱对方经济秩序和削弱对方经济实力，成为当时交战国之间普遍采取的战争策略。

战略禁运。战略禁运是指通过阻止那些能够直接被运用于军事

---

① 关于两种贸易战略的详细介绍，还可参见宋国友：《平衡社会利益和国家安全：政府对外贸易政策选择》，北京：时事出版社，2007年版，第118—126页。
② Michael Mastanduno, *Economic Containment: CoCom and the Politics of East-West Trade*, p. 40.

用途的商品的出口，来阻碍或延缓对方军事实力的提高。战略禁运的逻辑同样建立在贸易的第一种外部安全性的基础之上，即战略性商品的贸易能够直接提高目标国的军事实力。但与经济战不同，决策者在实施战略禁运时主要考虑的是如何最为有效地限制对方军事实力的发展，而并不试图去扰乱或削弱对方的国内经济。另外，战略禁运在出口控制的范围和程度上都是有选择性的，主要控制对象是那些能够直接被应用于军事用途的战略性商品，而不像经济战那样几乎全面限制与目标国之间所有商品的贸易。[1] 战略性贸易禁运尤其是发达工业国家对外政策中的重要战略工具。这些国家在实施战略禁运时，一般会对出口商品的性质进行分类，并根据特定出口商品的目的地和最终用途来实施出口限制。冷战时期，美国对苏联和其他社会主义国家在一些战略性商品和物资的禁运就是典型的案例。

条件性接触。与以上两种消极的贸易战略不同，条件性接触并不是全面或有选择性地限制与目标国的贸易往来，而是通过维持或扩大与目标国的贸易联系来对后者的对外政策或行为施加影响。作为一种积极的贸易战略，条件性接触——又被称之为战术性联系（tactical linkage），是指通过许诺向目标国提供特定的贸易优惠待遇，来换取目标国相应行为的改变，而这种优惠性贸易待遇是否会付诸实施，则完全取决于目标国是否采取了实施国所偏好的政策和行为。[2] 一般认为，成功实施条件性接触的前提是目标国急需或者依赖实施国所提供的优惠贸易待遇。例如，目标国国内的某个产业的产品出口严重依赖实施国的市场并且很难在短期内获得其他替代市场。

---

[1] Michael Mastanduno, *Economic Containment: CoCom and the Politics of East-West Trade*, p. 47.

[2] Daniel W. Drezner, "The Trouble with Carrots: Transaction Costs, Conflict Expectations, and Economic Inducements," in Jean-Marc F. Blanchard, Edward D. Mansfield, and Norrin M. Ripsman, eds., *Power and the Purse: Economic Statecraft, Interdependence, and National Security*, pp. 188–218; Michael Mastanduno, *Economic Containment: CoCom and the Politics of East-West Trade*, p. 52.

如果该产业对于目标国来说具有重要的政治或经济意义，包括吸收了目标国国内大量的就业、占目标国经济的比重较大等，目标国更容易对实施国的条件性经济接触作出妥协。目标国要么接受实施国的政策要求以获得贸易上的优惠待遇，要么拒绝实施国的要求而承担巨大的经济损失（或潜在的经济损失）。由此可以看出，条件性接触更多地建立在贸易的第二种安全外部性之上，即在非对称的经济相互依赖中，强国能够利用弱国的脆弱性而对其施加影响。

非条件性接触。非条件性接触又称结构性联系（structural linkage），与条件性接触一样属于积极的贸易战略。然而与条件性接触不同，非条件性接触并不以目标国相关政策或行为的改变作为前提条件，而是单方面地决定保持或扩大与目标国之间的贸易往来。在选择实施非条件性接触时，实施国的主要动机不是要立即对目标国施加影响，而是试图通过长期的经济将往，增加双方的经济联系，以期在未来能够影响和塑造对方的国内政治和对外政策。显然，非条件性接触的逻辑是通过扩大与目标国的贸易往来，使目标国与本国建立起紧密的经济联系，并通过这种经济联系作为杠杆对目标国的未来行为施加影响。这种影响主要体现在两个方面：一方面，经济联系的加强会增加目标国脱离双边贸易的经济成本，这不仅是因为原有的商品贸易会受到损害，同样还因为目标国必须为寻找替代市场而付出更高的成本；另一方面，经济联系的加强会增强目标国国内自由贸易联盟的政治影响力，如果目标国政府对实施国采取敌对或对抗性政策，势必会促使这些自由贸易联盟向目标国政府施压，促使目标国政府承担巨大的政治风险。[①] 由此可见，非条件性接触的逻辑既与贸易的第二种安全外部性保持一致，同时也建立在对第三种安全外部性的认识之上。

---

① Miles Kahler and Scott L. Kastner, "Strategic Uses of Economic Interdependence: Engagement Policies on the Korean Peninsula and Across the Taiwan Strait," *Journal of Peace Research*, Vol. 43, No. 5, September 2006, pp. 523 – 541.

以上四种将对外经济政策服务于安全战略目标的方式，不论形式有多么不同，但最终的目的都是通过提高或降低与目标国之间的经济流量，或者是特定商品和要素的流量，来影响目标国的对外政策和行为。目前学界在关于以上四种经济战略在国际关系领域内的使用频率问题仍存在争论。例如，丹尼尔·德兹纳（Daniel W. Drezner）认为消极性的经济战略更为普遍，因为通过提供经济优惠（carrots）来获取目标国的让步，其交易成本非常大，而惩罚性的措施（sticks）则会更加有效率，虽然并不总是能够成功地达到预期目标。① 相反，戴维·鲍德温则认为，相对于消极的和惩罚性的对外经济政策，决策者会更倾向于运用积极的和奖赏性的对外经济政策。② 虽然存在以上分歧，但学界一般认为，由于国际经济安全外部性的存在，一国决策者通常会倾向于通过积极的对外经济战略来扩大与盟国或友好国家的之间的经济联系，通过采取经济战或者战略禁运等消极的对外经济政策来限制与敌对国或潜在威胁国家之间的经济联系。一国之所以倾向于对盟国或友好国家采取积极的对外经济战略，包括提供优惠贸易待遇、降低进口壁垒、放松出口限制、提供经济援助、扩大直接投资等，这在很大程度上是因为盟国之间更容易化解国际经济的第一种安全外部性问题。一国能够通过扩大经济交往来增强盟国的经济和军事实力，而从战略角度来看，盟国经济和军事实力的提高同样对本国有利，尤其是在同盟结构相对稳定的两极体系格局下更是如此。③

---

① Daniel W. Drezner, "The Trouble with Carrots: Transaction Costs, Conflict Expectations, and Economic Inducements," p. 190.

② David A. Baldwin, "The Power of Positive Sanctions," *World Politics*, Vol. 24, No. 1, October 1971, pp. 28 - 29.

③ Joanne Gowa, *Allies, Adversaries, and International Trade*, pp. 31 - 53. 向盟国实施积极的对外经济政策的其他重要动因还包括能够表达意图、能够在两国内部培养支持更为紧密的联盟关系的利益联盟等。参见 Lars S. Skålnes, *Politics, Markets, and Grand Strategy: Foreign Economic Policies as Strategic Instruments*, pp. 20 - 26。

第四章 后冷战时期美国"经济治术"的分析框架

与此相反,在处理与敌对国或潜在挑战国之间的关系中,一般认为政府决策者会倾向通过提高贸易壁垒、加强出口管制、实施贸易禁运或抵制等消极性对外经济战略来限制与敌对国或挑战国之间的经济往来。显而易见,决策者之所以倾向于采取这种限制性经济措施,主要动因在于这些措施能够削弱敌对国或挑战国的经济和军事实力,或者至少延缓敌对国或挑战国经济和军事实力的发展。这种向对手实施消极的经济战略的案例在历史是比比皆是。特别是从20世纪初以来,各主要大国之间经济联系的加深,使得消极的对外经济战略成为各国对敌国政策的重要组成部分。例如,在两次世界大战期间,经济战成为各主要交战国实施军事战略的重要补充,军事上的胜利已离不开对敌方经济的封锁。冷战期间,美苏之间通过相互切断与对方的经济联系,以阻碍对方经济发展的进程,进而削弱对方的军事实力。也正因为如此,近期关于冲突和贸易之间关系的大样本统计分析同样表明,政治—军事联盟能够促进盟国之间的贸易往来,而政治冲突、领土争端、军事冲突和战争则会减少甚至终止国家间的贸易流量。[1]

---

[1] 关于联盟关系对贸易的促进作用,参见 Joanne Gowa and Edward D. Mansfield, "Power Politics and International Trade," *American Political Science Review*, Vol. 87, No. 2, June 1993, pp. 408 – 420。关于政治冲突对贸易的消极影响,参见 Brian M. Pollins, "Conflict, Cooperation, and Commerce: The Effect of International Political Interactions on Bilateral Trade Flows," *American Journal of Political Science*, Vol. 33, No. 3, August 1989, pp. 737 – 761。关于领土争端对贸易的消极影响,参见 Beth A. Simmons, "Rules over Real Estate: Trade, Territorial Conflict, and International Borders as Institution," *Journal of Conflict Resolution*, Vol. 49, No. 6, December 2005, pp. 823 – 848。关于军事冲突对贸易的消极影响,参见 Omar M. G. Keshk, Brian M. Pollins, and Rafael Reuveny, "Trade Still Follows the Flag: The Primacy of Politics in a Simultaneous Model of Interdependence and Armed Conflict," *Journal of Politics*, Vol. 66, No. 4, November 2004, pp. 1155 – 1179。关于战争对贸易的消极影响,参见 Edward D. Mansfield, *Power, Trade, and War*, Princeton: Princeton University Press, 1994; Charles H. Anderton and John R. Carter, "The Impact of War on Trade: An Interrupted Times-Series Study," *Journal of Peace Research*, Vol. 38, No. 4, July 2001, pp. 445 – 457。

然而不可忽视的是,正如以上在分析国际经济的安全外部性时指出的,非对称的经济相互依赖同样是国家获取权力和影响他国行为的来源。正因为此,各国特别是经济实力较强的国家同样会倾向于对敌对国采取积极的对外经济战略,在本国和敌对国之间培育非对称的经济相互依赖,以期在将来获得影响敌对国行为的杠杆,或者通过长期的贸易往来,在敌对国内部培养符合本国利益的政治联盟。然而在学术界,相对于经济战和战略禁运等限制性经济政策的研究,积极的对外经济战略或经济接触战略并没有受到太多的关注。这不仅是由于学界对后者的概念缺乏较为清晰的界定,相关案例的收集和整理工作比较滞后,还因为多数学者对决策者在多大程度上使用经济接触战略仍表示怀疑。[1] 然而,理论研究的缺乏并不表明经济接触战略的现实意义不大或者在现实中的运用不多。与消极的经济战略相比,积极的经济战略具有许多其无法比拟的优势。例如,对贸易和投资的限制经常导致目标国国内舆论的憎恨和抵制,而通过奖赏和诱导则更有可能促进目标国进行谈判的意愿;对贸易和投资的限制会导致"团结在旗帜周围"的效应,即目标国领导人通过强调外部威胁的存在来获得国内舆论的支持,而经济接触战略则不会在目标国激起这种爱国主义的热潮;贸易和投资限制需要获得多边支持才能有效,而经济接触虽然也得益于多边支持,但同样可以单方面地发挥作用;另外,限制性经济政策的失败会导致较大的风险,即一旦失败,则很有可能必须进一步采取军事措施。[2] 事实上,正是由于以上优点,积极的对外经济战略在现实中经常成为决策者

---

[1] Michael Mastanduno, "The Strategy of Economic Engagement: Theory and Practice," in Edward D. Mansfield and Brian M. Pollins, eds., *Economic Interdependence and International Conflict: New perspectives on an Enduring Debate*, p. 178.

[2] Ibid. pp. 178 – 179.

第四章 后冷战时期美国"经济治术"的分析框架

处理与冲突国关系的一种重要战略工具。[1]

历史上,基于国家安全战略目的而实施消极的经济制裁和积极的经济制裁(或者消极的贸易战略和积极的贸易战略)的做法屡见不鲜。[2] 例如,安全战略考虑在拿破仑三世于1860年同意与英国签订自由贸易条约——《科布登—谢瓦利埃条约》(the Cobden-Chevalier Treaty)时产生了重要影响,法国当时希望通过该条约促进英法两国之间的关系,防止两国出现战争,以及寻求英国支持其在意大利的战略计划。类似地,普鲁士与法国在1862年签署的自由贸易条约在很大程度上也与普鲁士的战略需求密切相关,前者当时试图通过拉近与法国的关系来削弱奥地利在德意志关税同盟南部地区成员的政治影响力。在一战之前的数十年里,战略考量的变化对德国、俄国、法国和意大利之间的经济关系也造成了显著的影响。德国之所以在1887年限制俄国在柏林交易所从事借贷活动,在很大程度上是由于德俄政治关系的恶化。而当德国在资本市场上对俄国进行限制时,法国则迅速填补了空白,在同年批准了俄国能够在法国的资本市场中寻求贷款,该政策也促进了法国早就期望的法俄联盟的形成。当法国和意大利之间的政治关系在19世纪80年代初恶化时,法国政府通过要求本国银行限制在意大利的业务,对意大利进行制裁。法国的决定作出后,德国

---

[1] 近些年关于经济接触战略的相关案例分析,可参见 William J. Long, *Economic Incentives and Bilateral Cooperation*, Ann Arbor: University of Michigan Press, 1996; Paul A. Papayoanou, *Power Ties: Economic Interdependence, Balancing, and War*, Ann Arbor: University of Michigan Press, 1999; Patricia A. Davis, *The Art of Economic Persuasion: Positive Incentives and German Economic Diplomacy*, Ann Arbor: University of Michigan Press, 1999; Randall Newnham, *Deutsche Mark Diplomacy: Positive Economic Sanctions in German-Russian Relations*, University Park: Pennsylvania State University Press, 2002; Randall Newnham, "'Nukes for Sale Cheap?' Purchasing Peace with North Korea," *International Studies Perspectives*, Vol. 5, No. 2, May 2004, pp. 164 – 178。

[2] 相关历史案例的介绍,可参见 Albert O. Hirschman, *National Power and the Structure of Foreign Trade*, pp. 34 – 40; Lars S. Skålnes, *Politics, Markets, and Grand Strategy: Foreign Economic Policies as Strategic Instruments*, Ann Arbor: The University of Michigan Press, 2000, p. 2, chapter 3 – 5。

的银行则填补了法国银行离开意大利后所留下来的空白。德国在20世纪30年代加大了与东欧国家之间的经济联系，以从东欧国家获得丰富的资源，加强这些国家在政治上对德国的依赖。在英美关系中，英国在1938年与美国签署贸易条约的一个重要动机也是为了促进与美国之间战略合作。英国在二战期间还通过向美国提供贸易优惠待遇，极力哄诱美国不要保持中立并确保美国与战时为其提供资金支持。同样是在二战期间，英国通过向英联邦国家提供优惠经济待遇，来确保从这些国家获得关键原材料和商品供应，并确保这些国家与英国保持紧密的联盟关系。

从本书第三章可以看出，美国在历史上也经常将各种消极的经济制裁和积极的经济制裁作为实现安全战略目标的工具。例如，在拿破仑战争期间，为了维护独立自主和中立权利，多次对英国和法国实施商业限制和贸易禁运；在1812年美英战争期间对英国的贸易抵制和禁运；在一战后期，对与德国的贸易进行限制；二战初期，美国通过《租借法案》(Lend-Lease Program) 向盟国提供急需的物资，并试图利用经济援助迫使英国放弃帝国特惠制和英镑可兑换；20世纪40年代，为了削弱日本的战争能力，美国对日本进行了经济制裁；战后初期，美国曾试图通过贷款援助诱使苏联在东欧和东北亚政策上作出妥协并加入由美国控制的世界银行和国际货币基金组织；在苏联于1946年拒绝加入世界银行和国际货币基金组织后，美国转而取消援助，并在冷战期间对苏联及其盟国实施严厉的贸易禁运和经济制裁；冷战期间，美国为巩固美日同盟，推动日本盟国加入GATT，并取消对日本纺织品进口的配额限制；为了从内部瓦解和分化苏联阵营，美国还对波兰、南斯拉夫等东欧国家采取经济接触，提供经济援助和最惠国待遇等；此外，美国还利用经济援助等经济手段拉拢广大第三世界国家；等等。

第三节 国内制度作为干预变量

以上两节分别指出了以总统为代表的国务官员是将美国的对外经济政策服务于国家安全战略目标的主要推动者，并介绍了各国的

第四章 后冷战时期美国"经济治术"的分析框架

外交事务决策者(包括美国的国务官员)关于对外经济政策的几种偏好,即通过何种方式将对外经济政策服务于安全战略目标以及相应的动因。但现在仍有一个重要的问题没有解决,即任何对外经济政策都不是自动生成和实施的,而是需要决策者的主动参与和推动。以上分析只是指出了美国的国务官员具有将对外经济政策服务于国家安全战略目标的需求,但并不表明在现实中,国务官员总是能够成功地将对外经济政策纳入美国的安全战略轨道。

现实中,国务官员将对外经济政策服务于安全战略目标的意愿与其能力之间往往存在很大的差距。由于国际经济政策往往会对国家内部不同社会阶层和群体的收入分配造成很大影响,使得任何一项具体的经济政策势必都会牵涉到不同社会阶层、利益集团或者要素持有者的利益,而利益受到损害的个体或集团必然会作出反应,反对相关贸易、投资或货币政策的制定或实施。因此,国内政治会对决策者在对外事务中利用本国经济资源的能力造成制约。现有的一些研究同样表明,消极的或积极的对外经济战略的实施都需要实施国国内的支持,使得国内政治成为决定一国决策者能否成功地通过对外经济政策实现安全战略目标的关键,决策者是否能够成功地将对外经济政策作为安全战略工具,首先取决于他们能否克服国内政治的干扰或限制。[1] 因此,虽然美国的国务官员具有将对外经济政

---

[1] 类似观点,可参见 Stephen D. Krasner, "Domestic Constraints on International Economic Leverage," in Klaus Knorr and Frank Trager, eds, *Economic Issues and National Security*, Lawrence: University of Kansas Press, 1977, p. 160 – 181; Michael Mastanduno, "Economic Statecraft, Interdependence, and National Security: Agendas for Research," in Jean-Marc F. Blanchard, Edward D. Mansfield, and Norrin M. Ripsman, eds., *Power and the Purse: Economic Statecraft, Interdependence, and National Security*, p. 310; Michael Mastanduno, "The Strategy of Economic Engagement: Theory and Practice," in Edward D. Mansfield and Brian M. Pollins, eds., *Economic Interdependence and International Conflict: New perspectives on an Enduring Debate*, pp. 183 – 184; Lars S. Skålnes, *Politics, Markets, and Grand Strategy: Foreign Economic Policies as Strategic Instruments*, p. 31; Michael Barnett, "High Politics is Low Politics: The Domestic and Systemic Sources of Israeli Security Policy, 1967 – 1977," *World Politics*, Vol. 42, No. 4, July 1990, pp. 529 – 562。

策服务于安全战略目标的偏好,但要想使具体的对外经济政策真正成为一种战略工具,还需要他们能够在国内政治进程中成功地参与和影响美国对外经济政策的制定和实施。

事实上,美国国内政治权力和权威的分散性,使得国务官员在外交事务中利用美国潜在的经济资源时经常受到国内政治的掣肘。正如卡内基国际和平基金会的经济学家孔利弗(J. B. Condliffe)在二战后期指出的,"不难看到,无论是从绝对量上来看,还是与其他国家的相对量来看,美国在二战结束之际的经济实力将会非常强大。至少暂时地来看,美国所拥有的优势经济地位将给予其决策者在决定和平条款和组织战后世界秩序时潜在的巨大影响力。然而,这种影响力的大小将会受到美国国内分裂和优柔寡断的限制,也会受到公众不愿意给予或批准对其他国家尤其是苏联和英国的政策作出妥协的限制。如果美国的谈判者无法在国内获得现实的和果断的支持,美国这个世界上最强大的国家将很难随心所欲,并且有可能在国际上所得甚少。"[①]

例如,在整个19世纪和20世纪初,美国的国务院在将对外贸易政策与外交战略挂钩时,经常会面临国会议员杯葛。只是到了1934年之后,对外贸易政策权力逐渐脱离国会的控制,改由国务院管辖,才使得国务官员更能顺利地将对外贸易政策服务于美国广泛的外交和安全利益。在二战前后,由于国内政治的限制,美国也很难将其经济实力完全用于战略目的,虽然当时美国具有巨大的经济资源。[②] 冷战期间,美国对其盟国降低进口关税的计划,也曾受到国会议员和国内保护主义集团的极力反对,只是由于冷战的升温和外部安全威胁的凸显,才在国内暂时弥合了经济利益与安全利益之间的冲突,使得美国的国务官员更容易超越国内对特定经济政策的

[①] J. B. Condliffe, "Economic Power as an Instrument of National Policy," p. 308.
[②] [美]理查德·罗斯克兰斯、阿瑟·斯坦主编,刘东国译:《大战略的国内基础》,北京大学出版社,2005年版,第五章。

反对。

冷战结束之后，随着外部安全威胁的降低，以及美国不再面临一个实力相称的挑战国，国内政治对美国对外政策（包括对外经济政策）的限制必将更加显著。这也要求我们在分析美国的决策者如何利用美国的经济实力来服务其安全战略时，必须要考察国务官员克服国内政治限制的能力。显然，如果美国负责外交和安全事务的国务官员在面临国内政治的压力下，无法对美国的对外经济政策发挥应有的影响力，我们将很难看到美国的安全战略和对外经济政策会被有机地结合起来。相反，如果美国的国务官员能够对本国的对外经济政策施加显著的影响力，则对外经济政策会更多地与美国的安全战略结合起来。由此可见，考察国务官员在美国对外经济政策过程中的角色、地位和影响力，是我们把握冷战结束后美国的安全战略与其对外经济政策之间关系的关键。

然而，从理论上来看，研究国务官员在美国对外经济政策领域内的地位、角色和影响力并非易事。虽然现有文献资料和研究成果为我们理解美国对外经济政策提供了诸多具有洞见的分析视角和观点，但却往往过于偏颇，且相互之间存在严重对立，很难让分析者加以取舍。

在国际政治经济学的研究中，长期主导美国对外经济政策分析是多元主义理论，包括内生关税理论。在这种理论的分析视角下，美国的对外经济政策尤其是对外贸易政策，主要是由其国内利益集团或阶级等次国家行为体所驱动的。这些行为体根据自身经济利益最大化的利益取向，通过国内政治进程向政府决策者施压，对外经济政策结果主要反映了实力较强的或者有效组织起来的利益集团或集团联盟的政策偏好，政府只是为这些利益集团提供竞技场所，或者仅仅是扮演着"裁判员"的角色。该观点同样认为，美国对外经济政策的具体制定主要由有代表不同选区选民利益的国会议员来完成的，而国会议员的政策主张主要反映了社会利益集团的政策偏好。

以总统为代表的行政官员在对外经济政策过程中并不具有独立的角色，他们不仅很难影响具体的政策结果，甚至在很多情况下无法参与政策过程当中。[1]

正如本书第二章指出的，自20世纪80年代以来，一些学者在多元主义视角的指导下，就国内利益集团主要按何种模式进行结盟与组合的问题进行了研究。有的学者认为利益集团主要按照国内不同生产要素的持有者来划分，包括劳工阶层、资本持有者、土地所有者等；有的学者则认为利益集团主要是按照不同产业来划分的，并且同一产业内的工人、资本家和土地所有者在对外贸易上会具有相同的利益和政策偏好。这种关于对外经济政策的国内多元主义分析视角主要关注追求福利最大化的社会利益集团，忽视了政府或国家在制定对外经济政策中的重要影响。在这种分析视角下，国务官员将很难影响美国对外经济的制定，美国的对外经济政策和安全战略也将很难被结合起来。

与以上多元主义分析视角相对立的是在20世纪70年代末特别是80年代兴起的国家主义（statism）视角。这种国家主义的分析视角不仅强调国务官员具有独立的对外经济政策偏好，同样具有影响甚至主导美国对外经济政策的能力。根据国家主义理论，虽然美国宪法并没有在对外经济政策的制定上赋予总统和国务官员过多的权力，但国务官员能够利用自身负责外交和安全事务的优势，通过强调一项对外经济政策可能会给美国国家安全所带来的潜在影响，将该项对外经济政策界定为一种外交和安全议题，从而能够参与和影响对外经济政策的制定。另外，由于针对一项对外经济政策的社会利益诉求是多方面的，既有支持特定对外经济政策的利益群体，也

---

[1] 这种通过社会多元主义视角分析美国对外经济政策的研究成果非常多，其中E. E. Schattschneider关于1930年《斯穆特—哈利关税法案》（Smoot-Hawley Tariff Act）的研究被认为是该领域的一部开创性研究成果。参见 E. E. Schattschneider, *Politics, Pressures and the Tariff*, New York: Prentice-Hall, 1935。

第四章　后冷战时期美国"经济治术"的分析框架

有反对制定该项对外经济政策的社会集团,因此美国的国务官员能够动员潜在的并且与自身偏好互补的社会力量进入对外经济政策进程,进而增加自身对经济政策的影响力。[1] 这种国家主义的理论分析视角被广泛地用来解释美国历史上几次重要的对外贸易政策调整,包括19世纪末和20世纪初美国对外贸易政策的几次自由化转向、[2] 1934年美国《互惠贸易协定法案》(The Reciprocal Trade Agreement Act, RTAA)的制定、[3] 冷战初期美国对苏联的出口控制、[4] 以及20世纪70年代美国的石油贸易政策[5]等等。

显然,以上介绍的两种理论分析视角虽都具有各自的合理性,但却又都具有很大的片面性。多元主义的分析视角虽然指出了国内利益集团以及主要代表各选区选民利益的国会议员的影响力,但却忽视了以总统为代表的国务官员在美国对外经济政策过程中所扮演的重要角色。在美国国会于1934年通过《互惠贸易协定法案》之后,美国的国务官员在推动贸易自由化和进行自由贸易谈判上获得了前所未有的权力。国会通过此次立法在很大程度上将对外贸易政

---

[1] G. John Ikenberyy, David A. Lake, and Michael Mastanduno, "Introduction: Approaches to Explaning American Foreign Economic Policy," in G. John Ikenberry, David A. Lake, and Michael Mastanduno, eds., *The State and American Foreign Economic Policy*, pp. 12 – 14.

[2] David A. Lake, "The State and American Trade Strategy in the Pre-hegemonic Era," in G. John Ikenberry, David A. Lake, and Michael Mastanduno, eds., *The State and American Foreign Economic Policy*, pp. 33 – 58.

[3] Stephen Haggard, "The Institutional Foundations of Hegemony: Explaining the Reciprocal Trade Agreements Act of 1934," in G. John Ikenberry, David A. Lake, and Michael Mastanduno, eds., *The State and American Foreign Economic Policy*, pp. 91 – 119.

[4] Michael Mastanduno, "Trade as a Strategic Weapon: American and Alliance Export Control Policy in the Early Postwar Period," in G. John Ikenberry, David A. Lake, and Michael Mastanduno, eds., *The State and American Foreign Economic Policy*, pp. 121 – 150.

[5] G. John Ikenberry, "Market Solution for State Problems: The International and Domestic Politics of American Oil Decontrol," in G. John Ikenberry, David A. Lake, and Michael Mastanduno, eds., *The State and American Foreign Economic Policy*, pp. 151 – 177.

策的决策权转移到了行政机构，使得国务官员在对外贸易政策领域内的角色和影响力在制度上得到了保证。

国家主义的分析视角虽然弥补了多元主义的局限，但也同时过分夸大了国务官员的独立性和影响力。不可否认的是，管理美国商业和征税等经济事务是宪法明确赋予国会的权力，行政机构在这些政策领域内的许多权力仍然依赖于国会的授权。如果总统严重背离了国会的意愿，国会仍可以通过立法收回原有的授权。另外，如同国会议员一样，为获得连任，总统同样必须对选民负责，同样需要关注选民的利益和社会力量的支持。最后，现有的经验分析同样表明，国务官员和其他社会行为体都在美国对外经济政策的制定和实施中发挥着显著影响。在很多情况下，美国的对外经济政策既反映了国务官员的安全战略偏好，同时也反映了不同社会利益集团的利益诉求。[①]

相比以上两种理论观点，本书认为历史制度主义能够为我们把握国务官员在美国对外经济政策中的角色提供了更为客观的分析视角。该分析视角并不像多元主义和国家主义理论那样简单否认国家或社会在对外经济政策过程中的作用，而是通过制度框架将两者结合起来，从而弥补了上述两种理论视角的局限。作为新制度主义流派的一个分支，历史制度主义理论强调历史上形成的各种制度安排对行为体偏好和角色的塑造作用。[②] 在历史制度主义的分析视角下，

[①] Wendy L. Hansen and Kee Ok Park, "Nation-State and Pluralistic Decision Making in Trade Policy: The Case of the International Trade Administration," *International Studies Quarterly*, Vol. 39, No. 1, March 1995, pp. 181–211.

[②] 新制度主义的其他流派还包括理性制度主义和社会制度主义。与后两种新制度主义不同，历史制度主义更加强调制度的结构性和独立性特征。关于几种新制度主义的介绍，可参见 Peter A. Hall and Rosemary C. R. Taylor, "Political Science and the Three New Institutionalisms," *Political Studies*, Vol. 44, No. 4, December 1996, pp. 936–957；薛晓源、陈家刚主编：《全球化与新制度主义》，社会科学文献出版社，2004年版；朱天飚：《比较政治经济学》，北京大学出版社，2006年版，第139—159页。

第四章 后冷战时期美国"经济治术"的分析框架

单独的多元主义和国家主义的观点都具有片面性。无论是社会利益集团、国会议员还是国务官员,他们的政策偏好以及影响对外经济政策的能力都要受到相关政策领域内现有制度环境的限制或"过滤"(filtered)。

按照历史制度主义者的界定,制度是"内嵌于政体组织结构或政治经济之中的正式或非正式的程序、路线、规范和传统"。[①] 它不仅包括各种较为具体的行政、立法的规则和程序,还包括支配政府与社会关系的普遍性规范,以及各种政府组织在能力和资源等方面的分配结构,如国会与行政机构之间的权力平衡、官僚机构的集中化和协调程度、政府官员能够有效运用的政策工具等。[②]

在历史制度主义者看来,不同形式的制度一般具有以下几种基本特征:第一,结构性特征。制度之所以具有结构性特征是因为它不是对特定行为体政策偏好的简单反映。相反,制度为各政策行为体提供了组织框架,为各行为体之间的相互关系和互动提供了指导性的规则和规范,进而塑造和限制着制度框架内各行为体(或群体)的偏好和能力。第二,持久性特征。在历史制度主义者看来,一种制度一经建立,就很难改变,即使产生该种制度的动力和环境已经发生了重大变化。制度之所以具有持久性的特征,一方面是因为特定的制度安排为一些个体或群体提供了优越的地位,这些个体或群体必然会竭力通过各种手段使这种安排持久化;另一方面是因为,即使新的制度结构可能会给大部分的群体和个人提供更多的利益,然而对成本和不确定性等因素的考虑将会阻碍制度的转变,甚至会促使多数群体和个人产生保存现有制度的动机。第三,转变的非

[①] Peter A. Hall and Rosemary C. R. Taylor, "Political Science and the Three New Institutionalism," p. 938.

[②] G. John Ikenberry, "Conclusion: An Institutional Approach to American Foreign Economic Policy," in G. John Ikenberry, David A. Lake, and Michael Mastanduno, eds., *The State and American Foreign Economic Policy*, pp. 226 – 229.

连续性特征。作为一种理论视角，历史制度主义的一个显著特征是"路径依赖"（path dependent）的分析方法。在该视角下，制度结构的转变并不是连续的和渐进的，而是偶然的或突然的，并且一般发生在爆发严重危机的时期，包括战争、社会动荡和经济危机等。[1]

正是制度结构的以上特征，使得各种形式的制度安排在美国的对外经济政策进程中发挥着重要作用。制度结构不仅使对外经济政策进程中的各行为体具有不同的政策偏好，还调节着进程内各行为体之间的竞争，以及设定各行为体获取政治资源和决策工具的条件。通过为某些行为体提供更多的资源和战略工具，制度能够显著地影响各政策行为体之间的实力对比。然而，需要指出的是，这种限制政策行为体偏好和能力的制度结构并不是单一和相同的，它们在不同经济政策领域内往往具有不同的内容和特征。正如美国学者朱迪斯·哥尔德斯坦（Judith Goldstein）指出的，每一种类型的对外贸易政策都形成于不同的历史时期，并且都具有"一系列的法律观念、一种把这些观念转化为法律的组织设计和一套独特的政治过程"。[2]

以美国不同类型的贸易保护主义政策为例，虽然"免责条款"（escape clause）、反倾销、反补贴、"337 条款"以及贸易调整援助政策（trade adjustment assistant policies）都属于保护主义的贸易政策范畴，但它们形成于不同的历史时期，反映了不同的政策观念，并

---

[1] Peter A. Hall and Rosemary C. R. Taylor, "Political Science and the Three New Institutionalism," pp. 939 – 942; G. John Ikenberry, "Conclusion: An Institutional Approach to American Foreign Economic Policy," in G. John Ikenberry, David A. Lake, and Michael Mastanduno, eds., *The State and American Foreign Economic Policy*, pp. 223 – 226.

[2] Judith Goldstein, "Ideas, Institutions, and American Trade Policy," in G. John Ikenberry, David A. Lake, and Michael Mastanduno, eds., *The State and American Foreign Economic Policy*, p. 186.

第四章 后冷战时期美国"经济治术"的分析框架

各自具有独特的制度安排。[①] 其中,"免责条款"形成于1934年美国走向自由贸易之后,是对自由贸易立法的一种补充,部分缓解了贸易保护主义者的诉求,因而它反映的是一种自由主义的贸易观念。相关的法律条款,使得"免责条款"内的制度结构是以行政部门为中心的,以总统为代表的行政官员在案例的裁决中享有很高的自由度。而反倾销、反补贴、"337条款"等所谓的"公平"贸易政策(fair trade policies),则主要形成于19世纪30年代中期美国走向自由贸易之前,反映了孤立主义的观念。围绕这些政策的立法和制度安排主要是以国会为中心的,并赋予了社会利益集团极大的影响力,这些使得国务官员在这些政策的实施中只拥有极其有限的发言权。不同于前两种贸易政策,贸易调整援助政策是对"后新政"(post-New Deal)政治规范的反应,它所体现的观念是政府对维护公平的责任,认为政府具有消除市场负面影响的职责,应对那些在自由贸易中遭到损害的企业和劳工组织进行补偿。与"免责条款"类似,围绕贸易调整援助政策的制度设计赋予了行政机构很大的权力,总统对贸易调整援助政策的实施具有最终的决定权。

由此可以看出,不同经济政策领域内制度环境的差异,使得各行为体在美国对外经济政策过程中的影响力会随着具体经济政策议题的变化而变化。同样,作为美国对外经济政策过程中诸多行为体中的一员,以总统为代表的国务官员对经济政策结果的影响力既不像多元主义理论所认为的那样可以忽略不计,也不像国家主义者所认为的那样能够超越社会压力,而是根据具体对外经济政策议题的不同而不同。正如一些学者指出的,在有些对外经济政策领域,特别是在出口控制领域,国务官员一般享有较大的影响力;在一些所谓的"公平"贸易政策领域,如以上指出的反倾销、反补贴、"337

[①] Judith Goldstein, "Ideas, Institutions, and American Trade Policy," in G. John Ikenberry, David A. Lake, and Michael Mastanduno, eds., *The State and American Foreign Economic Policy*. pp. 179–217.

条款"等，国务官员的影响力则非常有限；而在一些贸易自由化政策领域，如在贸易促进授权下（即"快通道授权"，fast-track authority）与贸易伙伴国进行自由贸易谈判，国务官员的权力则要和国会进行较为公平的分享。[①]

由于将对外经济政策服务于美国安全战略的主要推动者是负责外交和安全事务的国务官员，而国务官员在不同的对外经济政策领域内的影响力并不相同，因此我们可以推断，美国对外政策中安全和经济之间的关系将会随着具体经济政策领域的变化而变化。国务官员是否能够将一项对外经济政策服务于安全战略目标，取决于该项经济政策内的制度环境是否赋予了国务官员显著的影响力。具体地来说，在国务官员影响力较大的对外经济政策领域，美国的安全战略将会更多地与该领域内的政策结果紧密地联系起来；而在国务官员影响力较弱的对外经济政策领域，我们将会更多地看到美国的安全战略与该领域内的政策结果相互分离。正是建立在以上分析之上，本书提出了以下假设：

假设：在其他条件相同的情况下，美国的安全战略与特定对外经济政策之间的密切程度将与国务官员在该经济政策领域内的影响力成正比。具体地，在国务官员影响力较大的对外经济政策领域，美国的安全战略会更有可能与该领域内的政策结果保持一致；相反，在国务官员影响力较弱的对外经济政策领域，相关的政策结果则会更有可能与美国的安全战略相背离。

对立假设：安全战略与美国的对外经济政策之间的关系并不受具体经济政策议题的显著影响。

如同其他国家一样，美国的对外经济政策所包含的范围非常广

[①] William J. Long, *U. S. Export Control Policy: Executive Autonomy vs. Congressional Reform*, New York: Columbia University Press, 1989; Sharyn O'Halloran, *Politics, Process, and American Trade Policy*, Ann Arbor: The University of Michigan Press, 1994, chapter 6.

第四章 后冷战时期美国"经济治术"的分析框架

泛,既包括对外贸易政策,也包括对外援助、投资和货币政策等。即使在对外贸易政策领域,还可以进一步划分为各种不同的政策领域。例如,在进口方面,既包括普惠制以及在贸易促进授权下进行贸易谈判等贸易自由化政策,也包括以反倾销、反补贴、"337条款"、"免责条款"、贸易调整援助为代表的贸易救济政策;在出口方面,既包括《出口管理法》(the Export Administration Act)和《武器出口控制法》(Arms Export Control Act)等法律框架下的出口控制政策,也包括以"301条款"为代表的出口促进政策。[①] 从理论上来说,由于不同的对外经济政策都会影响到美国与其他国家间的经济流量,因而都具有安全外部性的特征。如果需要,这些经济政策都可以被国务官员用来服务美国的安全战略目标。例如,美国的国务官员可以在贸易促进授权下与特定国家进行自由贸易谈判或提供优惠贸易待遇,以巩固与这些国家的安全纽带;可以针对一些国家减少使用反倾销、反补贴等贸易保护措施的频率,以防止贸易冲突影响到美国与这些国家之间的安全关系;可以减少对特定国家的出口控制来增强对这些国家的高科技商品或军事物资的出口;等等。然而,由于这些政策领域内的国内制度环境存在巨大差异,国务官员的影响力并不相同,因此根据本文的假设,我们将会看到美国的安全战略会更多地与特定的对外经济政策而不是所有的对外经济政策相联系。

在第五章对冷战结束之后安全战略与美国对外贸易政策之间的关系进行系统考察之后,本书将用三章的篇幅,分别通过定量和定性的分析方法对以上假设进行检验。需要指出的是,关注美国的对外贸易政策并不是意味着投资、货币、金融等其他对外经济政策对于国家安全来说意义不大,也不意味着其他类型的对外经济政策与

[①] Stephen D. Cohen, Robert A. Blecker, and Peter D. Whitney, *Fundamentals of U. S. Foreign Trade Policy: Economics, Politics, Laws, and Issues*, chapter 7.

安全战略之间的关系难以捉摸，而是希望表明，如果在单一的对外贸易领域，相关制度环境的差异会使得不同类型的对外贸易政策与美国的安全战略之间的关系出现差异，在贸易政策与投资、货币和金融等其他经济政策之间同样也会存在显著差异。

第五章

安全战略与双边贸易流量：简单的计量分析

正如很多研究指出的，在冷战时期，对外经济政策包括对外贸易政策是美国决策者用来服务安全战略目标的重要工具。虽然在个别时期出现过例外，但对外经济政策与美国的安全战略总体上被紧密地结合在一起。冷战期间的外部安全压力迫使美国的决策者必须从战略的角度考虑其对外经济政策，而美国在冷战期间独有的经济优势地位，也为美国追求安全利益和"牺牲"经济利益提供了必要条件。然而，在后冷战时期，随着外部安全威胁的减弱和国际经济竞争压力的加大，美国的对外经济政策在总体上是否依然能够作为政府决策者的安全战略工具？正如本书在第一章指出的，关于该问题的现有几种观点都没有经过系统的检验，而只是局限于理论的探讨或者零散的个案分析。为了弥补这一研究空白，也为了给之后各章的分析提供参考，本章将以美国的贸易政策为例，尝试对后冷战时期美国的安全战略与其对外贸易政策之间的关系进行系统的考察和检验。

第一节 安全战略与双边贸易流量

虽然在现实中，很容易发现安全战略与国家间的贸易之间具有密切的关系,并且现有的理论已经对此进行了深入的分析,但要对两者之间的关系进行系统的检验却并非易事。安全战略本质上是政府的对外政策行为,而国家间的贸易主要是由企业行为体进行的商业活动,两者在行为体属性上存在差异。另外,前者是政府间的安全议题,属于典型的"高级政治"范畴,而后者是国际市场内商品的跨国流动,属于经济范畴,两者并不属于同一研究领域。安全战略与国际贸易之间所存在的以上差异,也在很大程度上阻碍了学界对两者关系的系统研究。

为了对冷战结束之后美国的安全战略与其对外贸易政策之间的关系进行总体上的考察,一种较为直接的方法是首先界定美国各届政府在不同历史时期的安全战略及其目标,之后再逐一考察决策者是否在这些目标的指引下参与到美国对外贸易政策的制定当中,并且决策者的战略目标是否通过对外贸易政策进程反映到了具体的政策结果当中。这种方法的优点是能够详尽地对安全战略与美国对外贸易政策之间的关系进行系统的检验,得出的观点更加翔实、可信。但该方法的局限性同样明显。

首先,由于需要对不同时期美国政府的安全战略及相关的对外贸易政策过程进行逐一考察,以上研究方法需要对海量的历史文献进行分析,跟踪具体的政策过程,而这无疑需要耗费大量的研究时间和精力。由此看来,以上方法更适合时间跨度较小的分析对象,比如单个政府的对外政策分析,但并不适合时间跨度较大的分析对象。其次,外交决策的特殊性也使得我们很难真正把握决策者的真实意图。对外政策研究中最难把握的就是决策者的意图。一种常用的方法是从政府的公开声明中分析决策者的政策目标。但很多情况下,政府所公开声明的政策主张并不一定完全代表决策者真正的意图。例如,在对外贸易政策领域,美国的决策者为了获得国内舆论的支持,往往会强调特定的对外贸易政策对国家安全具有重要的战略意义,但事实上决策者却有可能主要出于国际经济利益的考虑,

第五章 安全战略与双边贸易流量：简单的计量分析

包括增加出口、稳定就业、推动经济复苏等。同样，虽然政府推动的一些对外贸易政策的公开目的是为了促进国民的经济福祉，但很有可能主要是受到安全战略考虑的推动。另外，在很多情况下，对外贸易政策既可能包括经济目标，也可能包括战略目标。正是由于难以明确决策者的政策意图，在研究中我们很难准确地界定一项对外贸易政策的制定和实施是否受到决策者安全战略考虑的影响，这也严重限制了以上分析方法的可操作性。

也正是由于以上原因，这里采用了统计学上的计量分析方法，从结果而非过程来检验安全战略与对外贸易政策之间的关系。具体地，本章将通过对美国与其他国家之间的双边贸易结果的分析，来间接地检验安全战略是否在总体上影响了美国的对外贸易政策。

如本书在第四章指出的，对外贸易具有重要的安全意义，即具有安全上的外部性，从而使得它成为各国负责外交和安全事务的决策者所试图影响的对象。国际贸易所具有安全外部性特征，也使得决策者在对外贸易政策上具有了不同于其他社会行为体的政策偏好。相对于利益集团和其他政府官员来说，美国负责外交和安全事务的国务官员会更倾向于从战略的角度来看待美国的对外贸易政策。一般情况下，国务官员会主张加强与盟国和战略伙伴国之间的贸易往来，减少与这些国家之间的贸易摩擦，以及主张限制或减少与敌对国或挑战国之间的贸易联系。

根据双边战略关系的紧密程度，我们可以将美国的贸易伙伴或者潜在贸易伙伴划分成三种类型，即盟国、一般国家和敌对国。由于对外贸易具有安全外部性的特征，出于维护国家安全利益的考虑，美国的国务官员会更倾向于对盟国采取积极的贸易政策，包括提供优惠贸易待遇、降低进口壁垒、放松出口管制和减少贸易摩擦等，以增强这些国家的经济和军事实力，或巩固与这些国家之间的战略纽带。而对于敌对国家，美国的国务官员则会倾向于选择消极的贸易政策，包括提高关税壁垒、进行贸易抵制、实施贸易禁运、收紧出口管制、扩大反倾销和反补贴调查等，以削弱这些国家的经济实力，或者延缓这些国家军事力量的发展。

美国国务院无论是采取积极的贸易政策还是消极的贸易政策，其最终的结果必然会体现在与其他国家之间的双边贸易的流量上。在其他条件相同的情况下，包括市场环境、汇率、运输成本等，对一个盟国采取积极的贸易政策必然会提高美国与该盟国之间的双边贸易量，对一个敌对国采取消极的贸易政策则必然会显著减少美国与该敌对国之间的双边贸易量。不同类型的对外贸易政策与双边贸易流量之间的这种关系可以通过图 5-1 加以表示：

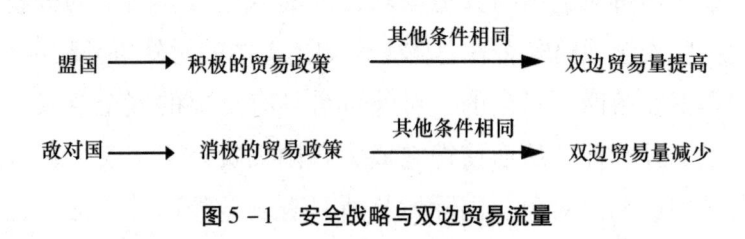

盟国 ⟶ 积极的贸易政策 —其他条件相同⟶ 双边贸易量提高

敌对国 ⟶ 消极的贸易政策 —其他条件相同⟶ 双边贸易量减少

图 5-1　安全战略与双边贸易流量

正是对外贸易政策与双边贸易结果之间的这种关系，使得我们有可能通过具体的双边贸易流量来考察相应的贸易政策是否受到了安全战略目标的影响。具体地说，在其他条件不变的情况下，如果美国与其盟国之间的贸易量明显地高于非盟国，我们则可以认为美国的对外贸易政策受到了美国安全战略的影响，即出于安全战略的考虑，美国对盟国采取了积极的贸易政策；同样，在其他条件不变的情况下，如果美国与敌对国之间贸易量明显地低于非敌对国，我们则可以同样认为美国的对外贸易政策受到了其国家安全战略的影响，即对敌对国采取了消极的贸易政策。

当然，在通过双边贸易流量来考察安全战略与美国对外贸易政策之间的关系时，同样需要考虑以下几种情况：

第一，虽然在其他条件不变的情况下，如果美国与其盟国之间的贸易量明显地高于非盟国，我们能够以此认为美国的对外贸易政

第五章 安全战略与双边贸易流量:简单的计量分析

策受到了其安全战略的影响,但这不表示如果美国与其盟国之间的贸易量并没有明显高于与非盟国之间的贸易量时,我们就能以此来断定美国的对外贸易政策没有受到其安全战略的影响。在一些情况下,例如美国对其盟国的战略需求并不显著时,美国的国务官员未必会对盟国采取积极的贸易政策。[1] 因此,在其他条件不变的情况下,当美国与其盟国之间的贸易量并不明显高于与非盟国之间的贸易量时,我们就无法通过计量分析作出安全战略与对外贸易政策之间关系的有效判断。相反,我们则需要具体的案例分析,以确定是否是由于美国的国务官员缺乏将对外贸易政策服务于安全战略目标的意愿,还是缺乏将对外贸易政策服务于安全战略目标的能力。

第二,类似地,虽然在其他条件不变的情况下,当美国与敌对国家之间的贸易流量明显地低于与非敌对国家之间的贸易流量时,我们可以断定美国的安全战略影响了其对外贸易政策,但是当与敌对国之间的贸易流量并不明显地低于与非敌对国之间的贸易流量时,我们则很难通过大样本的统计方法来判断美国的安全战略与其对外贸易政策之间的关系。正如本书第四章指出的,出于影响敌对国的对外政策和行为的目的,或出于从长远来塑造敌对国政策偏好的考虑,一国的决策者同样会对敌对国采取积极的贸易政策,即经济接触政策。在其他条件相同的情况下,如果美国对特定的敌对国家实施了某种类型的经济接触政策,如提供最惠国待遇、扩大进口和放松出口管制等,其结果必然会促进美国与该敌对国之间贸易量的增长,或者至少不显著地低于与非敌对国之间的贸易量。显然,在这种情况下,我们并不能认为美国的安全战略对其贸易政策没有产生影响。因此,如果统计分析的结果表明,在其他条件相同的条件下,美国与敌对国之间的贸易量并不明显低于与非敌对国之间的贸易量,

---

[1] Lars S. Skålnes, *Politics, Markets, and Grand Strategy: Foreign Economic Policies as Strategic Instruments*, pp. 15 – 38.

我们则同样需要做进一步的案例分析，以确定美国的国务官员是否对一些敌对国家采取了经济接触的政策，或者是国务官员缺乏将对外贸易政策服务于美国安全战略目标的能力。

第三，不可否认的是，如同政府决策者一样，企业行为体同样会对国家间的政治与安全关系作出反应。由于国家间的冲突和敌对会增加市场行为体的交易成本，并给国际市场带来其他诸多不确定性和风险，因此在多数情况下，理性的企业行为体同样会主动选择增加与友好国家之间的业务，而减少或避免与冲突国之间的业务往来，即使政府决策者并没有采取强制措施迫使它们这么做。[①]虽然企业行为体的这种"避险"行为并不一定与政府决策者的安全战略目标相冲突，但仍要求我们在研究中独立看待这些企业对国家间政治关系的预期，毕竟国家间的贸易在实际上主要是由具体的企业来进行的，跨国贸易在没有政府干预的情况下同样会出现变化。

本章以下部分将通过对1992—2006年间美国与其他主权国家之间的安全关系和双边贸易量的考察，来检验后冷战时期美国的安全战略是否在总体上影响了其对外贸易政策的制定和实施。

第二节 研究设计与变量测量

一、模型

在对国家间的贸易流量进行解释和预测的研究中，一种被广泛采用的模型是贸易引力模型（the gravity model of trade）。该模型由荷兰计量经济学家简·丁伯根（Jan Tinbergen）在1962年首次提出。在丁伯根看来，贸易引力模型是一种能够解释双边总体贸易流量的

[①] Brian M. Pollins, "Does Trade Still Follow the Flag?" *American Political Science Review*, Vol. 83, No. 2, June 1989, pp. 465 – 480; William J. Dixon and Bruce E. Moon, "Political Similarity and American Foreign Trade Patterns", pp. 5 – 25.

经验框架。① 后来经过一些经济学者的不断完善，贸易引力模型逐渐具备了较为成熟的理论基础。② 该模型之所以被称作引力模型，主要是为了与牛顿的万有引力定律进行类比。如同任意两个物体之间的引力与它们的质量成正比，与它们之间的距离成反比一样，两个国家之间的贸易流量（一般用 PX_{ij} 来表示）一般会与两国各自的经济总量（分别用 Y_i 和 Y_j 表示）成正比，与两国间的实际地理距离（用 D_{ij} 表示）成反比。具体公式如下（公式5—1）：

$$PX_{ij} = \beta_0 (Y_i)^{\beta_1} (Y_j)^{\beta_2} (D_{ij})^{\beta_3} u_{ij} \quad (公式5—1)$$

在以上公式中，u_{ij} 表示误差，其对数形式具有正态分布的特征，且期望值为零。

对于分析者来说，贸易引力模型的一个重要优点是能够在原有的模型中加入其他影响双边贸易的变量，如共同边界、相对价格和地区关税同盟等。③ 在国际关系研究领域，贸易引力模型最早由美国

---

① Jan Tinbergen, *Shaping the World Economy: Suggestions for an International Economic Policy*, New York: Twentieth Century Fund, 1962.

② 关于对引力模型进行理论完善的几项代表性研究成果，可参见 James E. Anderson, "A Theoretical Foundation for the Gravity Equation," *American Economic Review*, Vol. 69, No. 1, March 1979, pp. 106 – 116; Jeffrey H. Bergstrand, "The Gravity Equation in International Trade: Some Microeconomic Foundations and Empirical Evidence," *Review of Economics and Statistics*, Vol. 67, No. 3, August 1985, pp. 474 – 481; Alan Deardorff, "Determinants of Bilateral Trade: Does Gravity Work in a Neoclassical World?" in Jeffrey A. Frankel ed., *The Regionalization of the World Economy*, Chicago: University of Chicago Press, 1998, pp. 7 – 22。关于贸易引力模型应用和发展的简要介绍，还可参见盛斌、廖明中：《中国的贸易流量与出口潜力：引力模型的研究》，载《世界经济》，2004年第2期，第3—12页。

③ Norman D. Aitken, "The Effect of the EEC and EFTA on European Trade: A Temporal Cross-Section Analysis," *American Economic Review*, Vol. 63, No. 5, December 1973, pp. 881 – 892; Jeffrey H. Bergstrand, "The Gravity Equation in International Trade: Some Microeconomic Foundations and Empirical Evidence," pp. 474 – 481; Josef C. Brada and Jose A. Mendez, "Economic Integration Among Developed, Developing and Centrally Planned Economies: A Comparative Analysis," *Review of Economics and Statistics*, Vol. 67, No. 4, November 1985, pp. 549 – 556.

学者布莱恩·柏林斯（Brian M. Pollins）引入，并被用来考察国际冲突与合作如何影响了一国的进口贸易。① 随后，国际关系学者分别用该模型来考察联盟、领土争端、军事冲突、外交政策的相似性和民主体制等国际安全和政治因素对国家间贸易的影响。② 由于本章考察的是安全关系对双边贸易的影响，因此这里将在现有贸易引力模型的基础上，加入衡量双边安全关系的变量。具体地说，该变量将用来衡量美国与特定国家之间安全关系的友好程度。

显然，双边安全关系的友好程度是一种定序变量。上文提到，按照战略关系的紧密程度，双边安全关系的友好程度由高到低可以分为三种类型，包括盟国、一般国家和敌对国。由于没有理由认为从盟国到一般国家和从一般国家到敌对国会对美国与其他国家之间的双边贸易量造成同样程度的影响，因此有必要将该定序变量转换成两个虚拟变量（dummy variable）。这里以盟国和敌对国分别作为虚拟变量，并分别用 ALL_j 和 ADV_j 表示。这两个虚拟变量都是以一般国家作为基准变量，它们的系数可以解释为：在其他条件相同的情况下，与一般国家相比，一国作为盟国或敌对国对它与美国之间的双边贸易量的影响。③

如本章第一节指出的，在通过双边贸易流量来检验安全战略与美国对外贸易政策之间的关系时，还必须同时考虑企业行为体对国

---

① Brian M. Pollins, "Conflict, Cooperation, and Commerce: The Effect of International Political Interactions on Bilateral Trade Flows," pp. 737 – 761.

② Joanne Gowa, *Allies, Adversaries, and International Trade*, chapter 4; Beth A. Simmons, "Rules over Real Estate: Trade, Territorial Conflict, and International Borders as Institution," pp. 823 – 848; Omar M. G. Keshk, Brian M. Pollins, and Rafael Reuveny, "Trade Still Follows the Flag: The Primacy of Politics in a Simultaneous Model of Interdependence and Armed Conflict," pp. 1155 – 1179; William J. Dixon and Bruce E. Moon, "Political Similarity and American Foreign Trade Patterns," pp. 5 – 25.

③ 关于将定序变量转变为多个虚拟变量的方法和优点的详细介绍，可参见 Jeffrey M. Wooldridge, *Introductory Econometrics: A Modern Approach*, third edtion, Thomson South-Western, 2006, pp. 240 – 243.

第五章 安全战略与双边贸易流量：简单的计量分析

家间政治的预期。虽然目前并没有经过系统的理论探讨，但现有的研究一般分别用三个变量来代表企业行为体对国家间政治和安全关系的预期，包括国家间军事争端（Militarized Interstate Disputes，MID）、外交政策的相似性（Foreign Policy Similarity）以及民主政体。[①]

虽然国家间军事争端、外交政策的相似性以及民主政体这些变量与作为安全变量的盟国或敌对国有着一定的联系，但它们并不等同。例如，盟国之间也有可能存在军事争端，它们的外交政策取向也并不一定相同，民主国家与非民主国家也可以结成联盟。另外，现有关于国家间政治如何通过企业预期对双边贸易流量产生影响的研究，也都主要使用这三个变量，[②] 而现有关于安全战略考虑对双边贸易流量的影响的研究，则主要采用联盟和非联盟关系作为参考指标。[③]

这里用 MID_j 表示 j 国是否与美国存在军事争端；用 SIM_j 表示 j 国与美国外交政策取向上的相似程度；用 DEM_j 表示 j 国是否为民主国家。国家间军事争端、外交政策的相似性以及民主政体这三个变量对企业行为体预期的影响可以分别表现为以下几个方面：

---

① James D. Morrow, Randolph M. Siverson, and Tressa E. Tabares, "The Political Determinants of International Trade: The Major Powers, 1907 – 90," pp. 649 – 661; Omar M. G. Keshk, Brian M. Pollins, and Rafael Reuveny, "Trade Still Follows the Flag: The Primacy of Politics in a Simultaneous Model of Interdependence and Armed Conflict," pp. 1164 – 1165. 需要指出的是，James D. Morrow 等学者在 1998 年的文章中将 MID 作为影响国家决策者安全战略考虑的因素。

② Brian M. Pollins, "Conflict, Cooperation, and Commerce: The Effect of International Political Interactions on Bilateral Trade Flows," pp. 737 – 761; Brian M. Pollins, "Does Trade Still Follow the Flag?" pp. 465 – 480; William J. Dixon and Bruce E. Moon, "Political Similarity and American Foreign Trade Patterns", pp. 5 – 25.

③ Joanne Gowa, *Allies, Adversaries, and International Trade*, chapter 4; Joanne Gowa and Edward D. Mansfield, "Alliances, Imperfect Markets, and Major-Power Trade," *International Organization*, Vol. 58, Fall 2004, pp. 775 – 805.

第一，当美国与特定国家之间存在军事争端时，美国国内的企业行为体出于降低经营成本和规避风险的考虑，会主动减少或终止与该国的业务往来。因此，军事争端将与美国的双边贸易量成反比。在其他情况不变的情况下，当美国与特定国家存在军事争端时，美国与该国的双边贸易量将会减少，美国与存在军事争端国家之间的双边贸易量将会显著地低于美国与那些不存在军事争端国家之间的双边贸易量。

第二，美国与特定国家的外交政策的相似程度则代表了美国与该国在未来卷入冲突的可能性的大小，进而与军事争端一样影响了企业行为体的预期。由于较高的外交政策相似度意味着未来两国卷入冲突的可能性较低，企业会更倾向于在这些国家开展业务。因此，一国与美国在外交政策上的相似程度将与该国与美国之间的双边贸易量成正比。具体地说，在其他条件相同的情况下，美国与外交政策相似度较高的国家之间的贸易量将会显著地高于与外交政策相似度较低的国家之间的贸易量。

第三，由于民主国家的有限政府特征（limited government）以及政治体制的相似性，美国企业更愿意在民主国家开展业务。相反，由于非民主国家对市场具有更大的控制力，美国企业会尽可能地规避在非民主国家的业务。因此，其他国家是否具有民主政体将与美国与这些国家之间的贸易成正比。具体地，在其他条件相同的情况下，美国与民主国家之间的贸易量将会显著地高于与非民主国家之间的贸易量。

除了国家间军事争端、外交政策的相似性以及民主政体这些反应企业行为体预期的变量之外，这里还将代表贸易国伙伴国国内市场规模的人口变量加入贸易引力模型。一般认为，人口大国的国内市场比较多元化，所生产的产品比较丰富，能够更大程度地实现自给自足，因而对国际贸易的依赖程度较低。相反，人口较少的国家国内市场规模较小，很难实现自给自足，主要趋向于专业化生产，因而更加依赖于对外贸易。正因为此,人口规模一般与双边贸易量存在负相关。[①] 具体地,在其他条件相同的情况下,美国与人口规模较大国家之间的贸易量将会显著地低于与人口规模较小国家之间的贸易量。这里用 P_i 和 P_j 分别表示 i 国(这里指美国)与 j 国在特定时期的人口总数。

因此,通过加入国家间军事争端(MID_j)、外交政策的相似性(SIM_j)、民主政体(DEM_j)以及人口规模(P_i 和 P_j)这几个变量,本书所要考察的贸易引力模型可以表示如下(公式5—2):

$$PX_{ij} = \beta_0 (Y_i)^{\beta_1} (Y_j)^{\beta_2} (D_{ij})^{\beta_3} (P_i)^{\beta_4} (P_j)^{\beta_5} (ALL_j)^{\beta_6} (ADV_j)^{\beta_7} (MID_j)^{\beta_8} (SIM_j)^{\beta_9} (DEM_j)^{\beta_{10}} u_{ij}$$

(公式5—2)

为了更方便解释上述模型中各解释变量对因变量所可能造成的影响,这里通过将以上方程两边同时取对数,并加入时间参数(t 表示年份),将公式5—2转化成以下线性形式(公式5—3):

$$\ln(PX_{ij,t}) = \ln\beta_0 + \beta_1 \ln(Y_{i,t} \times Y_{j,t}) + \beta_2 \ln(D_{ij,t}) + \beta_3 \ln(P_{i,t} \times P_{j,t}) + \beta_4 \ln(ALL_{j,t-1}) + \beta_5 \ln(ADV_{j,t-1}) + \beta_6 \ln(MID_{j,t-1}) + \beta_7 \ln(SIM_{j,t-1}) + \beta_8 \ln(DEM_{j,t-1}) + \ln u_{ij}$$

(公式5—3)

由于这里考察的是单个国家(即美国)与其他国家之间的双边贸易量,因此以上公式分别保留了经济变量(Y_i 和 Y_j)和人口变量(P_i 和 P_j)的乘数形式。[②] 另外,由于考虑到安全关系、企业的预期可能会与双边贸易之间存在内生关系,并且它们对双边贸易的影响可能存在滞后性,因此,这里分别将这些变量的取值延迟一年(即 t-1)。根据以上说明,除人口(P_i 和 P_j)、敌对国(ADV_j)和军事

[①] 盛斌、廖明中:《中国的贸易流量与出口潜力:引力模型的研究》,第5页。

[②] 类似做法,可参见 Barry Eichengreen and Douglas A. Irwin, "The Role of History in Bilateral Trade Flows," in Jeffrey A. Frankel ed., *The Regionalization of the World Economy*, p.40。

争端（MID_j）三个变量之外，其他所有变量的系数都应该为正，即与双边贸易量（PX_{ij}）成正相关。

二、因变量及其测量

上述模型（公式5—3）中的因变量是指美国与各个国家之间的年度贸易额（PX_{ij}），包括进口和出口，相关数据来源于"战争相关性数据库"（Correlates of War，COW）。① 另外，1993年美国与南斯拉夫的贸易数据则取自于克里斯蒂安·戈莱蒂斯（Kristian S. Gleditsch）的"贸易和GDP扩展数据库"（Expanded Trade and GDP data）。② 不同于其他数据库将未知数据当作零的处理方法，"战争相关性数据库"将未知数据当作丢失值来处理。该数据库中的双边年度贸易额以当期美元（current dollar）来计算，单位为百万美元。为减少通货膨胀的影响，这里利用美国历年的消费者价格指数（Consumer Price Index，CPI）将美国在特定年份与其他国家之间的双边贸易额转换成以2006年为基准的不变美元（constant dollar）。相关数据来自罗伯特·萨尔（Robert C. Sahr）的消费者价格指数转换因子数据库。③

为了与本章的分析模型保持一致，以上关于双边贸易量的所有数据都被转换成自然对数（natural logarithm）形式。由于以上数据库中的最低值为零，而零的对数没有意义，所以需要对相关零值做

---

① Katherine Barbieri, Omar Keshk, and Brian Pollins, *Correlates of War Project Trade Data Set Codebook*, Version 2.0, 2008, online: http://correlatesofwar.org. accessed on January 20, 2009.

② Kristian S. Gleditsch, "Expanded Trade and GDP data," *Journal of Conflict Resolution*, Vol. 46, No. 5, October 2002, pp. 712 – 724, online: http://privatewww.essex.ac.uk/~ksg/exptradegdp.html, accessed on January 28, 2009.

③ Robert C. Sahr, *CPI Conversion Factors 1774 to Estimated 2018 to Convert to Dollars of 2006*, online: http://oregonstate.edu/cla/polisci/faculty-research/sahr/sahr.htm, accessed on Feburary 21, 2009.

第五章 安全战略与双边贸易流量：简单的计量分析

进一步的处理。在实际的研究中，学者主要通过两种处理方法来处理这种观测值为零的情况。其中，一种方法是将取值为零的观测设定为丢失，另外一种方法则是将零值转换为较小的值。[1] 本书的分析将采用第二种方法。正如有学者指出的，由于取值为零的观测包含了重要的信息，因而将这种观测设定为丢失的方法不利于完善模型的解释力。[2] 在一些年份，美国与个别国家之间的贸易量为零，这一现象本身就包括了很多信息，需要我们去解释为何在特定年份美国与这些国家之间会不存在双边贸易往来。这里首先将美国与其他国家之间的双边贸易额乘以1000，让后再将零重新取值为1，从而在取对数以后，该值继续为零。

三、解释变量及其测量

（一）盟国（ALL_j）

为了能够较为准确地对同盟关系进行界定，本章关于美国军事同盟的测量不仅包含了正式的盟国，也包括了非正式盟国。[3] 其中正式的军事同盟是指与美国签署正式防务协定的双边或多边同盟，相关数据同样来源于"战争相关性数据库"（COW）。[4] 需要指出的是，该数据库中关于北约成员国的起始年份是各成员国签署《加入议定

---

[1] Quan Li and David Sacko, "The (Ir) Relevance of Militarized Interstate Disputes for International Trade," p. 21.

[2] Barry Eichengreen and Douglas A. Irwin, "The Role of History in Bilateral Trade Flows," p. 41.

[3] Bruno Tertrais, "The Changing Nature of Military Alliances," *The Washington Quarterly*, Vol. 27, No. 2, Spring 2004, p. 136.

[4] Douglas M. Gibler and Meredith R. Sarkees, "Measuring Alliances: The Correlates of War Formal Interstate Alliance Data set, 1816 – 2000," *Journal of Peace Research*, Vol. 41, No. 2, 2004, pp. 211 – 222; Douglas M. Gibler, *International Military Alliances from 1648 to 2008*, Washington: Congressional Quarterly Press, 2009.

书》(The Protocols of Accession)的时间，而非正式加入的时间。

非正式盟国是指虽然没有与美国签署正式的防务协定，但却与美国具有密切的安全关系或者在安全上是美国重要战略伙伴的国家。关于美国的非正式盟国，这里主要通过美国的对外军事援助来界定，即选取历年接受美国对外军事援助额排名在前20名之列的国家。[①] 关于历年美国对外军事援助的相关数据全部来自美国国际开发署（U. S. Agency for International Development, USAID）的数据库。[②] 由于本章主要考查的是美国与各主权国家之间的安全与贸易关系，因此这里去除了美国对一些非主权国家的军事援助，虽然在有些年份它们处在美国对外军事援助的前20名之列，如1999—2002年间的科索沃、2000年的东帝汶等。另外，虽然有些主权国家，如1997年的伊拉克，以及2005—2006年间的苏丹，同样在美国对外军事援助的前20名之列，然而正如下文即将指出的，由于这些国家同时出现在美国当年的支持恐怖主义国家名单中，因此显然不适合被纳入美国的非正式盟国之列。

当国家 j 在特定年份是美国的正式盟国或者在美国军事援助的前20名之列时，则变量 ALL_j 取值为 e，否则为 1。将两种取值转换成对数后，则分别为 1 和 0。

（二）敌对国（ADV_j）

敌对国是指被一国认为是对本国安全利益造成显著威胁的国家。由于美国官方不存在或者并没有公布关于敌对国的清单，因此与盟

[①] 通过军事援助衡量双边安全关系的类似做法，可参见 Wendy L. Hansen and Kee Ok Park, "Nation-State and Pluralistic Decision Making in Trade Policy: The Case of the International Trade Administration," p. 189。

[②] U. S. Agency for International Development (USAID), *U. S. Overseas Loans and Grants: Obligations and Loan Authorizations, July 1, 1945 - September 30, 2007*, online: http://qesdb.usaid.gov/gbk/, accessed on March 9, 2009.

第五章 安全战略与双边贸易流量：简单的计量分析

国相比，关于美国的敌对国更加难以界定。为了尽可能符合关于敌对国的定义，这里采用了美国历年列出的"支持恐怖主义国家名单"（state sponsors of terrorism）作为美国敌对国的清单。"支持恐怖主义国家名单"由美国负责外交和安全事务的国务院制定，并由美国国务院的反恐协调办公室（Office of the Coordinator for Counterterrorism）发表在该办公室的年度报告当中。[①] "支持恐怖主义国家名单"中的部分国家同时也被美国政府官员冠之以"无赖国家"（rogue states）、"邪恶轴心"（axis of evil）、"暴政前哨"（outposts of tyranny）等名称。另外，这些国家也经常出现在后冷战时期美国的多份国家安全报告当中，并被认为是对地区稳定特别是对美国安全利益的重大威胁。[②]

在具体的数据来源上，1992—2003年间的"支持恐怖主义国家名单"来源于美国国务院的反恐协调办公室在1993年到2004年期间发布的《全球恐怖主义模式》（Patterns of Global Terrorism）；2004—2006年间的"支持恐怖主义国家名单"来源于该办公室在2005—2007年期间发布的《恐怖主义国别报告》（Country Reports on Terrorism）。根据这些清单，如果国家j在特定年份是美国的敌对国，则变量ADV_j取值为e，否则为1。需要指出的是，由于伊拉克在1997年，以及苏丹在2005年和2006年分别在美国当年对外军事援助受援国的前20名之列，表明了双边安全关系的改善，故而本书将两国从该时期的敌对国名单中删除。表5—1列出了美国国务院在1992—2006年间界定的支恐国家名单：

---

① 20世纪90年代以来美国政府发布的"支持恐怖主义国家名单"可以从美国国务院网站获取，参见http://www.state.gov/www/global/terrorism/annual_reports.html。

② 参见 The White House, *A National Security Strategy of Engagement and Enlargement*, February 1995, p. 30; *A National Security Strategy for a New Century*, October 1998, p. 6, 52, 55; *The National Security Strategy of the United States of America*, September 2002, pp. 13 – 14; *The National Security Strategy of the United States of America*, March 2006, p. 9, 12, 20, 21。

表5-1 美国国务院"支恐国家"名单（1992—2006年）

年份	国家
1992	伊朗、古巴、朝鲜、叙利亚、利比亚、伊拉克
1993	伊朗、古巴、朝鲜、叙利亚、苏丹、利比亚、伊拉克
1994	伊朗、古巴、朝鲜、叙利亚、苏丹、利比亚、伊拉克
1995	伊朗、古巴、朝鲜、叙利亚、苏丹、利比亚、伊拉克
1996	伊朗、古巴、朝鲜、叙利亚、苏丹、利比亚、伊拉克
1997	伊朗、古巴、朝鲜、叙利亚、苏丹、利比亚、伊拉克
1998	伊朗、古巴、朝鲜、叙利亚、苏丹、利比亚、伊拉克
1999	伊朗、古巴、朝鲜、叙利亚、苏丹、利比亚、伊拉克
2000	伊朗、古巴、朝鲜、叙利亚、苏丹、利比亚、伊拉克
2001	伊朗、古巴、朝鲜、叙利亚、苏丹、利比亚、伊拉克
2002	伊朗、古巴、朝鲜、叙利亚、苏丹、利比亚、伊拉克
2003[a]	伊朗、古巴、朝鲜、叙利亚、苏丹、利比亚
2004	伊朗、古巴、朝鲜、叙利亚、苏丹、利比亚
2005	伊朗、古巴、朝鲜、叙利亚、苏丹、利比亚
2006[b]	伊朗、古巴、朝鲜、叙利亚、苏丹

注：a 虽然美国官方在2004年10月才正式将伊拉克从"支恐名单"中去除，但由于时任总统布什在2003年5月份就宣布取消伊拉克适用于"支恐国家"的所有制裁，因此这里从2003年开始将不再包括伊拉克。b 利比亚于2006年6月份被从"支恐名单"中正式删除。

资料来源：U. S. Department of State, Office of the Coordinator for Counterterrorism, *Patterns of Global Terrorism*, 1993—2004; *Country Reports on Terrorism*, 2005—2007。

四、控制变量及其测量

（一）年度经济总量（Y_i 和 Y_j）

与大多数的研究一样，这里将用国内生产总值（GDP）来衡量美国和其他国家的年度经济总量，相关数据采用了国际货币基金组织（IMF）的《世界经济展望数据库》（*World Economic Outlook Database*）。① 由于该数据库中关于国内生产总值的计算是以当期美元为

---

① International Monetary Fund (IMF), *World Economic Outlook Database*, October 2008, online: http://www.imf.org/external/ns/cs.aspx?id=28, accessed on Feb. 12, 2009.

单位，为了降低通货膨胀的影响，这里利用美国历年的消费者价格指数（CPI），将当期美元转换成以2006年为基准的不变美元。

《世界经济展望数据库》在1992—2004年间的部分缺失值由美国宾夕法尼亚大学的 Penn World Table（PWT 6.2）数据库补充。[①] 由于PWT数据库只提供了基于购买力平价（Purchase Power Parity, PPP）计算的人均GDP，为了与IMF的数据保持一致，这里将该数据全部转换成以不变美元计算的名义GDP。

（二）距离（D_{ij}）

本章将模型中的距离变量界定为各国首都与美国首都之间的"球面"距离（"great circle" distance），相关的距离数据由EUGene提供的软件获得，并以英里（miles）为单位。[②] 根据研究惯例，邻国之间的距离取值为1英里，从而在取对数之后取值为零。美国的两个邻国分别为加拿大和墨西哥。

（三）人口规模（P_i 和 P_j）

关于各国人口的数据同样来自国际货币基金组织的《世界经济展望数据库》，单位以百万人口计算。其中1992—2004年间的部分缺失数据由克里斯蒂安·戈莱蒂斯的"贸易和GDP扩展数据库"补缺。[③]

[①] Alan Heston, Robert Summers, and Bettina Aten, *Penn World Table Version 6.2*, Center for International Comparisons of Production, Income and Prices at the University of Pennsylvania, September 2006, online: http://pwt.econ.upenn.edu/php_site/pwt_index.php, accessed March 15, 2009.

[②] D. Scott Bennett and Allan C. Stam, "EUGene: A Conceptual Manual," *International Interactions*, Vol. 26, No. 2, 2000, pp. 179 - 204, online: http://eugenesoftware.org, accessed on March 26, 2009.

[③] Kristian S. Gleditsch, *Expanded Trade and GDP Data*（version 5.0 beta）, April 2008, online: http://privatewww.essex.ac.uk/~ksg/exptradegdp.html, accessed January 28, 2009.

(四) 国家间军事争端 (MID_j)

关于国家间军事争端的数据来源于泽夫·毛兹（Zeev Maoz）的数据库。该数据库将国家间的军事争端分为以下几种类型，包括：威胁、展示、使用武力以及战争。[①] 然而遗憾的是，该数据库的截止日期是2001年。该变量同样是一个虚拟变量，当国家 j 与美国在 t 年存在军事争端时，MID_j 取值为 e，否则为 1。

(五) 外交政策的相似性 (SIM_j)

关于外交政策的相似性的数据来源于埃里克·加兹克（Erik Gartzke）的"国家紧密度指数"（The Affinity of Nations Index）数据库，截止年份为2002年。[②] 该数据库建立在各国历年在联合大会上的投票记录的基础上，并通过 S 测算得出，具体数值以 -1 和 1 为区间，分别代表政策取向的最不相似和最相似。由于本书从其中截取的数据最小值为 -0.60273975，因此这里首先将所有数据加上 1.60273975，之后再取对数。

(六) 民主政体 (DEM_j)

关于民主政体评测的数据来源自美国系统和平中心（Center for Systemic Peace）的"政体项目"（Polity IV Project）数据库。[③] 该数据库通过各项指标对各国的政治体制进行评估，取值区间为 -10 到 10。前者表示显著的专制（strongly autocratic），后者表示显著的民主（strongly democratic）。根据该数据库的建议，如果得分大于或等于6，

---

① Zeev Maoz, *Dyadic MID Dataset* (version 2.0), 2005, online: http://psfaculty.ucdavis.edu/zmaoz/dyadmid.html, accessed on Mach 28, 2009.

② Erik Gartzke, *The Affinity of Nations Index*, 1946 - 2002 (Version 4.0), 2006, online: http://dss.ucsd.edu/~egartzke/, accessed on March 11, 2009.

③ Monty G. Marshall and Keith Jaggers, *Polity IV Project: Political Regime Characteristics and Transitions*, 1800 - 2007, online: http://www.systemicpeace.org/polity/polity4.htm, accessed on March 31, 2009.

则可以被认为是民主国家。相应地，如果美国的特定贸易伙伴国（j）在 t 年为民主国家，则 DEM_j 取值为 e，否则为 1。1992—2002 年间的部分缺失数据由克里斯蒂安·戈莱蒂斯的"政体"数据库进行补缺。[①]

第三节 结果分析

关于公式（5-3）的计算，这里首先通过最小二乘法（OLS）对引力模型的各项参数进行估测。考虑到美国与不同国家之间（如"美国和加拿大"与"美国和中国"之间）的观测值可能存在异方差性（Heteroscedasticity），同时也考虑到美国与特定国家之间的观测值在时间上可能存在相关性，这里还采用了怀特/胡伯尔稳健性标准误（White/Huber robust standard errors），并根据聚类效应（cluster effect）进行调整。[②]

表 5-2 中的所有参数结果都是通过统计软件 Stata 10 计算得出。该表中的第一栏分别列出了引力模型的截距、自变量、R 平方和观测数量。第二栏（模型一）是单独分析在控制各种经济因素的影响后，安全关系对美国双边贸易量的影响。通过观察可以发现，各自变量对因变量的影响都与预期相符，并且都在统计上显著地不等于零。与现有的研究结果相同，模型 1 中的统计结果表明，经济总量（Y_i 和 Y_j）与双边贸易量成正比，而地理距离（D_{ij}）和人口规模（P_i 和 P_j）则与双边贸易量成反比。具体地，在其他条件不变的情况下，一国的经济总量越大，该国与美国的双边贸易量就越大；一

[①] Kristian S. Gleditsch, *Modified Polity P4 and P4D Data*, Version 3.0, 2008, online: http://privatewww.essex.ac.uk/~ksg/Polity.html, accessed on March 31, 2009.

[②] 类似应用，可参见 Erik Gartzke and Quan Li, "War, Peace and the Invisible Hand: Positive Political Externalities of Economic Globalization," p. 577; Beth A. Simmons, "Rules over Real Estate: Trade, Territorial Conflict, and International Borders as Institution," p. 834; Scott L. Kastner, "When Do Conflicting Political Relations Affect International Trade?" p. 675。

国与美国之间的地理距离越远，或者一国的人口规模越大，则该国与美国之间的双边贸易量就会越小。

表5-2 安全战略与美国双边贸易之间关系的回归分析

自变量	模型一	模型二	模型三	模型四
截距	4.34**	4.53**	3.92**	3.95**
	(.59)	(.69)	(.75)	(.75)
GDP	1.02**	1.03**	1.02**	1.02**
	(.05)	(.07)	(.07)	(.07)
地理距离	-.29**	-.27**	-.26**	-.27**
	(.04)	(.05)	(.05)	(.05)
人口	-.13*	-.12	-.10	-.10
	(.06)	(.07)	(.08)	(.08)
同盟	.62**	.56**	.63**	.64**
	(.15)	(.16)	(.20)	(.20)
敌对国	-3.43**	-4.31**	-3.88**	-3.81**
	(.94)	(1.20)	(1.30)	(1.28)
军事争端		-1.29	-.84	-.80
		(.85)	(1.17)	(1.18)
民主		.15	.13	.11
		(.16)	(.18)	(.18)
政策相似性（联合国投票）		-1.33**		
		(.37)		
政策相似性（联盟组合）			-.11	-.28
			(.70)	(.69)
GATT/WTO				.20
				(.18)
R平方	.77	.78	.76	.76
N	2486	1646	1505	1505

注：回归参数的估算方法为最小二乘法（OLS），括号中的数据为怀特/胡伯尔稳健性标准误。*表示变量系数在 p<.05 的水平上显著；**标志变量系数在 p<.01 的水平上显著，两者都为单尾检验。这些显著水平是指，如果实际上特定自变量的系数等于零，即该自变量与因变量之间没有相关性，而我们作出该自变量与因变量相关的判断时，会有5%或1%的概率误差。

最为重要的是，模型一中的统计结果表明，本章所关注的两个衡量安全关系的变量，即盟国（ALL_j）和敌对国（ADV_j），对因变量的影响都在 $p<0.01$ 的水平上显著。根据模型一中的分析结果，安全关系对美国双边贸易量的影响可以具体地表述为：在保持经济规模、地理距离和国内市场规模这些经济因素不变的情况下，美国与盟国之间的双边贸易量平均要比与一般国家之间的双边贸易量高 85.9%，而与敌对国之间的双边贸易量平均要比与一般国家之间的双边贸易量低 96.8%。[1]

表 5-2 中的第三栏（模型二）包括了代表企业预期的三个变量。通过观察不难发现，在加入了军事争端（MID_j）、外交政策相似度（SIM_j）和民主政体（DEM_j）这三个变量之后，原有变量的参数值并没有发生太大变化。除了人口变量（P_i 和 P_j）之外，原有变量对因变量的影响都保持了较高的显著性。这表明在同时控制经济因素和企业预期的影响之后，安全关系依然对美国的双边贸易产生了显著的影响。从模型二中同样可以看出，三个代表企业预期的变量对美国对外贸易的影响并没有验证一般的推测。虽然结果表明军事争端（MID_j）与双边贸易成负相关，民主政体（DEM_j）与双边贸易成正相关，但两个变量在 $p<0.05$ 的水平上都不显著。这也说明在其他条件不变的情况下，军事争端的存在与否以及贸易伙伴是否具有民主政体，都未显著影响美国与其他国家之间的双边贸易流量。更出乎意料的是，模型二中的计算结果表明，对外政策的相似度（SIM_j）与美国的双边贸易量呈负相关，且在 $p<0.01$ 的水平上显著。该模型二中的所有变量总共解释了因变量 78% 的变异。

为了对上述分析结果的稳健性程度做进一步评估，以下分别对原有模型中变量的测量方法、模型的结构以及模型参数的估算方法

---

[1] 这里采用的精确百分比差异，计算公式为 $100 \cdot [\exp(\hat{\beta}-1)]$，其中 $\hat{\beta}$ 为变量系数的估计值。参见 Jeffrey M. Wooldridge, *Introductory Econometrics*, pp. 197-198, 237-238。

进行了调整。

首先，为了进一步确认外交政策相似度（SIM_j）测量方法的改变是否会影响到模型的参数，这里采用了该变量的另外一种测量方法，即经过 S 测算后的国家间联盟组合（alliance portfolio），而非联合国大会的投票，其取值范围为 -1 至 1。该数据同样由 EUGene 提供的软件获得，截止日期为 2000 年。① 由于从中截取数据的最小值是 -0.31043899，这里首先将所有数据加上 1.31043899，然后再取对数。新的分析结果表明（表 5-2，模型三），对外交政策相似度（SIM_j）测量方法的改变并没有明显影响原有的分析结果，尤其是本章所关注的两个安全变量——盟国（ALL_j）和敌对国（ADV_j）——依然在 $p<.01$ 的水平上显著。与模型二的分析结果不同的是，外交政策相似度（SIM_j）对美国双边贸易量的影响已不再显著，这也表明该变量对双边贸易的影响并不确定。

其次，由于美国的盟国多数同样是关贸总协定（GATT）或世界贸易组织（WTO）的成员国，而一般认为这些多边贸易组织能够促进成员国之间的贸易往来，② 因此这里有必要考虑 GATT 或 WTO 成员国身份对美国双边贸易的影响，以确定盟国（ALL_j）对美国双边贸易量的影响是否是虚假的。这里在原有的贸易引力模型中加入一个虚拟变量来代表国家 j 在特定年份是否具有 GATT 或 WTO 的成员国资格。③ 然而分析结果表明（表 5-2，模型四），加入该变量之后并没有对其他变量的参数产生明显影响，两个安全变量的系数依然在 $p<.01$ 的水平上显著。另外，与现有一些研究相同，

---

① D. Scott Bennett and Allan C. Stam, "EUGene: A Conceptual Manual," pp. 179 - 204.

② Edward D. Mansfield and Rachel Bronson, "Alliance, Preferential Trading Arrangements, and International Trade," p. 98.

③ 相关数据来自 WTO 的官方网站：http://www.wto.org/english/thewto_e/thewto_e.htm, accessed on May 4, 2009。

第五章 安全战略与双边贸易流量：简单的计量分析

模型四的分析结果显示，并没有发现在其他条件相同的情况下，是否具有 WTO 或 GATT 成员资格与国家间的双边贸易存在显著相关。[①]

最后，考虑到美国与不同国家之间的观测值可能存在固定的非观测差异（fixed unobserved differences），进而使得美国与每个国家之间的双边贸易模型具有各自不同的截距项，因此这里进一步采纳了唐纳德·格林（Donald P. Green）的建议，对以上所有模型的参数进行固定效应（fixed effects）分析。[②] 分析结果（见表5—3）表明，用该方法得出的参数值与先前的参数值并没有根本性变化。盟国（ALL_j）的系数依然显著，虽然在后三个模型中其显著性降到了 $p<.05$ 的水平上；而除了模型二之外，敌对国（ADV_j）对美国双边贸易量的影响都在 $p<.01$ 的水平上显著。表5—3 中的分析结果同样显示，人口数量（P_i 和 P_j）和 GATT/WTO 的成员国身份对美国双边贸易的影响都发生了很大变化，并且都与预期相反，这也反映出这两个变量对双边贸易的影响并不确定。

[①] Edward D. Mansfield and Rachel Bronson, "Alliance, Preferential Trading Arrangements, and International Trade," p. 100; Andrew K. Rose, "Do We Really Know That the WTO Increases Trade?" *American Economic Review*, Vol. 94, No. 1, March 2004, pp. 98 – 114.

[②] Donald P. Green, Soo Yeon Kim, and David H. Yoon, "Dirty Pool," *International Organization*, Vol. 55, No. 2, Spring 2001, pp. 441 – 468.《国际组织》同时在该期刊登了关于该方法的评论，参见 John R. Oneal and Bruce Russett, "Clear and Clean: The Fixed Effects of the Liberal Peace," pp. 469 – 485; Nathaniel Beck and Jonathan N. Katz, "Throwing Out the Baby with the Bath: A Comment on Green, Kim, and Yoon," pp. 487 – 495; Gary King, "Proper Nouns and Methodological Propriety: Pooling Dyads in International Relations Data," pp. 497 – 507, all in *International Organization*, Vol. 55, No. 2, Spring 2001.

表5-3 贸易引力模型的固定效应分析

自变量	模型一	模型二	模型三	模型四
截距	.46	1.81	-1.72	-2.90
	(1.00)	(1.60)	(1.91)	(1.94)
GDP	.58**	.48**	.69**	.69**
	(.06)	(.08)	(.10)	(.10)
人口	.80**	.76**	.88**	1.07**
	(.17)	(.22)	(.27)	(.27)
同盟	.26**	.23*	.25*	.26*
	(.08)	(.10)	(.12)	(.12)
敌对国	-1.36**	-1.23	-2.23**	-2.24**
	(.49)	(.77)	(.58)	(.58)
军事争端		-1.21**	-1.14**	-1.14**
		(.17)	(.19)	(.19)
民主		.14	.13	.13
		(.10)	(.12)	(.12)
政策相似性（联合国投票）		-.18		
		(.16)		
政策相似性（联盟组合）			-.09	-.19
			(.60)	(.60)
GATT/WTO				-.36**
				(.11)
R平方	.92	.93	.92	.93
N	2486	1646	1505	1505

注：以上各个模型的参数由 Stata 10 中的 areg 命令计算获得。由于美国与特定国家之间的地理距离不存在变化，因而在该分析中，距离变量（D_{ij}）被统计软件自动剔除。

* 表示变量系数在 $p<.05$ 的水平上显著；** 标志变量系数在在 $p<.01$ 的水平上显著，两者都为单尾检验。

以上分析表明，由于所有的计算结果都显示在其他条件相同的情况下，美国与盟国之间的双边贸易量显著高于与一般国家之间的双边贸易量，而与敌对国之间的双边贸易量显著低于与一般国家之间的双边贸易量。根据本章第一节的分析，我们可以由此认为美国对其盟国总体上采取了积极的贸易政策，而对敌对国总体上采取了消极的贸易政策。这也进一步说明了，后冷战时期美国的安全战略确实在总体上影响了其对外贸易政策的制定和实施，并且这种影响即使在控制市场规模、经济总量等经济因素以及企业行为体预期的影响之后，在统计上依然显著。当然，由于受到相关变量数据来源的限制，例如关于军事争端（MID_j）、外交政策相似性（SIM_j）的数据只分别截止到2001年和2002年，因而这里得出的结论只能是初步的，仍需要根据相关数据库的不断更新而进行新的检验。

第六章

安全战略与美国的出口控制政策

上一章从总体上检验了后冷战时代美国的安全战略与其对外贸易政策之间的关系。然而，根据本书第四章提出的假设，安全战略与美国对外贸易政策之间的关系并不是一成不变的，而会随着具体贸易政策领域的变化而变化。本章将重点考察冷战结束后美国的安全战略与其出口控制政策之间的关系，随后两章将分别考察美国的安全战略与其"公平"贸易政策和贸易自由化政策之间的关系。

本章在第一节将对美国出口控制体系——包括军民两用品出口和军用品出口控制——的国内制度框架进行介绍；第二节将重点分析美国的国务官员在美国出口控制体制中的地位和所扮演的角色；第三节将通过国际贸易的引力模型，对冷战结束之后的十多年间美国的安全战略与其出口控制政策之间的关系进行检验，并将所得结果与上一章的分析结果进行比较，以判断安全与贸易之间在该政策领域内的关系是否显著地区别于两者在其他贸易政策领域内的关系。

第一节 美国出口控制体系的制度框架

出口控制是美国对外贸易政策一个重要组成部分，并一直在美国的对外政策中扮演中着重要角色。早在 18 世纪末和 19 世纪初的欧洲战争期间，美国就曾通过贸易禁运来维护自身的中立权利和民族独立。然而，美国真正意义上的出口控制体系则要追溯至20世纪前半叶。在一战期间，美国国会通过了《与敌国贸易法》（Trading with the Enemy Act of 1917，TWEA），授权总统在战争时期限制向敌对国出口武器及相关服务，以防止或延缓敌对国军事实力的提高。1933年，《与敌国贸易法》被加以修改，并赋予了行政机构更大的权力。根据新的修订，一方面，即使美国与其它国家不处于战争状态，总统同样可以通过宣布国家进入紧急状态而启用该法；另一方面，在宣布国家进入紧急状态后，总统有权对美国所有的对外经济活动加以管制，而不仅仅局限于武器贸易。[1]

二战前夕，美国国会通过了《中立法案》（Neutrality Act of 1935），并根据该法案建立了关于商业武器出口的许可证制度，以控制向处于交战状态的国家出口武器。根据国际形势和自身对外政策需要的变化，美国在随后数年对1935年《中立法案》中的条款进行了多次修订，直至1941年12月美国正式宣布加入二战。[2]《中立法案》和《与敌国贸易法》的共同特点是，两者都是为了应对战争或潜在战争的威胁，并且主要针对武器等军用品而非军民两用品的出口控制。

冷战期间，为了应对国际安全形势的变化，特别是为了服务于遏制苏联的冷战战略的需要，美国在原有出口控制体系的基础上，通过了一系列的出口控制法案，包括针对军民两用品出口的《1979

---

[1] 例如，尼克松政府在1971年就曾引用该法的授权，威胁对来自日本的纺织品进行单方面限制。当美国在1977年通过《国际危机经济权力法》（International Emergency Economic Power Act of 1977，IEEPA）之后，美国国会从《与敌国贸易法》中收回了对总统的该项紧急状态授权。参见John Heinz, *U. S. Strategic Trade: An Export Control System for the 1990s*, San Francisco: Westview Press, 1991, p. 7; Stephen D. Cohen, Robert A. Blecker, and Peter D. Whitney, *Fundamentals of U. S. Foreign Trade Policy: Economics, Politics, Laws, and Issues*, pp. 178–179.

[2] 关于该法案演变的简单介绍，可参见美国国务院公共事务局（Bureau of Public Affairs）网站：http://www.state.gov/r/pa/ho/time/id/99849.htm.

年出口管理法》(Export Administration Act of 1979, EAA)、针对军用品出口的《1976年武器出口控制法》(Arms Export Control Act of 1976, AECA)、针对核物资和技术出口的《1954年原子能法》(Atomic Energy Act of 1954, AEA)和《1978年核不扩散法》(Nuclear Non-proliferation Act of 1978, NNPA)以及对总统授权更为宽泛的《1977年国际危机经济权力法》(International Emergency Economic Power Act of 1977, IEEP)等。① 这些法律共同组成了美国在和平时期的出口控制体系，并延续至今。在现有的几种法律中，其中《1979年出口管理法》②和《1976年武器出口控制法》③为当前美国的出口控制体系提供了主要的法律基础。正是在这两项法律的授权下，美国分别在军民两用品（dual-use items）和军用品（military items）领域建立了独立的出口控制体系。④

---

① 王勇：《中美经贸关系》，北京：中国市场出版社，2007年版，第210—212页。

② 50 U. S. C. App. §2401 et. seq. 该法由《美国法典》（United States Code, U. S. C.）第50编（Title 50）收录，其电子版本可以从隶属于美国众议院的法律修订顾问办公室（the Office of the Law Revision Counsel）的网站获得，参见 http: // uscode. house. gov/lawrevisioncounsel. shtml. 《美国法典》是美国普遍性和永久性法律的汇编，它由隶属于美国众议院的法律修订顾问办公室（the Office of the Law Revision Counsel）在美国历年《法律汇编》（the Statutes at Large）的基础上，按照不同主题（Title）编撰而成，并且每6年出版一次。冷战结束以来，《美国法典》经历了3个版本，包括1994年版、2000年版和2006年版。除特别注明外，本书所引用的法典文本均为2006年版。

③ 22 U. S. C. §2751 et. seq. 该法由《美国法典》第22编（Title 22）收录，其电子版本同样可以从美国众议院的法律修订顾问办公室的网站获得，参见 http: // uscode. house. gov/lawrevisioncounsel. shtml.

④ Richard T. Cupitt, "Nonproliferation Export Controls in the United States," in Micheal D. Beck, Richard T. Cupitt, Seema Gahlaut, and Scott A. Jones, *To Supply or to Deny: Comparing Nonproliferation Export Controls in Five Key Countries*, The Hague: Kluwer Law International, 2003, pp. 29–30.

一、美国军民两用品出口控制体系

美国在和平时期关于军民两用品的出口控制体系正式形成于冷战初期,并以《1949年出口控制法》(Export Control Act of 1949) 的出台为标志。《出口控制法》在出台之后被延长数次,并在1969年由旨在进一步放松出口控制的《1969年出口管理法》(Export Administration Act of 1969) 所取代。为了进一步完善军民两用品出口控制体系,美国国会在1979年对《出口管理法》进行了全面修改,并通过了《1979年出口管理法》。该法案在80年代以来经过了几次修订,并成为美国目前军民两用品出口控制体系的法律基础。需要指出的是,由于《1979年出口管理法》至1990年到期,而国会和行政机构在制定新的出口管理法上未能达成一致,使得美国的出口管理法及其相关条例在冷战结束之后的大部分时间内主要由总统引用《国际紧急经济权力法》所赋予的权力加以实施。根据《国际紧急经济权力法》的要求,总统在通过行政命令的方式来延长美国的出口控制体系之前,必须首先宣布国家进入紧急状态,并指出《出口管理法》的到期对国家安全、外交政策和美国经济造成了重大威胁。

在《出口管理法》的授权下,美国总统可以根据国家安全、外交政策目标和满足国内供应的需要,对美国军民两用品的出口和再出口实施管制。根据该法案的要求,美国总统进一步授权商务部的工业与安全局(Bureau of Industry and Security)[①] 协同其他部门制定具体的实施条例,即《出口管理条例》(Export Administration Regulations, EAR)[②]。该条例建立了一套以工业与安全局为核心的军民两用品出口许可证体系,并详细界定了该体系的适用范围以及相关部

[①] 其前身为出口管理局 (Bureau of Export Administration),在2002年4月改称为工业与安全局。

[②] EAR, 15 C. F. R. §730 - 774. Available at: http://www.access.gpo.gov/bis/ear/ear_ data. html.

门在受理、审议出口许可证申请时所必需遵循的程序和规则。

(一) 许可证体系的适用范围

我们一般认为美国关于军民两用品的出口管制对象只是那些同时具有商业用途和军事用途的商品，但实际上，如果出口的目的地是禁运国家，如朝鲜、古巴等，即使是纯粹民用的商品也需要获得出口许可证。因此，在美国，出口商在进行任何一项出口交易之前，都必须考虑美国军民两用品出口许可证的适用范围，以决定是否需要向工业与安全局提交出口许可证申请。根据《出口管理条例》规定，一项出口交易是否需要申请许可证，主要由以下四个方面决定：

第一，出口商品的性质。出口商必须首先确定自己所要出口的商品是否属于被管制范畴，即是否能在商业控制清单（Commerce Control List，CCL）中找到与出口商品所对应的出口控制分类号（Export Control Classification Number，ECCN）。如果在商业控制清单中找不到相对应的出口控制分类号，并且这种商品属于商务部的管辖范围，则该商品的出口在大多数情况下不需要向工业与安全局提交许可证申请，除非该商品被出口到禁运国家，或者该商品的最终使用者（end-user）和最终用途（end-use）属于管制对象（在这种情况下则需要进一步查阅关于最终使用者和最终用途的控制清单）。如果在控制清单中找到相对应的出口控制分类号，则出口商需要核对美国政府对该类商品的出口进行管制的原因（例如国家安全、防扩散、地区稳定、反恐等），并结合出口商品的目的地，来确定是否需要提交出口许可证申请。如果出口商知道自己所要出口的商品属于商务部的管辖范围，但无法确定该商品相对应的 ECCN，则可以向工业与安全局提出分类请求（Classification Request），后者一般会在 14 个工作日内作出答复。①

---

① EAR, 15 C. F. R. §748. 3, §750. 2.

第二，商品出口的目的地。在商业控制清单中找到出口商品所对应的出口控制分类号和相应的管制原因之后，出口商还需要进一步核对《出口管理条例》中的受控国别表（Commerce Country Chart, CCC），来确定商品的出口目的地是否属于管制对象。受控国别表详细标明了对一国的出口是否受到管制，以及对该国实施出口管制的原因。如果商业控制清单中表明基于某种原因需要对特定商品的出口进行管制，并且受控国别表中也标明出于同样的原因而需要对特定国家的出口进行管制，则在该商品出口到该国之前，出口商必须首先向工业与安全局提交许可证申请许，除非该项出口适用于许可证豁免（License Exception）。[①] 相反，如果在受控国别表中没有列出对特定国家的相应限制要求，则出口商在一般情况下不需要向工业与安全局提交许可证申请，除非所出口商品的最终使用者和最终用途受到管制。

第三，出口商品的最终使用者。由于一些个人和组织要么被禁止从美国进口商品，要么只有在获得相关许可证的情况下才被允许，因此，即使商业控制清单和受控国别表都没有表明特定商品的出口需要申请许可证，但如果该商品的最终使用者属于美国政府的管制对象，则出口商同样需要向工业与安全局提交许可证申请。目前，一些受到美国出口管制的最终使用者分别列在一系列管制清单中，包括个人清单（Denied Persons List）、实体清单（Entity List）、未确定清单（Unverified List）以及特别指定国民清单（Specially Designated Nationals List）等，并且这些清单由政府相关部门定期进行

[①] 《出口管理条例》对一些在一般情况下需要申请许可证的出口交易另外设定了一系列条件，如出口商品的价值是否低于某一标准等。如果一项出口交易符合这些条件，则该项出口可以获得许可证豁免，即不需要向政府申请出口许可证。参见 EAR, 15 C. F. R. §740.

更新。①

第四，出口商品的最终用途。商品的出口除了受到最终使用者的限制之外，同样还受到商品的最终用途的限制。《出口管理法》明确规定，所有从美国出口或再出口商品，不得被用于诸如制造大规模杀伤性武器及其运载工具等用途，除非获得相关的出口许可证。因此，即使一项商品的出口符合上面三个规定，但如果出口商知道所要出口的商品最终会被用于《出口管理法》所限制的用途，则仍然需要向工业与安全局提交出口许可证申请。②

（二）许可证申请的审理程序和规则

根据《出口管理条例》，商务部的工业与安全局是受理军民两用品出口许可证申请的主要部门，其他部门，包括国务院、国防部、能源部和军备控制与裁军局（Arms Control and Disarmament Agency, ACDA）则"有权审查任何一项《出口管理法》框架下的出口可证申请"，除非它们自愿放弃该项权力。③ 另外，如果需要，工业与安全局同样可以主动将有关的许可证申请转交给这些部门共同审理。《出口管理条例》同样设计了一套部门间争端解决机制，以解决各部门在许可证申请的审理过程中可能出现的分歧。然而，不论一项申请的审理工作是由工业与安全局单独进行，还是需要有其他部门的参与，或者是由争端解决机制来处理，整个过程必须在 90 个工作日之内完成。④

按照目前的规定，在出口商提交并注册出口许可证申请之后，工业与安全局必须在 9 个工作日之内完成对申请资料的审核，并做

---

① 相关清单可参见：http://www.bis.doc.gov/complianceandenforcement/liststocheck.htm.
② EAR, 15 C. F. R. §744.
③ EAR, 15 C. F. R. §750.3.
④ EAR, 15 C. F. R. §750.4（a）.

第六章　安全战略与美国的出口控制政策

出相关决定，包括发放或有条件地发放许可证、拒绝发放许可证、退回申请或者将申请材料提交其他部门进一步审理。如果工业与安全局将申请材料转交其他部门审理，则其他部门必须在收到转交申请的30个工作日内向工业与安全局做出相应的建议，包括发放或拒绝发放许可证，并提供相关的法律和法规依据。如果其他部门在30个工作日之内未提出任何建议，则工业与安全局的裁定为最终决定。[①] 而如果相关审理部门对某一许可证申请的裁定产生分歧时，则该申请必须被提交到各种争端解决委员会进行审理。

目前，美国关于军民两用品出口控制存在三个不同层次的争端解决机制。其中最高一层的是出口管理审查委员会（Export Administration Review Board）。该委员会由商务部长任主席，并由国务卿、国防部长和能源部长组成；参谋长联席会议主席、中央情报局局长和其他相关部门的负责人同样可以参加，但不具有投票权。在该委员会之下的是出口政策顾问委员会（Advisory Committee on Export Policy）。该委员会由商务部负责出口管理事务的助理部长任主席，并由出口管理审查委员会中各部门的助理部长和相关官员组成。行动委员会（Operating Committee）是最低层次的争端解决机制，由以上各部门的代表组成。该委员会的主席由商务部长挑选，并同时担任出口政策顾问委员会的执行秘书（Executive Secretary）。

争端解决的进程从最低一级的行动委员会开始。该委员会主席对相关部门的建议进行评估，并在14个工作日内将自己的决定告知这些部门。如果其他部门对行动委员会主席的决定有不同意见，则必须在5个工作日内将许可证的审理上诉到出口政策顾问委员会，并要求重新审议；如果在5个工作日之内没有进行上诉，则该委员会主席的决定为最终决定。在收到上诉的11个工作日之内，出口政策顾问委员会必须对相关信息进行审议并作投票表决。同样，如果

---

① EAR, 15 C. F. R. §750.4 (c) (d) (e).

有部门对表决结果存在分歧,可以在表决后的 5 个工作日之内向出口管理审查委员会进行上诉,否则该表决结果为最终决定。在收到上诉的 11 天之内,出口管理审查委员会必须对相关信息和建议进行审理和表决。如果在有部门对表决结果存在疑义,则可以在 5 个工作日内向总统提起上诉,并由总统作最后决定,否则出口管理审查委员会的表决为最终决定。①

二、军用品的出口控制体系

正如上文指出的,美国关于军用品出口的控制措施最早可以追溯至二战之前,尤其以《中立法案》为代表。该法案要求任何军用品的出口都必须首先向政府提出许可证申请,只有在获得政府的批准之后,相关的军用品出口交易才能合法进行。二战结束之后,为了适应新的形势,美国对原有的军用品出口控制体系进行了不断修订和完善,并最终出台了影响至今的《1976 年武器出口控制法》。作为当前美国军用品出口控制体系的法律基础,《1976 年武器出口控制法》授权总统出于服务国家安全和外交政策以及促进世界和平的需要,对美国军用产品和服务的出口与再出口进行控制。② 为了实施该法,总统通过行政命令的方式进一步授权美国国务院制定关于军用品出口控制的实施细则,即《武器国际运输条例》(International-al Traffic in Arms Regulations, ITAR)。③ 与用于实施军民两用品控制的《出口管理条例》类似,《武器国际运输条例》也建立了一套关于军用品的出口许可证体系。但不同的是,美国军用品的出口许可证体系主要由国务院的防务贸易控制办公室(Directorate of Defense Trade Controls, DDTC)负责实施,并且该体系在结构和程序上要比

---

① EAR, 15 C. F. R. §750.4 (f).
② 该法同样要求总统对武器的进口进行控制。参见 22 U. S. C. §2778.
③ ITAR, 22 C. F. R. §120 - 130. Available at: http://www.pmddtc.state.gov/regulations_ laws/itar_ official.html.

军民两用品出口控制体系要简单明了的多。

（一）许可证体系的适用范围

与军民两用品的出口许可证体系不同，美国军用品出口许可证的适用范围并不包括商品的出口目的地、最终用途和最终使用者，而只是关注出口商品的性质，即出口商品是否属于军用品（包括武器及其相关服务）。根据《武器国际运输条例》的要求，任何一项军用品的出口，不论出口到何处，被用作军事目的还是民用，都必须向防务贸易控制办公室提交出口许可证申请，除非符合相关的豁免条件。[①] 因此，出口商在决定出口某种商品之前，必须首先确定该商品是否属于军用品。

《武器国际运输条例》中的武器清单（U. S. Munitions List, USML）对军用品的范围进行了详细界定。目前，该清单将军用品划分为20个种类，所涵盖范围不仅包括小到手枪、大到联合攻击战斗机等硬件产品，同样包括技术、数据和相关服务等。根据《武器国际运输条例》规定，如果一个出口商所要出口的商品不属于该清单所管辖的范围，则不需要向防务贸易控制办公室提交许可证申请；如果能够在该清单中找到相对应的商品条目，该出口商则必须向防务贸易控制办公室提交许可证申请。

需要提及的是，由于一些个人和企业（包括受美国司法管辖的外国公民和企业）被禁止从事军用品贸易，《武器国际运输条例》要求任何从事军用品贸易的出口商（包括经纪人）必须在政府部门登记注册，以确定特定出口商是否具有出口军用品的资格。[②] 因此，在提交军用品出口许可证的申请之前，出口商还必须在防务贸易控

---

① 具有重要的军事价值的设备（significant military equipment）或者需要国会参与审核的军用品，则不适用于出口许可证豁免。

② 该条例同时也要求美国的所有军用品制造商必须在防务贸易控制办公室进行注册，即使有些制造商并不从事军用品出口。参见 ITAR, 22 C. F. R. §122.1.

制办公室进行注册，否者所提交的申请将无法得到受理。①

另外，与多数国家不同，美国关于军用品的出口控制同样适用于军用品的再出口环节，这意味着如果外国企业要将来自美国的军用品（包括部件）再次出口或转运到第三方，同样必须提前向DDTC提交许可证申请。②

（二）许可证申请的审理程序和规则

与工业与安全局对军民两用品出口许可证申请的审理一样，防务贸易控制办公室关于军用品出口许可证的申请同样采取逐一审理的方式。在收到出口商提交的许可证申请之后，防务贸易控制办公室需要对申请材料进行初步审核。与军民两用品出口许可证的审理不同，《武器国际运输条例》并没有对军用品出口许可证申请的审理时间做明确的限定。根据防务贸易控制办公室自己提供的数据，2006年，在防务贸易控制办公室内部审理的许可证一般需要18个工作日。③

根据《武器国际运输条例》，防务贸易控制办公室对许可证申请的裁定主要依据特定军用品的出口是否有利于促进世界和平，是否有利于美国的国家安全和对外政策利益。在实际的操作中，该办公室首先要审核的是军用品贸易的参与方（包括个人、公司、组织）是否有违反美国武器出口控制法的纪录，即是否出现在防务贸易控制办公室定期发布的限制名单之列，这一核对过程目前主要由计算机来完成。④另外，特定军用品出口的目的地也是一个重要裁定依

---

① 《武器国际运输条例》目前规定每次注册的期限最多为两年，并且每年需要交纳的注册费用为1750美元。参见 ITAR, 22 C. F. R. §122.3.

② ITAR, 22 C. F. R. §123.9.

③ DDTC, *Defense Trade Controls Overview*, 2006, p.5, available at: http://www.pmddtc.state.gov/reports/index.html.

④ 相关控制名单发布在国务院的网站上，参见: http://www.pmddtc.state.gov/compliance/debar_intro.html.

第六章 安全战略与美国的出口控制政策

据。由于美国法律明确禁止向特定国家（如白俄罗斯、古巴、伊朗、朝鲜、叙利亚和委内瑞拉等）以及一些美国所实施武器禁运的国家（目前包括缅甸、中国、利比亚和苏丹）出口军用品，如果特定军用品是出口到这些国家，防务贸易控制办公室显然会拒绝发放许可证。[①] 在完成审核之后，防务贸易控制办公室可以做出包括发放许可证、拒绝发放许可证或者退回申请的决定。另外，根据所出口军用品性质的不同，该办公室所发放的出口许可证也分为三种不同的种类，包括机密的、非机密的和临时性的。

美国军用品出口许可证的申请同样需要跨部门的审议。防务贸易控制办公室每年会把大约1/3的申请转交到其他部门审理，这些部门不仅包括隶属于美国国务院的其他部门，同样还包括国防部、能源部、国家航空航天局等。其中向国防部防务技术安全局（Defense Technology Security Administration，DTSA）转交的申请最多，这在很大程度上是因为关于军用品出口许可证申请的审理需要特别的专业技术背景。在对申请进行审理之后，这些部门可以向国务院作出相关的建议，包括向出口商发放许可证、拒绝发放许可证、对许可证附加额外的条件或者返回申请而不采取任何措施。但与军民两用品出口许可证申请的审理工作不同，美国关于军用品出口许可证申请的跨部门审理不存在正式的争端解决机制。例如，如果防务贸易控制办公室与国防部的防务技术安全局之间就某项申请的审理发生分歧，一般是由两个部门的负责人通过非正式的协商渠道来决定最终的审理结果。[②]

[①] ITAR, 22 C. F. R. §126.1. 由于《武器国际运输条例》中明确列出了这些受控国家的名单，出口商一般不会再花费精力向提交向这些国家的军用品出口申请，从而使得实际上提交的大多数申请都会被批准。例如，在2006财年，防务贸易控制办公室大约受理了66,000件申请，而只有百分之一的申请被拒绝发放许可证。参见 DDTC, *Defense Trade Controls Overview*, 2006, p. 1, p. 5.

[②] Richard T. Cupitt, "Nonproliferation Export Controls in the United States," p. 40.

如果需要，防务贸易控制办公室同样会将一些申请提交给一些部门间工作组，如将关于导弹条目相关的申请提交到导弹技术出口控制小组（Missile Technology Export Control Group，MTEC），将与化学和生物武器相关的申请提交到 SHIELD 委员会、将核武器相关的申请提交到核出口控制小组（The Subgroup on Nuclear Controls，SNEC）等，而所有的这些工作组都由国务院的政治与军事事务局（Bureau of Political-Military Affairs）来负责主持。

第二节　国务官员与美国的出口控制体制

在美国对外贸易政策领域，一种广泛被接受的观点认为，由于美国宪法将管理商业的权力赋予了国会，而国会议员更多地是代表不同地方性选区和选民的利益并且很容易被有组织的利益集团所影响，所以美国的对外贸易政策主要由国会和各种利益集团所主导。根据这种观点，作为美国对外贸易政策的一个重要组成部分，出口控制政策的制定和实施无疑也主要由国会和利益集团的偏好来决定。[1]

然而，以上观点却无法解释在很多情况下，即使在面临国会或国内利益集团的强烈压力下，行政部门依然能够采取自身所偏好的出口控制政策。例如，即使是在国会强烈要求对中国继续加强经济制裁和出口控制时，老布什政府依然在 1989 年 7 月 7 日解除了对华出口波音飞机的禁令；[2]而在 4 年之后，即使是在波音公司（当时美国最大的出口商）和通用电气公司（当时美国最大的企业）的极力

---

[1] 关于这种观点的介绍，参见 William J. Long, U. S. Export Control Policy: Executive Autonomy vs. Congressional Reform, pp. 3 – 4.
[2] 陶文钊：《中美关系史》（1972—2000）下卷，上海人民出版社，2004 年版，第 199 页。

游说下,克林顿政府仍然拒绝对出口到伊朗的商业飞机发放许可证。① 事实上,虽然国会和相关利益集团对美国的出口控制政策施加着重要影响,但该政策领域内的制度环境同样赋予了国务官员非常大的独立性和影响力。

正如上文指出的,当前美国出口控制领域内的制度框架形成于独特的历史背景之下。作为当前美国军用品出口控制体系的前身,1935年《中立法案》出台的重要历史背景是欧亚地区日益紧张的安全形势以及美国国内不断高涨的孤立主义情绪。当时,美国对军用品出口进行控制的主要目的就是通过限制向交战国出售武器和避免卷入其他国家之间的冲突来实现自身的安全。② 作为美国在和平时期军民两用品出口控制体系的形成标志,《1949年出口控制法》出台的历史背景是美苏冷战的升级和美国超强的经济和科技实力,美国通过该法案对军民两用品的出口进行控制的一个主要目的就是为了防止美国的敏感产品和先进技术落到苏联等敌对国家手中。虽然除了国家安全目标之外,《1949年出口控制法》同样还指出美国对军民两用品出口进行控制的另外两个原因,包括服务美国的外交政策目标以及防止国内供应出现短缺,但诸如地区稳定、防止大规模杀伤性武器的扩散等外交政策目标显然与国家安全目标紧密相关,而美国在二战之后强大的经济实力则又降低了第三种目标的重要性。③ 因此,无论以上两种法案所涉及的领域是军用品还是军民两用品,都主要反映了以安全为导向的政策理念,即为了维护和促进美国的国家安全利益。根据这两部法律,美国可以为了国家安全利益而牺

---

① Stephen D. Cohen, Robert A. Blecker, and Peter D. Whitney, *Fundamentals of U. S. Foreign Trade Policy: Economics, Politics, Laws, and Issues*, p. 133.
② [美]入江昭著,张振江、施茵译:《美国的全球化进程:1913—1945》,载[美]孔华润主编:《剑桥美国对外关系史》(下)第三卷,第129页。
③ William J. Long, *U. S. Export Control Policy: Executive Autonomy vs. Congressional Reform*, p. 16.

牲丰厚的经济利益。作为对这种政策观念的反映,以上两种法案所建立的制度框架都赋予了美国国务官员广泛的法律权威,并延续至今。

以总统为代表的负责外交和安全事务的国务官员在美国出口控制体系中所扮演的重要角色首先体现在关于出口许可证体系适用范围的界定上。一方面,国务官员能够决定特定出口商品是否需要向政府申请许可证。正如上文所介绍的,美国任何出口商在进行出口交易之前都必须参照政府的商品控制清单,以决定自己所出口的商品是否属于被管制的对象。也正因为此,关于商品控制清单的制定直接影响了美国出口控制措施的力度,而在现有的法律框架下,这些商品控制清单的制定则主要是由负责安全和外交事务的国务官员来完成的。在军用品出口控制领域,武器清单(USML)完全是由总统授权国务院和国防部来制定的。[1] 在军民两用品出口控制领域,虽然商业控制清单(CCL)的具体制订是由商务部的工业与安全局来完成,但该部门的官员与商务部内其他部门的官员相比具有明显不同的职责和政策偏好,他们更倾向于强调美国商品出口的安全影响。[2] 另外,《1979年出口管理法》同样明确授权国防部和国务院参与军民两用品控制清单的制订,并且如果对商务部关于某种商品是否属于控制清单持不同意见,国防部长和国务卿能够将争议提交给总统,由总统作最后决定。[3]

国务官员的这种作用同样还体现在对商品管辖权的决定上(Commodity Jurisdiction Determinations)。一般来说,美国对商业控制清单(CCL)中商品出口的控制力度要弱一些,其中包括的许多种商品在向大多数国家出口时都不需要申请许可证,而武器清单

---

[1] ITAR, 22 C. F. R. § 120. 2.

[2] William J. Long, *U. S. Export Control Policy: Executive Autonomy vs. Congressional Reform*, p. 63.

[3] 50 U. S. C. App. § 2404 (c) (2), § 2405 (o).

（USML）中的商品几乎都需要申请许可证（只有很少情况下适用于许可证豁免，如出口到加拿大）。① 但实际上，很多商品是否属于哪个清单并不十分明确，这就需要出口商向政府提交商品管辖权划分请求，而该请求则是由国务院的防务贸易控制办公室进行审理并作出最终决定。② 显然，该办公室对这些商品管辖权请求所作出的决定直接影响了相关出口商品所受管制的强度。

另一方面，在军民两用品领域，决定出口许可证体系适用范围的另外一个重要因素，即商品出口的目的地是否属于管制对象，同样主要由国务官员来决定。③《1979 年出口管理法》要求总统根据《1961 年对外援助法》（Foreign Assistance Act of 1961，FAA）中列出的限制国家名单④来制订一个受控国家清单，并由此作为界定军民两用品出口控制适用范围的标准，但该法案同样也允许总统根据需要对受控国家名单进行调整，只要这种调整符合美国的国家安全利益。虽然该法也要求总统在对受控国家名单进行调整时要参考几个标准，如受到调整的国家是否为共产主义国家、美国与该国之间的关系等，但同时也强调这些标准"不应被解释为是对总统权力（authority）的限制"。⑤

以上阐述的是以总统为代表的国务官员在决定美国出口许可证体系适用范围方面的重要影响。另外，国务官员同样在出口许可证申请的审批过程中享有很高的独立性和自主裁定权。在军用品出口控制领域，主要的许可证审理工作是由国务院以及国防部承担。虽然在有些情况下，例如当特定军用品的出口涉及金额较大或军用品

---

① GAO Report 02 - 996, *Export Controls: Processes for Determining Proper Control of Defense-Related Items Need Improvement*, September 20, 2002, pp. 3 - 4.

② ITAR, 22 C. F. R. § 120. 4.

③ 如前所述，在美国军用品出口控制领域，出口商必须向国务院提交许可证申请，而不论商品出口的目的地是何处。

④ 22 U. S. C. § 2370 (f).

⑤ 50 U. S. C. App. § 2404 (b) (1).

的性质较为敏感时，国务院必须在发放许可证之前提前通知国会，但如果美国处于紧急状态下或者美国的国家安全受到了威胁（该情况实际上主要由总统来界定），行政部门则可以不必提前告知国会。另外，对于国务院提交的通知，国会必须在规定的时间内做出回应，否则国务院对许可证申请的裁定为最终裁定。例如，如果军用品出口到北约国家和其他军事盟国，则国会必须在15个工作日内做出回应；如果出口到其他国家，则国会必须在30个工作日内作出回应。①

在军民两用品出口控制领域，虽然主要的审理工作由商务部的工业与安全局进行，然而正如上文指出的，国务院和国防部等部门同样可以审查任何一件军民两用品出口许可证申请。另外，在参与军民两用品出口许可证申请的过程中，如果国务院和国防部对工业与安全局的裁定持有异议，则可以上诉到不同层次的部门间争端解决委员会。如果需要，总统可以做出最后的裁定，并且总统在何时作出裁定并不受时间上的限制。

国务官员在许可证审批过程中的独立性还体现为其对出口许可证申请所作的裁定可以免于司法审查上。《武器出口控制法》明确指出，美国国务卿对武器出口控制政策的实施属于军事和外交政策范畴，不受《行政程序法》（Administrative Procedure Act，APA）相关条款的约束。②这意味着即使出口商对国务院的裁定不满，也无法通过司法途径寻求辩护。在军民两用品控制领域，虽然出口企业在不满工业与安全局的裁定的情况下，可以要求行政法法官（administrative law judge）召开听证会。但对于行政法法官做出的决定，工业与安全局可以在30天之内通过书面形式（written order）加以"接收、修改或者拒绝"；除非在个别情况下，工业与安全局的决定为最终决定，并且不受司法审查。③

---

① ITAR, 22 C.F.R. §123.15.
② ITAR, 22 C.F.R. §128.1.
③ 50 U.S.C. App. §2412 (a).

第六章 安全战略与美国的出口控制政策

当然，强调国务官员在美国出口控制体制中的重要作用，并不意味着他们的行为完全不受国会和国内利益集团的限制。事实上，自从美国的出口控制体系建立开始，美国国内就从未停止过关于该体系实施目标和规则的争论。[①] 尤其是冷战结束以来，外部环境的变化更加促使国会和美国出口企业对在冷战期间建立起来的出口控制体系的合理性产生质疑。在他们看来，当前美国的出口控制体系不仅缺乏效力，而且效率低下。[②] 一方面，美国现有的出口控制体系没有对所控出口商品的国外可获得性（foreign availability）给予足够的重视，也没有在国际机制中与相关国家在出口控制领域进行很好地协调。这不仅使得美国无法有效地制止敏感商品流入所谓"不良"国家或个人手中，同样也会严重损害美国企业的国际竞争力。另一方面，美国当前的出口许可证体系过于繁琐，耗时较长，缺乏效率，不仅增加了出口企业的负担，也影响了美国出口企业在国际市场上的信誉。[③]

[①] 关于冷战期间美国行政部门、国会、企业等在出口控制领域内的争论和相互博弈的介绍，可参见 Michael Mastanduno, "Trade as a Strategic Weapon: American and Alliance Export Control Policy in the Early Postwar Period," in G. John Ikenberry, David A. Lake, and Michael Mastanduno, eds., *The State and American Foreign Economic Policy*, pp. 121 – 150.

[②] 需要指出的是，国会议员针对美国目前的出口控制体系的态度并不一致，有些议员支持放松美国的出口管制，而有些议员则强调美国需要采取严厉的出口控制政策。但无论持何种立场，他们都主张应该对美国的出口控制体系进行改革，使其更加有效力（effective）和有效率（efficient）。与此相反，行政部门则更加强调自身在政策实施过程中的独立性和灵活性，以更好地利用出口控制政策来服务于美国的安全、外交等目标。但这并是说各行政部门之间在出口控制问题上的偏好不存在差异，而是指行政机构在该问题上比国会更容易保持一致，毕竟在一些重要的议题上，总统可以做最终的决定。相关讨论，可参见 William J. Long, *U. S. Export Control Policy: Executive Autonomy vs. Congressional Reform*, pp. 102 – 103.

[③] GAO Report 03 – 43, *Nonproliferation: Strategy Needed to Strengthen Multilateral Export Control Regime*, October 25, 2002; CRS Report RL31832, *The Export Administration Act: Evolution, Provision, and Debate*, by Ian F. Fergusson, July 15, 2009, pp. 19 – 20, 22 – 23, available at: www.fas.org/sgp/crs/secrecy/RL31832.pdf.

事实上，自老布什政府以来，行政机构的确对冷战时期的出口控制体系进行了数次修订，如定期更新商品控制清单、推行电子许可证系统、提高工作人员素质等。① 但从总体上来看，美国出口控制体系的制度框架以及该制度框架对国家官员所赋予的角色和地位依然没有发生根本性变化。虽然早在1979年的《出口管理法》就明确将商品的国外可获得性作为是否对特定商品的出口采取控制措施的标准，但在具体的实施中是否采取该项标准依然由总统作最终决定。根据1979年《出口管理法》的规定，商务部必须协同国防部对特定控制商品的国外可获得性进行调查。如果一种商品同样能够在其他国家获得，商务部必须取消对这种商品的出口控制。但该法同时规定，如果总统认为出口控制的取消会给国家安全造成损害，则可以继续保持对该商品的出口控制，即使该商品在其他国家能够轻易获得。《出口管理法》对总统的这项授权至今仍没有改变。② 在多边机制中与其他国家之间的政策协调和信息分享方面的改革也并非如国会和国内企业所愿，与其他国家相比，美国的出口控制政策仍具有强烈的单边色彩，且仍然保持着最为严格的出口控制措施。③ 在军用品出口控制领域。正如隶属于美国国会的审计总署（Government Accountability Office, GAO）在一份审计报告中所指出的，即使是在美国遭受"9·11"恐怖袭击以后，国务院仍然"没有对美国的军用品出口控制体系的目标和实施条例做出根本性的或显著的改变"。④ 在奥巴马政府时期，虽然在美国出口商和出口利益集团的推动下，美国政府对其出口控制体系进行了重新评估，但国务官员主导美国

---

① 刘子奎："冷战后美国出口管制政策的改革和调整"，载《美国研究》，2008年第2期，第107—127页。

② EAA, 50 U. S. C. App. § 2404 (f) (1) (A).

③ GAO Report 07 - 1135T, *Export Controls: Vulnerabilities and Inefficiencies Undermine System's Ability to Protect U. S. Interests*, July 26, 2007, p. 22.

④ GAO Report 05 - 468R, *Defense Trade: Arms Export Control Vulnerabilities and Inefficiencies in the Post-9/11 Security Environment*, April 7, 2005, p. 3.

出口控制政策的基本制度结构仍未改变。

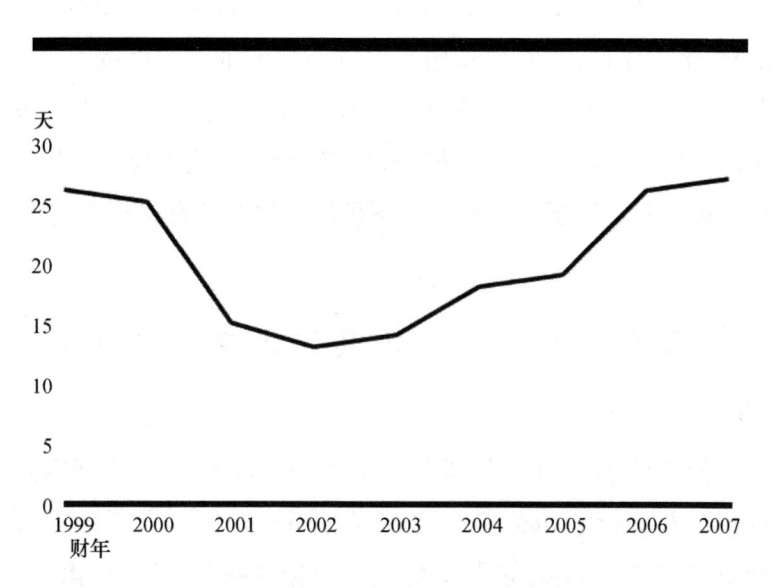

图 6-1 国务院受理军用品出口许可证申请所用时间（1999—2007 年）

注：从图 6—1 可以看出，虽然在 1999 财年至 2001 财年间，国务院关于军用品出口许可证申请的审理时间有很大下降，但从 2002 财年开始，所用时间却不断攀升。

资料来源：GAO Report 07 - 1135T, *Export Controls: Vulnerabilities and Inefficiencies Undermine System's Ability to Protect U. S. Interests*, July 26, 2007, p. 8.

美国出口控制体系在冷战后的延续性尤其体现在其出口许可证体系的运行效率上。美国审计总署的几项调查报告显示，美国出口控制政策的实施效率上依然没有明显改进。例如，在对商品分类请求的处理上，工业与安全局在 1998—2001 年间的一般处理时间（median processing times）是 39 个工作日，其中最长的达到 43 个工作日，而只有 13% 的审理工作是在规定的 14 个工作日之内完成的；[1] 在对商品管辖权申请的审

---

[1] GAO Report 02 - 996, *Export Controls: Processes for Determining Proper Control of Defense-Related Items Need Improvement*, September 20, 2002, pp. 10 - 11. 由于 "median" 在统计学中的含义是指 "中位数"，而并非指 "平均数"（mean），因此这里将 "median processing times" 翻译成 "一般处理时间"，而非 "平均处理时间"。

理上，国务院在1997年10月—2001年5月之间一般要用118个工作日，有62%的审理超过了国家安全委员会（National Security Council）建议的95个工作日；①在对军用品出口许可证申请的审批上，国务院所需要的时间在近些年来不降反升（见图6-1）；虽然工业与安全局关于军民两用品出口许可证申请的审理时间在近些年保持稳定，但总体效率的提高并不明显，一些重要审理环节仍然没有得到评估。②

第三节 作为战略工具的出口控制政策

以上两节分别介绍了美国在军民两用品和军用品领域内的出口控制体系，并分析了两种体系内的制度环境如何赋予了国务官员参与和影响出口控制政策的重要角色。根据本书第四章提出的假设，如果美国的国务官员在某种对外贸易政策领域内拥有较大的影响力和决策权，则该领域内的政策结果会较多地与美国的安全战略保持一致。为了对这一假设进行检验，本节将考察美国的出口控制政策在后冷战时代是否与美国的安全战略之间存在紧密的联系。

一、研究设计

正如本书在第五章指出的，可以通过两种方法对一国安全战略与其对外贸易政策之间的关系进行检验，包括具体的案例分析方法和大规模的样本统计。为了与第五章的分析结果进行比较，这里采用了后一种方法，即通过考察美国与其他国家之间的安全关系和双边贸易量，来间接地考察美国的安全战略与其对外贸易政策之间的

---

① GAO Report 02-996, *Export Controls: Processes for Determining Proper Control of Defense-Related Items Need Improvement*, September 20, 2002, p. 14.

② GAO Report 07-1135T, *Export Controls: Vulnerabilities and Inefficiencies Undermine System's Ability to Protect U. S. Interests*, pp. 8-9.

关系。但不同的是，这里考察的只是双边贸易的一个组成部分，即军民两用品贸易和军用品贸易，而非全部贸易量。

这种通过结果来检验政策的方法同样建立在"贸易的安全外部性"这一假定之上。由于军民两用品和军用品的特征，与一般商品的贸易相比，军民两用品和军用品贸易的安全外部性会更加显著。由于军民两用品和军用品的贸易能够间接或直接地促进对方军事实力的提高，一国的决策者在决定向特定国家出口这些商品之前不仅要强调出口带来的经济利益，同样会考虑出口对国家安全所造成的影响。然而，针对不同的国家，一国决策者对这种出口所造成的安全影响有着不同的考虑。一般来说，决策者会倾向于限制向敌对国或潜在对手出售包括军民两用品和军用品在内的敏感性商品，以防止对方将这些商品转化为军事力量，进而威胁本国的安全利益；而出于增强盟国军事实力的需要，或者是为了巩固与盟国之间的关系，一国的决策者则会倾向于放松对盟国的出口控制。如果决策者的这种政策偏好被付诸实践，我们将会看到，在其他条件相同的情况下，一国对盟国的敏感性商品的出口会明显高于对一般国家敏感性商品的出口，而对敌对国家的敏感性商品的出口则会低于对一般国家敏感性商品的出口。

同样，根据这种逻辑，出于对"贸易的安全外部性"的考虑，美国的国务官员一方面会倾向保持对敌对国和潜在对手较为严格的出口控制，以防止或限制这些国家从美国获得敏感性商品；另一方面，国务官员会倾向于放松对盟国以及友好国家的出口控制政策，以加强与这些国家的安全纽带或增强这些国家的军事实力。相应地，如果国务官员能够将他们的这种政策偏好反映到具体的出口控制政策当中，我们将会发现在军用和军民两用品的出口领域，美国对特定国家的出口应该与美国和该国的友好程度成正比，即在其他条件相同的情况下，美国对盟国敏感性商品的出口会明显高于对一般国家的出口，而对敌对国家敏感性商品的出口会低于对一般国家的出口。正是这种联系，使得我们能够通过军用品和军民两用品的出口量来检验美国的安全战略及其出口控制政策之间的关系。具体地，在其他条件相同的情况下，如果美国对盟国和友好国家的军用和军民两用品的出口明显大于对一般国家的军用和军民两用品的出口，或者美国对敌对国和潜在对手的军用和军民两用品的出口明显小于对一般国家的军用和军民两用品的出口，我们则可以认为美国的安全战略在总体上影响了其出口控制政策。

如同第五章的分析所指出的，在通过贸易量来检验安全战略与对外贸易政策之间的关系时，我们必须要考虑国家的战略需求以及企业的预期。一方面，在军用品和军民两用品出口领域，如果美国在其他条件相同的情况下对盟国的出口明显高于对一般国家的出口，我们能够以此推断美国的出口控制政策受到了其安全战略的影响，但当美国对盟国的出口并不明显高于对一般国家的出口时，我们并不能以此来断定美国的出口控制政策没有受到其安全战略的影响。因为如果一国对其盟国的战略需求并不明显，或者其决策者强调保护本国的科技优势以及防止敏感技术扩散，则该国未必会对盟国采取比一般国家更为宽松的出口控制政策。因此，如果美国对其盟国敏感性商品的出口量并不明显高于对一般国家敏感性商品的出口量，我们就无法通过上述方法对美国的安全战略与其出口控制政策之间的关系作出有效判断。相反，我们则需要具体的案例分析，以确定造成这种现象的原因是否是由于美国的决策者缺乏将出口控制服务于安全战略目标的意愿或能力。

另一方面，企业的预期同样会影响到美国对特定国家敏感性商品的出口。出口企业，无论是出口军民两用品的企业还是出口军用品的企业，在决定是否与特定国家进行出口交易时，同样会考虑美国与该国的之间的政治关系。由于冲突的双边关系会增加出口交易的成本和其他额外风险，因此理性的企业行为体同样会主动选择增加与友好国家之间的业务，而减少或避免与冲突国之间的业务往来，即使国家决策者并没有采取强制措施迫使他们这么做。① 因此，虽然企业行为体的这种"避险"行为并不一定与国家决策者的战略偏好相违背，但我们在具体的分析中仍需独立看待这些企业的预期对美国军用品和军民两用品出口的影响。

然而，与第五章的分析不同，本章的分析并不需要过多地考虑接触战略的影响。在一般的贸易领域，由于一国的决策者有可能对敌对国或潜在对手采取包括扩大贸易联系在内的经济接触政策，从而使得通过贸易结果来检验安全战略与对外贸易政策之间关系的方法受到限制。但由于在对国家军事实力有着直接影响的军用品和军民两用品出口领域，一国会相对较少地对敌对国或潜在对手采取经济接触的政策，从而使得这种限制小很多。正如有学者指出的，由于战略性商品和一般性商品对国家安全的影响是不同的，因而与一般性商品的贸易不同，国家决策者会更加重视关于战略性商品的贸易。② 例如，虽然美国在上世纪 70 年代初放松了与苏联之间贸易的限制措施，但这种放松主要局限于一般性而非战略性商品领域；③ 而在高科技贸易领域，美国及其盟友对苏联采取了"比其他商品更长且更加严格的出口控制"。④ 美国对敏感性商品的关注同样体现在对一些潜在挑战国的出口政策上。例如，虽然中美之间的贸易量在冷战结束以来不断攀升，但在高科技贸易领域，美国政府却不时以国

---

① Brian M. Pollins, "Does Trade Still Follow the Flag?" pp. 465 – 480; William J. Dixon and Bruce E. Moon, "Political Similarity and American Foreign Trade Patterns," pp. 5 – 25.

② Jack S. Levy and Katherine Barbieri, "Trading with the Enemy during Wartime," *Security Studies*, Vol. 13, No. 3, Spring 2004, p. 10; Han Dorussen, "Heterogeneous Trade Interests and Conflict: What You Trade Matters," *Journal of Conflict Resolution*, Vol. 50, No. 1, Feburary 2006, p. 88.

③ William J. Long, *U. S. Export Control Policy: Executive Autonomy vs. Congressional Reform*, p. 103.

④ Peter Liberman, "Trading with the Enemy: Security and Relative Economic Gains," *International Security*, Vol. 21, No. 1, Summer 1996, p. 154.

家安全的名义干涉和限制对中国的出口。①

二、分析模型

为了对安全关系与美国敏感性商品出口之间的关系进行计量分析，首先必须要确定一个分析模型，并通过该模型将相关的变量联系起来。虽然学界主要应用贸易引力模型来分析国家间的双边贸易总量及其决定因素，但也有学者通过该模型来分析国家之间特定类型的贸易，其中马修·弗尔曼（Matthew Fuhrmann）关于美国军民两用品出口的分析就是一例。②本章的分析正是借鉴了他的分析模型，并做了相应的调整。

马修·弗尔曼的分析模型包括了贸易引力模型的所有变量，既包括贸易国的经济总量、国内市场规模和运输距离等经济因素，也包括了联盟、民主、外交政策的相似性等政治因素。然而，与一般的研究不同，在他的分析模型中，因变量是特定类型的贸易，即美国在1991—2001年间对其他国家军民两用品的出口总量。在他看来，军民两用品的出口主要通过两种方式加以衡量。一种是美国在1991—2001年间对出口到各国的且经过许可证授权的军民两用品总量，并以美元为计算单位；另外一种是在这11年间美国政府对各国家发放的出口许可证总数。虽然这两种方法各有其优点，但在具体的应用中，它们都具有以下几种局限。

首先，通过将数年的出口总量——包括以美元计算的出口总量和以许可证数目计算的出口总量——来衡量对特定国家的军民两用品出口，而非年度的军民两用品出口，我们很难考察美国对特定国家的出口量在不同年份的变化。并且有理由相信，随着安全关系的变化，美国对特定国家的安全战略在这11年中不可能一成不变，因

---

① 吴心伯：《中美经贸关系的新格局及其对双边关系的影响》，第1—10页。
② Matthew Fuhrmann, "Exporting Mass Destruction: The Determinants of Dual-Use Trade," *Journal of Peace Research*, Vol. 45, No. 5, 2008, pp. 633 – 652.

第六章　安全战略与美国的出口控制政策

此该测量方法很难被用来考察安全战略与美国出口政策之间的关系。

其次,正如本章第一节所指出的,由于在美国的出口许可证体系下,大多数对盟国的军民两用品出口不需要向政府申请许可证,而几乎向所有对敌对国家的军民两用品出口都须要提交许可证申请,所以通过发放许可证的数量或者在许可证授权下的出口额来衡量美国对特定国家的出口会具有误导性。例如,与对中国的出口不同,大多数出口到加拿大的军民两用品不需要申请许可证,这就使得美国对加拿大所批准的出口许可证数量明显少于对中国发放的许可证数量,但我们显然不能据此认为美国对加拿大采取比中国更为严厉的出口控制措施。为了解决这一问题,马修·弗尔曼将美国对同盟国和敌对国的出口量排除在分析框架之外。但这种方法的代价是要丢掉关于许多国家的观测值,不利于我们从整体上考察安全战略与美国出口控制政策之间的关系。

最后,马修·弗尔曼关注的出口只是美国的军民两用品出口,而并没有关注军用品的出口。然而,正如很多分析者指出的,军用品出口在美国的整体出口中占有相当大的比重。例如,在整个90年代,军用品的出口额在美国总的出口额中占有将近5%的份额,明显地高于世界上其他国家。[①] 美国国会的一项最新调查显示,美国的武器出口在近些年出现大幅攀升之势,即使是在2008年爆发金融危机的背景下依然如此。[②] 由此也可见军用品贸易在美国对外出口中的活力。另外,这种方法同样忽视了美国在军用品领域内的出口控制体系,进而也不利于我们从整体上考察安全战略与美国出口控制政策

---

① Steven W. Hook and David B. Rothstein, "New Rationales and Old Concerns about U. S. Arms-Export Policy," in Peter Dombrowski, ed. , *Guns and Butter: The Political Economy of International Security*, p. 161.

② Thom Shanker, "Despite Slump, U. S. Role as Top Arms Supplier Grows," *New York Times*, September 7, 2009, available at: http://www.nytimes.com/2009/09/07/world/07weapons.html?_r=1&ref=world&pagewa, accessed on September 8, 2009.

之间的关系,而这正是本章所要考察的对象。

正是基于以上考虑,本书选择了美国对各国的先进技术产品(Advanced Technology Products, ATP)的年度出口量作为因变量,来代表美国军用品和军民两用品的出口额。

美国商务部国际贸易局(International Trade Administration, ITA)曾提出高科技产品的分类方法。国际贸易局关于高科技产品的分类主要是根据研发(R&D)投入在各产业中的比例为标准,其中研发投入比例最高的前十个产业为高科技产业,这些产业内所有的相关产品都为高科技产品。然而,由于这种划分方法是以产业而非产品为基础的,因此忽视了各个产业内不同产品之间的差异。例如,在国际贸易局所界定"办公与计算设备"中,既包括计算机,但也包括收银机、计算器、秤和天平等,后几种产品显然不能称之为高科技产品。[1]

正是为了弥补这种以产业为基础的分类方法的局限,美国统计局(U.S. Census Bureau)在1989年开始提出以产品为基础的分类方法,以求更为准确地把握美国在高科技贸易领域内的竞争力。作为美国统计局提出的一种商品划分方法,先进技术产品代表了不同时期各种研究领域内最先进的技术成果。具体地,美国统计局将先进技术产品划分为十个大的类别,包括生物科技、材料、电子、空间技术、武器和核技术等(见表6-1),每一种类别之下的先进技术产品各自具有相应的协调关税体系(HTS)代码。[2] 虽然美国统计局的先进技术产品划分清单未必与美国出口控制体系中的控制清单完全保持一致,但通过对比可以发现,它们具有很大的相似性。美国

---

[1] Joint Working Paper on U.S.-China Trade in Advanced Technology Products, *Classification and Statistical Reconciliation of Trade in Advanced Technology Products: The Case of China and the United States*, May 2008, pp. 11 - 12, available at: http://papers.ssrn.com/sol3/papers.cfm? abstract_ id =1132748, accessed on 28 May, 2009.

[2] 在出口商品领域,美国统计局采取的是与协调关税体系(HTS)代码相对应的B表(B Schedule)代码。

的先进技术产品清单所涵盖的产品不仅包括军民两用产品和技术，同样也包括导弹、炸弹、鱼雷、火箭发射器以及核能生产设备等军用品。正因为此，用美国先进技术产品的出口代表其军用品和军民两用品的出口，虽然不是最优选择，但也能较为客观地反映美国出口控制的实际情况。另外，由于美国海关并没有关于敏感性商品出口特别是军民两用品出口的专门记录，我们无法获得相关的数据，因而利用先进技术产品的出口数据为我们分析美国的出口控制政策提供了一个可行的方法。

表6-1 美国先进技术产品的分类

类别	定义
生物科技	主要关注遗传学领域内先进科学发现的医学和工业应用，包括制造用于农业或人体的药物、激素和其他治疗物品。
生命科学	主要关注科学发现（除生物科技以外）在医疗科学领域内的应用。如核磁共振成像、超声波心动描记、新化学等领域内最新成果。
光电子学	包括能够用来发射和探测管线的电子产品和技术，如光学扫描仪、激光打印机等。
信息与通讯	包括能够快速处理大量信息的产品，如中央处理单元、计算机、雷达和通讯卫星等。
电子技术	包括电子器件（光学电子除外）研究的最新进展，如集成电路、多层印刷电路板等。
自动化	包括能够被用来促进生产过程的灵活性以及减少人力的技术和设备，包括机器人、数控机器、半导体制造等。
先进材料	包括材料领域内的最近技术成果，如半导体材料、光纤和光碟等。
空间技术	包括大多数最新的军用和民用直升机、飞机和航空器，以及涡轮喷气飞机引擎、飞行模拟器和自动驾驶等。
武器	主要包括军事用品，如制导导弹及其部件、炸弹、鱼雷、地雷、导弹、火箭发射器和一些轻武器等。
核技术	包括核能生产设备，如核反应堆及其部件、同位素分离设备和燃料元件等。

资料来源：美国统计局网站。http://www.census.gov/foreign-trade/reference/glossary/a/atp.html, accessed October 28, 2009.

利用先进技术产品的出口数据来分析美国的出口控制政策还能够弥补现有研究的几种局限。首先，由于美国统计局关于先进技术产品出口数据的统计是每年发布一次，因而能够让我们观测到美国对特定国家先进技术出口在不同时期的变化，进而有利于考察美国安全战略与其出口控制政策之间关系在不同时期的变化。其次，采用先进技术产品的出口数据，能够使我们避免陷入美国出口许可证体系的误导。正如上文指出的，美国对一国发放许可证的数量并不能代表美国对该国的出口控制力度。由于先进技术产品出口的数据是对美国实际出口商品的统计，因而更能代表美国对一国的出口控制力度。最后，先进技术出口的数据不仅包括一系列军民两用品，同样也包括了武器等军用品，因而能够更为全面地考察美国的出口控制政策。

为了与书第五章的分析结果进行比较，这里保留了原有贸易引力模型的一系列控制变量，包括代表影响美国先进技术产品出口的经济变量、代表企业预期的政治变量。解释变量依然是衡量美国与特定国家之间的安全关系的变量，包括盟国和敌对国。具体模型表示如下（公式6—1）：

（公式6—1）：

$$\ln(Export\_ATP_{ij,t}) = \ln a + \beta_1 \ln(GDP_{i,t} \times GDP_{j,t}) + \beta_2 \ln(Distance_{ij}) + \beta_3 \ln(Pop_{i,t} \times Pop_{j,t}) + \beta_4 \ln(MID_{ij,t-1}) + \beta_5 \ln(Similarity_{ij,t-1}) + \beta_6 \ln(Democracy_{ij,t-1}) + \beta_7 \ln(Ally_{ij,t-1}) + \beta_8 \ln(Adversary_{ij,t-1}) + \ln e_{ij,t}$$

其中，$Export\_ATP_{ij}$是模型中的因变量，表示美国（i）在特定年份（t）对一国（j）先进技术产品的年度出口量。影响美国在特定年份对各国先进技术产品出口的经济变量分别包括美国的年度国内生产总值（GDP_i）、进口国的年度国内生产总值（GDP_j）、美国与进口国之间的商品运输距离（$Distance_{ij}$）、美国在特定年份的总人口量（Pop_i）、进口国在特定年份的总人口量（Pop_j）。

根据贸易引力模型的理论解释，出口国的经济总量代表了供给能力，而进口国的经济总量代表了需求能力，因而在其他条件相同的情况下，美国与进口国在特定年份的经济总量应该与美国对该国先进技术产品的年度出口额成正比；由于距离代表了运输成本，因而在其他条件相同的情况下，美国与特定国家间的距离应该与美国对该国的年度先进技术产品出口量成反比；人口总量代表了市场规模，一般认为市场规模越大就意味着自给自足的能力越强，对贸易的依赖越小，因而在其他条件相同的情况下，一国的人口数量应该与美国对该国的年度先进技术产品出口额成反比。[1]

代表出口企业预期的变量包括军事争端（MID_{ij}）、美国与其他国家之间在外交政策上的相似性（$Similarity_{ij}$）以及民主政体（$Democracy_{ij}$）。根据上一章的分析，由于军事争端增加了企业进行市场交易的风险，外交政策相似性的程度代表了未来冲突可能性的大小，民主政体一般会提供较为完善的法制和相似的政治制度，因而在其他条件相同的情况下，美国出口商会更愿意与那些和美国之间没有军事争端的、与美国的外交政策相似的，以及具有民主政体的国家之间进行业务往来，而对于那些和美国有军事争端的、和美国的外交政策差异很大的且不具有民主政体的国家，美国出口商与之进行业务往来的意愿会大大降低。正因为此，军事争端应该与美国先进技术产品的出口成反比，而外交政策的相似性和民主政体因该与美国先进技术产品的出口成正比。

代表美国与一国安全关系的两个变量分别为同盟（$Ally_{ij}$）和敌对国（$Adversary_{ij}$）。它们是本章主要关注的两个解释变量。正如上文所述，如果美国的国务官员成功地将出口控制政策服务于国家安全战略目标，则在其它条件不变的情况下，我们将看到美国对同盟

---

[1] Norman D. Aitken, "The Effect of the EEC and EFTA on European Trade: A Temporal Cross-Section Analysis," p. 882；盛斌、廖明中：《中国的贸易流量与出口潜力：引力模型的研究》，第5页。

国的先进技术产品出口量会显著地高于对一般国家的先进技术产品出口量，而对敌对国的先进技术产品出口量则会显著地低于对一般国家的先进技术产品出口量。反之，可以认为美国的安全战略就没有对其出口控制政策产生显著影响。

Ina 和 Ine_{ij} 分别是指截距项（intercept）和误差项（error）。其中 Ine_{ij} 具有正态分布的特征，且期望值为零。上述变量中的 t 表示年份。考虑到企业的预期和国家间的安全关系有可能与美国的先进技术产品出口存在内生关系，以及它们对美国的先进技术产品出口的影响可能存在滞后效应，这里分别将代表企业预期和国家间安全关系的变量的取值延迟一年，并表示为 $t-1$。为了方便对变量系数的解释，上述模型采取的是对数的形式。

三、变量测量

（一）因变量

这里所要解释的因变量是冷战结束后美国对各国先进技术产品的年度出口额（$Export\_ATP_{ij}$），时间涵盖范围为1992—2006年，具体的数据由笔者结合美国统计局的先进技术产品清单和美国年度贸易出口的分解数据（disaggregated data）计算得出。

如表6—1所表明的，美国先进技术产品的清单被划分为10个类别。在美国统计局的清单上，这10个类别直接包括相应的产品目录，并且每一种产品都有相对应的10位协调关税体系代码（HS code）。[①] 需要指出的是，该清单并不是固定不变的，美国统计局每

---

① 美国统计局网站提供了2004年以来的先进技术产品的分类代码，参见 http://www.census.gov/foreign-trade/reference/glossary/a/atp.html # general；1992—2003年的分类代码由笔者从美国统计局对外贸易办公室（Foreign Trade Division）获取。笔者在此感谢美国统计局对外贸易办公室的 Joe Kafchinski 先生为本文提供了1992—2003年间的分类代码。

年都会根据各产品领域内技术进步的状况对其进行更新。

本章所采用的美国历年贸易出口的分解数据来自加州大学戴维斯分校的国际数据中心（Center for International Data，UC Davis）。该中心提供了以10位协调关税体系代码为基础的详细数据，而关于美国历年对各国先进技术产品的出口额正是通过将美国统计局先进技术产品的协调关税代码与该中心的协调关税代码相结合所得出的。[①] 由于该中心关于美国年度出口额的记录是以当期美元为单位的，这里利用美国历年的消费者价格指数（CPI）将出口额转换成以2006年为基准的不变美元为单位，以减少通货膨胀的影响。[②] 由于引力模型采取的是对数形式，因此与第五章的做法一样，这里先将美国对各国先进技术产品的年度出口额除以1000，并将零值赋值为1。当对所有的观测值取对数之后，原先取值为零的观测值则重新为零。

（二）解释变量

这里关于安全关系的测量采用了与第五章相同的方法，即首先将美国与其它国家之间安全关系的紧密程度看作是一个定序变量，进而再将这一定序变量转换为两个虚拟变量，包括同盟（$Ally_{ij}$）与敌对国（$Adversary_{ij}$）。

其中，同盟（$Ally_{ij}$）既包括美国的正式军事盟国，也包括非正式盟国。前者是指与美国签署了正式防务协定的国家，相关数据来

[①] The Center for International Data at UC Davis, *U. S. Import and Export Data: 1972 - 2006*, available at: http://www.internationaldata.org/, accessed on March 16, 2009.

[②] Robert C. Sahr, *CPI Conversion Factors 1774 to Estimated 2018 to Convert to Dollars of 2006*, available at: http://oregonstate.edu/cla/polisci/faculty-research/sahr/sahr.htm, accessed on February 21, 2009.

源于"战争相关性数据库"(COW);① 后者是指那些虽然与美国不存在正式防务协定但却有着密切安全联系的国家,这里通过美国每年的军事援助排名来衡量(前20名),相关数据来源于美国国际开发署(USAID)的数据库。② 敌对国($Adversary_{ij}$)由美国历年列出的"支持恐怖主义国家名单"作为替代,相关资料来源于美国国务院反恐协调办公室发布的年度报告。其中1992—2003年期间的名单来源于1993—2004年的《全球恐怖主义模式》(Patterns of Global Terrorism);2004—2006年期间的名单来源于2005—2007年的《恐怖主义国别报告》(Country Reports on Terrorism)。③

在这两个解释变量的取值上,如果一国在 t 年为美国的盟国,则 $Ally_{ij}$ 取值为 e,否则为 1;类似地,如果一国在 t 年为美国的敌对国,则 $Adversary_{ij}$ 取之为 e,否则为 1。这样,将两种观测值转换为对数之后,取值分别为 1 和 0。

(三) 控制变量

这里关于控制变量的测量同样也与第五章的测量方法保持一致。其中,关于美国和其他国家的年度国内生产总值(GDP_i、GDP_j)的数据来源于国际货币基金组织(IMF)的《世界经济展望数据库》和美国宾夕法尼亚大学的 Penn World Table(PWT 6.2)数据库。通过美国历年的消费者价格指数,具体的观测值被转换成以2006年为

---

① Douglas M. Gibler and Meredith R. Sarkees, "Measuring Alliances: The Correlates of War Formal Interstate Alliance Data Set, 1816 – 2000," pp. 211 – 222; Douglas M. Gibler, *International Military Alliances from 1648 to 2008*. Washington, D. C.: Congressional Quarterly Press, 2009.

② U. S. Agency for International Development (USAID), *U. S. Overseas Loans and Grants: Obligations and Loan Authorizations*, July 1, 1945 – September 30, 2007, online: http://qesdb.usaid.gov/gbk/, accessed on March 9, 2009.

③ 关于1995年以来的名单可以从国务院网站获取。参见 http://www.state.gov/www/global/terrorism/annual_ reports.html.

基准的不变美元。①

距离变量（$Distance_{ij}$）由各国首都与美国首都之间的"球面"距离（"great circle" distance）来衡量，相关数据由 EUGene 提供的软件获得，并以英里（miles）为单位。②

关于美国和其他国家人口（Pop_i、Pop_j）的数据来源于国际货币基金组织的《世界经济展望数据库》和克里斯蒂安·戈莱蒂斯（Kristian S. Gleditsch）的"贸易和 GDP 扩展数据库"（Expanded Trade and GDP data），单位以百万人口为单位。③

在三个代表企业行为体预期的变量当中，国家间军事争端（MID_{ij}）的数据来源于泽夫·毛兹（Zeev Maoz）的数据库，截止日期为 2001 年；④ 外交政策相似性（$Similarity_{ij}$）的数据来源于埃里克·加兹克（Erik Gartzke）的数据库，该数据库建立在各国在联合国大会投票记录上的基础上，并通过 S 测算得出，截至年份为 2002 年；⑤ 民主政体（$Democracy_{ij}$）的数据来源于美国系统和平中心

---

① International Monetary Fund (IMF), *World Economic Outlook Database*, October 2008, online: http://www.imf.org/external/ns/cs.aspx? id = 28, accessed on February 12, 2009; Alan Heston, Robert Summers, and Bettina Aten, *Penn World Table Version 6.2*, Center for International Comparisons of Production, Income and Prices at the University of Pennsylvania, September 2006, online: http://pwt.econ.upenn.edu/php_site/pwt_index.php, accessed on March 15, 2009.

② D. Scott Bennett and Allan C. Stam, "EUGene: A Conceptual Manual," *International Interactions*, Vol. 26, No. 2, 2000, pp. 179 – 204, online: http://eugenesoftware.org, accessed on March 26, 2009.

③ International Monetary Fund (IMF), *World Economic Outlook Database*, October 2008; Kristian S. Gleditsch, *Expanded Trade and GDP Data* (version 5.0 beta), April 2008, online: http://privatewww.essex.ac.uk/~ksg/exptradegdp.html, accessed on January 28, 2009.

④ Zeev Maoz, *Dyadic MID Dataset* (version 2.0), 2005, online: http://psfaculty.ucdavis.edu/zmaoz/dyadmid.html, accessed on Mach 28, 2009.

⑤ Erik Gartzke, *The Affinity of Nations Index, 1946 – 2002* (Version 4.0), 2006, online: http://dss.ucsd.edu/~egartzke/, accessed on March 11, 2009.

(Center for Systemic Peace)的"政体项目"(Polity IV Project)数据库以及克里斯蒂安·戈莱蒂斯的"政体"数据库。[①]

四、结果分析

为了与第五章的分析结果进行比较,这里同样通过最小二乘法(OLS)来对贸易引力模型(公式6—1)中的参数进行估测,同时采取用了怀特/胡伯尔稳健性标准误(White/Huber robust standard errors),并根据聚类效应进行调整。所有参数结果(见表6—2)都是通过软件 Stata 10 计算得出。

表6—2中的第一栏列出了引力模型的相关解释变量、控制变量以及截距等。第二栏(模型一)主要考察在控制经济总量(GDP_i、GDP_j)、人口规模(Pop_i、Pop_j)和地理距离($Distance_{ij}$)等经济因素的影响之后,不同类型的安全关系对美国先进技术产品出口的影响。通过观察不难发现,各个变量系数的方向都与预期相符。

其中,本书关注的两个衡量安全关系的解释变量,包括盟国($Ally_{ij}$)和敌对国($Adversary_{ij}$),它们的系数分比为 0.81 和 -5.91,并且两个系数都在 p<0.01 的水平上显著地不等于0。这意味着,在国内生产总值、人口和运输距离等经济因素相同的情况下,美国对盟国的先进技术产品出口额平均要比对一般国家的先进技术产品出口额高出 124.8%,而美国对敌对国的先进技术产品的出口额平均要比对一般国家的先进技术产品的出口额低 99.7%。[②] 这也初步验证

[①] Monty G. Marshall and Keith Jaggers, *Polity IV Project: Political Regime Characteristics and Transitions, 1800 – 2007*, online: http://www.systemicpeace.org/polity/polity4.htm, accessed on March 31, 2009; Kristian S. Gleditsch, Modified Polity P4 and P4D Data, Version 3.0, 2008, online: http://privatewww.essex.ac.uk/~ksg/Polity.html, accessed on March 31, 2009.

[②] 这里采用的精确百分比差异,计算公式为 $100 \cdot [\exp(\hat{\beta}) - 1]$,其中 $\hat{\beta}$ 为变量系数的估计值。参见 Jeffrey M. Wooldridge, Introductory Econometrics, pp. 197 – 198, 237 – 238.

了本章的假设,即美国的安全战略显著地影响了其出口控制政策。

表6-2 安全关系对美国先进技术产品出口的影响

自变量	先进技术产品出口		总贸易量	
	模型一	模型二	模型三	模型四
截距	-.1.24	-1.66*	4.34**	4.53**
	(.77)	(.76)	(.59)	(.69)
GDP	1.24**	1.31**	1.02**	1.03**
	(.06)	(.08)	(.05)	(.07)
地理距离	-.09	-.07	-.29**	-.27**
	(.05)	(.05)	(.04)	(.05)
人口	-.35**	-.36**	-.13*	-.12*
	(.08)	(.10)	(.06)	(.07)
同盟	.81**	.75**	.62**	.56**
	(.20)	(.17)	(.15)	(.16)
敌对国	-5.91**	-6.71**	-3.43**	-4.31**
	(1.01)	(1.34)	(.94)	(1.20)
军事争端		-1.14		-1.29
		(.66)		(.85)
民主		.06		.15
		(.19)		(.16)
政策相似性		-1.16**		-1.33**
		(.36)		(.37)
R平方	.77	.80	.77	.78
N	2172	1507	2486	1646

注:回归参数的估算方法为最小二乘法(OLS),括号中的数据为怀特/胡伯尔稳健性标准误。
*表示变量系数在p<.05的水平上显著,**标志变量系数在p<.01的水平上显著,两者都为单尾检验。

通过对模型一的观察,同样可以看出,国内生产总值(GDP_i、GDP_j)、人口规模(Pop_i、Pop_j)和运输距离($Distance_{ij}$)对美国先进技术出口的影响与预期基本相符。其中,经济总量与美国先进技术产品的出口成正比，而人口规模和地理距离与美国先进技术产品的出口本成反比。除了地理距离对因变量的影响不显著外，其他两个控制变量都对因变量产生显著影响（$p<0.01$）。这也反映出在先进技术产品的贸易领域，地理距离的作用并不像在一般性商品贸易领域那样明显。模型一同样显示，所有的自变量共同解释了美国先进技术出口大约77%的变异。

表6-2中的第三栏（模型二）在原有几个自变量的基础上，又进一步包括了代表企业预期的三个控制变量。通过观察可以发现，在加入了军事争端（MID_{ij}）、外交政策相似性（$Similarity_{ij}$）和民主政体（$Democracy_{ij}$）这三个控制变量之后，原有变量的参数值并没有发生太大变化。国内生产总值（GDP_i、GDP_j）和人口规模（Pop_i、Pop_j）对因变量（$Export\_ATP_{ij}$）的影响依然符合预期，并且两个变量的系数都在$p<0.01$水平上显著地不等于0。同模型一的分析一样，运输距离虽然与美国的先进技术产品的出口成反比，但在统计上并不显著。

最重要的是，在模型二中，本章所关注的两个安全变量的系数同样没有发生太大变化，分别为0.75和-6.71，并且都在$p<0.01$水平上显著地不等于0。这也意味着，在保持相关经济因素和企业的预期不变的情况下，美国对盟国的先进技术产品出口额平均要比对一般国家的先进技术产品出口额高出111.7%，而美国对敌对国的先进技术产品的出口额平均要比对一般国家的先进技术产品的出口额低99.9%。[①] 这也同样证实了本书的假设。另外，三个代表企业预期的变量对美国先进技术产品出口的影响并没有与预期相符。虽然结果表明美国先进技术产品的出口与军事争端与双边贸易成负相关，与民主政体成正相关，但两个变量在统计上都不显著。出乎意料的是，对外政策的相似性与双边贸易呈负相关，且在$p<0.01$的水平

[①] 这里同样采用了的精确百分比差异，计算方法同上。

上显著。以上所有的自变量共同解释了美国先进技术出口大约百分之八十的变异。

以上分析都初步证明了本书第四章所提出的假设，即在国务官员享有较大权力的出口控制政策领域，安全战略能够对该领域内的政策结果施加显著的影响。然而，要更为有力地证明出口控制政策与其他对外贸易政策之间的区别，还需要我们进行比较研究，以考察在国务官员享有较大权力的出口控制领域，其所受美国安全战略的影响是否比对一般对外贸易政策的影响更为明显。出于这种考虑，这里将第五章的部分分析结果（见表5-2）分别放在表6-2中的第四栏（模型三）和第五栏（模型四），并将它们与本章的分析结果进行比较。与本章关于美国先进技术产品出口的分析不同，第四栏和第五栏所列出的参数是关于美国总体贸易的分析。通过比较可以看出，安全关系对美国先进技术出口的影响要比对美国对外贸易总量的影响大得多，尤其体现在美国与盟国之间的贸易上。

模型三中的数据表明，在控制相关经济变量的情况下，美国与盟国之间的总体贸易量平均要比与一般国家的总体贸易量高85.9%，而与敌对国之间的总体贸易量平均要比与一般国家的总体贸易量低96.8%%，而在美国的先进技术出口领域，这两个数据则分别是124.8%和99.7%，安全关系在该领域内的影响力比在总体贸易领域内的影响力分别高出约39个和3个百分点。模型四中的数据表明，在同时控制相关经济变量和企业预期的影响后，美国与盟国之间的总体贸易量平均要比与一般国家的总体贸易量高75.1%，而与敌对国之间的总体贸易量平均要比与一般国家的总体贸易量低98.7%，而在美国的先进技术出口领域，这两个数据分别是111.7%和99.9%，安全关系在该领域内的影响力比在总体贸易领域内的影响力分别高出约37个和1个百分点。由此可见，安全战略对美国出口控制政策的影响要明显大于对一般贸易政策的影响，尤其是在美国与盟国之间的贸易上，而这也进一步证实了本文的假设。

总之，作为美国对外贸易政策中的一个重要组成部分，由于出口控制政策主要形成于美国的国家安全利益受到威胁的时期，相关的制度设计赋予了国务官员非常大的影响力，因此我们将会看到美国的安全战略将会与其出口控制政策紧密地结合在一起。本章的研究结果也表明，安全关系显著影响了美国先进技术产品的出口。具体地，在其他条件相同的情况下，美国对盟国的先进技术产品出口额平均显著高于对一般国家的先进技术产品出口额，美国对敌对国的先进技术产品出口额平均要显著低于对一般国家的先进技术产品出口额。

第七章

安全战略与美国的"公平"贸易政策

在美国对外贸易政策的谱系中,还有一种针对外国政府或企业不公平贸易行为的所谓"公平"贸易政策。与美国的出口控制政策相比,这种类型的对外贸易政策形成于不同的历史时期,体现了不同的理念。这些独特的背景使得美国的"公平"贸易政策具有了不同于出口控制政策的制度结构,国务官员在这些"公平"贸易政策的制定和实施过程中所扮演的角色和发挥的影响力非常有限,进而使得美国的安全战略很难对这些政策产生影响。

本章第一节首先对美国各种"公平"贸易政策的历史演变和相关的制度设计进行简要介绍;第二节分析了美国国内各主要政策行为体在这些"公平"贸易政策中所扮演的角色,评估美国的国务官员在这些政策进程中发挥的影响,并提出美国的安全战略与其"公平"贸易政策之间关系的假设;第三节通过对冷战结束后美国反倾销和反补贴政策的实施结果的分析来对该假设进行检验。

第一节 美国"公平"贸易政策的制度框架

在美国的各种"公平"贸易政策中,一种较为常见的是反倾销政策，该政策针对的是外国企业的不公平定价行为，即外国企业以低于其国内价格的方式，或者以低于其生产成本和"正常"利润边际的方式，向进口国销售商品；另外一种常见的"公平"贸易政策是反补贴政策，它所针对的是外国政府对其国内出口企业不适当的补贴，其关注点是外国政府的补贴行为。以上两种政策构成了美国"公平"贸易政策的主要组成部分。虽然反倾销和反补贴分别针对不同类型的不公平贸易行为，但它们在美国的国内制度环境具有很大的相似性，因而本章将两者放在一起进行考察。

一、美国反倾销和反补贴政策的历史演变

美国的第一部反倾销法是《1916年反倾销法》（The Antidumping Act of 1916）。该法规定，凡是以"摧毁或损害美国特定产业，或者阻碍美国特定产业的建立，或者是限制或垄断美国国内相关商品的贸易和商业"为目的，并以明显低于出口国市场价值的方式进口产品或销售进口产品的行为属于违法，违反该法的公司或个人会被法院处以罚款、监禁或并罚。[①] 该法案主要强调出口商和进口商的意图，但是这种意图在实践中很难取证。为了更为有效地保护国内企业，美国国会在1921年重新制定了一部反倾销法，即《1921年反倾销法》（The Antidumping Act of 1921）。该法授权美国财政部调查国内的相关产业或产业的建立是否受到了某种低于公平价值（less than fair value）的进口商品的损害或阻碍。一旦发现，美国政府则对该进口商品征收与倾销额度等同的反倾销关税。[②]

[①] 15 U.S.C. §72. （2000版）. 在欧盟和日本的要求下，WTO的常设上诉机构在2000年裁定美国的《1916年反倾销法》与在乌拉圭回合谈判中达成的《反倾销协定》（Antidumping Agreement）相违背，例如该法案未包括损害调查，并且其所包含的民事和刑事惩罚手段也超出了《反倾销协定》的范畴。正是在此压力下，美国国会被迫在2004年12月通过立法，宣布废除该法。参见 P.L. 108-429, §2006.

[②] 19 U.S.C. §160, repealed 1979.

第七章　安全战略与美国的"公平"贸易政策

1921年的反倾销法与早期的反倾销立法有着很大的不同，更接近于美国目前所采取的反倾销政策。[①] 首先，1921年的反倾销法并非是在美国的司法体系内实施，而是由美国的行政部门来实施；其次，在补救措施上，早期的法律采取的是罚款、监禁或者并罚，而1921年的法律采取的是征收反倾销税；最后，早期的反倾销立法主要是美国反托斯法的延伸或补充，旨在通过防止市场垄断来保护公平竞争和消费者的利益，而1921的反倾销法更多地是通过减少竞争来为国内企业提供保护，它所关注的是进口商品是否存在价格歧视以及对国内产业是否造成了损害，而并不关注外国出口商的意图。

在反补贴政策领域，《1890年关税法》（the Tariff Act of 1890）中包含了美国第一个反补贴条款，但该条款当时主要是针对食糖的进口。美国第一部真正意义上的反补贴法是《1897年关税法》（The Tariff Act of 1897），该法授权美国财政部对任何直接或间接受到外国政府出口补贴的可征税进口商品征收等同于补贴数额的反补贴关税。1897年的反补贴法被《1922年福德尼—麦坎伯关税法》（The Fordney-McCumber Tariff Act of 1922）中的第303条款所取代。该条款将美国反补贴法的适用范围进一步扩大到外国政府对出口企业提供的生产补贴，而不仅仅是出口补贴。1922年关税法中的反补贴条款最终成为《1930年关税法》（The Tariff Act of 1930）的第303条款，并且在1974年之前没有发生太大变化。美国在该时期的反补贴政策有两个重要特征：第一，主要针对可征税进口商品，而非免税商品；第二，在对进口商品征收反补贴税之前并不需要进行损害调查，即只要一种进口商品受到了外国政府补贴，就可以对其征收反补贴关

[①] Congressional Budget Office, *How the GATT affects U. S. Antidumping and Countervailing-Duty Policy*, Sept. 1994, p. 21, available at http://www.cbo.gov/doc.cfm?index=4848&type=0, accessed on July 8, 2009.

税，而不管该种商品的进口是否对国内相关产业造成了损害。①

在二战结束后的前三十年里，美国的反倾销和反补贴政策基本上没有发生太大的变化，美国该时期的国际贸易政策议程主要是通过与关贸总协定（GATT）的成员国进行多边贸易谈判来降低各自的进口关税壁垒。该时期唯一一个主要变化体现在反倾销领域。美国国会在1954年将损害调查的职责从财政部转移到美国关税委员会（U. S. Tariff Commission, USTC），即今天的国际贸易委员会（International Trade Commission, ITC），而财政部只负责调查进口商品是否存在倾销并确定相应的倾销幅度。

然而，在冷战的大部时间里，随着美国关税水平的不断下调以及随之而来的进口量的大幅增长，受到进口威胁的国内企业开始逐渐向国会施压以寻求后者提供更多的保护。作为对国内压力的反应，美国国会从70年代初开始通过一系列的贸易法案对原有的反倾销法和反补贴法作了重要修改，以期加强对国内企业的保护力度。《1974年贸易法》（The Trade Act of 1974）就是该系列立法的第一部。

1974年的贸易法扩大了美国的反倾销和反补贴政策的适用范围，并通过修改政策的实施程序来限制行政机构的自由裁量权。首先，在反倾销政策领域，该法要求美国财政部在计算进口商品在出口国国内市场的平均价格时，忽略那些在出口国市场上以低于生产成本销售的商品，而之前的法律规定只有在出口国和第三国的销售规模较小时才考虑低于生产成本的销售问题。② 其次，在反补贴政策领域，将原有反补贴法的适用范围扩大至免税进口商品领域，而不

---

① Congressional Budget Office, *How the GATT affects U. S. Antidumping and Countervailing-Duty Policy*, p. 22.
② 在《1921年反倾销法》于1979年被废除之后（见下文），类似条款被写入《1930年关税法》中，参见 19 U. S. C. §1677b (b).

仅仅是可征税进口商品领域。① 最后，为了限制行政机构的权力，该法一方面对财政部进行反倾销和反补贴调查的期限进行了限制，另一方面将反补贴政策的调查职责分为两部分，由国际贸易委员会负责损害调查，财政部只负责补贴调查。

美国在20世纪70年代对反倾销和反补贴政策做出的另外一次重大修改是《1979年贸易协定法》（The Trade Agreements Act of 1979）。在1973至1979年间的关贸总协定东京回合谈判中，各成员国围绕包括反倾销和反补贴在内的非关税贸易壁垒达成了妥协。在反倾销政策领域，根据美国的要求，各国对在肯尼迪回合谈判中签订的《反倾销守则》（The Antidumping Code）进行了修改，尤其是降低了反倾销调查中损害要求的标准。② 在反补贴政策领域，美国与主要贸易伙伴制定了《补贴守则》（The Subsidies Code）。根据该补贴守则，美国同意在对来自《补贴守则》签署国的可征税进口商品的反补贴调查中加入损害调查，而欧洲共同体同意在国内限制使用能够影响到国际贸易的补贴措施。正是为了批准和实施在东京回合中达成的包括《反倾销守则》和《补贴守则》在内的成果，美国国

---

① 战后初期建立起来的GATT在其第6条中规定各成员国在实施反补贴关税之前，必须进行损害调查，即只有在受到出口国政府补贴的进口商品对本国国内相关产业及其产业的建立造成（或威胁造成）实质损害或阻碍的前提下，一国才能征收反补贴关税。由于美国的反补贴法早于GATT反补贴条款的制定，根据"祖父条款"（grandfather provision），美国的反补贴政策并不需要实施损害调查。然而，由于《1974年贸易法》中关于反补贴法的修订晚于GATT反补贴条款的制定，因而不在"祖父条款"覆盖范围之内。相应地，美国在对GATT成员国的免税进口商征收反补贴关税之前要进行相关的损害调查。

② 在60年代的肯尼迪回合谈判中，部分成员国达成了关于实施关贸总协定第6条的协议，即《反倾销守则》。该守则在几个方面不同于美国当时的反倾销法，其中一个重要区别是关于"实质损害"的界定。根据该守则，在对损害进行调查时，所调查的进口商品必须是造成国内产业损害的"首要原因"，这比美国当时反倾销法界定的标准要高得多。然而，美国国会在1968年通过法律对该守则的实施做了限制，规定只有在该守则不与美国现行法律相冲突的前提下才能被实施。

会通过了《1979年贸易协定法》。该法将新的符合《反倾销守则》和《补贴守则》的贸易条款作为新的章节（第 VII 章）放入《1930年关税法》当中，并废除了《1921年反倾销法》。① 由于当时只有部分 GATT 成员国签署了《补贴守则》，因此《1930年关税法》原有关于反补贴的 303 条款被保留下来，并被专门应用于针对《反补贴守则》非签署国的反补贴调查。然而，在美国国会通过《乌拉圭回合协定法》(the Uruguay Round Agreements Act, URAA) 后，该条款被废除。

1979 年的贸易法还建立了一系列加强对国内企业进行保护的措施，包括缩短了反倾销和反补贴调查的时间要求，在调查过程中为国内寻求贸易保护的企业提供更多的参与调查的机会，对反倾销和反补贴关税的实施进行年度审查，废除总统可以决定免除征收反补贴关税的权力，以及允许商务部在调查进口商品的生产成本时使用"可获得的最佳信息"(best information available) 等。② 另外，虽然《1979年贸易协议法》并没有明文规定将反倾销和反补贴的调查职责转移到更具贸易保护主义色彩的商务部，但美国参议院明确要求在将该贸易协议法案提交国会审议之前，总统必须提交贸易政策改组计划，包括将反倾销和反补贴的调查职责从财政部移交到商务部。③

《1984年贸易与关税法》(The Trade and Tariff Act of 1984) 对美

---

① 这些新的反倾销和反补贴条款被收录于《美国法典》第十九编第四章第四分章 (Title 19, Chapter 4, Subtitle IV)。参见 19 U.S.C. § 1671 et seq., § 1673 et seq., § 1676 et seq., § 1677 et seq.

② 在对进口商品的生产成本进行调查时，美国商务部会要求受到调查的外国企业提供相关的数据。如果受到调查的企业未提供相关数据，则商务部可采用"可获得的最佳信息"来决定进口商品的生产成本。在具体的应用中，"可获得的最佳信息"主要是由国内寻求贸易保护的企业来提供，因而往往会夸大进口商品的生产成本。

③ [美] I.M. 戴斯勒著，王恩冕、于少蔚译：《美国贸易政治》，中国市场出版社，2006 年版，第 147 页。

第七章　安全战略与美国的"公平"贸易政策

国的反倾销和反补贴措施做了进一步的修改。首先，该法要求国际贸易委员会在进行一项损害调查时，如果来自多个受调查国家的进口与美国国内类似产品之间存在竞争，要将来自这些受调查国家的进口累计估算。① 其次，在反补贴的调查中，该法规定，如果用于生产进口产品的投入要素受到了外国政府的补贴，并且这种补贴给予了外国生产商竞争优势，则商务部可以认为该进口商品受到了补贴（即所谓的"上游补贴"）。② 最后，该法在国际贸易委员会中建立了贸易救济援助办公室（Trade Remedy Assistance Office），在申诉程序上为国内企业提供信息，它同样要求负责贸易的所有机构为提出申诉和申请救济保护的美国小企业提供技术帮助。③

《1988年综合贸易与竞争法》（The Omnibus Trade and Competitiveness Act of 1988）对冷战期间美国的反倾销和反补贴政策进行了最后一次修改。首先，在反倾销和反补贴领域，该法增加了规避与反规避的规定；④ 其次，在反倾销领域，要求美国贸易代表就美国的企业在第三国受到一国倾销商品损害时要求第三国采取反倾销措施；⑤ 再次，在反补贴领域，虽然规定调查只针对外国政府对特定产业提供的补贴，而非对所有产业的补贴，但同时规定法律上的补贴和实际上的补贴的区别；⑥ 最后，该法进一步扩大了国内企业的保护范围，即从原来只保护那些为美国提供消费产品和生产资料的国内企业，进一步扩大到为美国的出口企业提供生产资料的国内企业。⑦

---

① 19 U. S. C. §1677 (7) (G) (H).
② 19 U. S. C. §1677 - 1.
③ 19 U. S. C. §1339.
④ 19 U. S. C. §1677j.
⑤ 19 U. S. C. §1677k.
⑥ 19 U. S. C. §1677 (5A).
⑦ 19 U. S. C. §1677h.

为了实施在关贸总协定乌拉圭回合贸易谈判中达成的《反倾销协议》(The Antidumping Agreement) 和《补贴协议》(The Subsidies Agreement),[①] 美国国会在 1994 年通过了《乌拉圭回合协定法》(The Uruguay Round Agreements Act, URAA), 这也是迄今为止美国对反倾销和反补贴政策所进行的最近一次修订。该法一方面对以前的条款进行了修改, 包括实质损害、实质损害威胁、地区产业、相关利益方、累积等, 另一方面新加入了一些条款, 包括可忽略进口 (negligible imports)、"落日复审"(sunset reviews) 等。

在 1994 年的《乌拉圭回合协定法》通过以后, 美国目前的反倾销政策的实施标准表述为, "如果管理当局 (administering authority) 认定一类或一种外国商品正在或即将以低于公平价值的方式在美国进行销售, 并且委员会 (Commission) 认定由于进口该商品的原因或该商品进口销售 (或可能销售) 的原因, 美国的一产业正在受到实质损害 (materially injured) 或实质损害威胁, 或者美国的一个产业的建立受到了实质阻碍, 那么除了其他关税外, 还应对该商品征收反倾销税, 其数额等于该商品正常价值 (normal value) 超过其出口价格 (或推定出口价格) 的数额。"[②]

类似地, 美国目前的反补贴政策的实施标准表述为, "如果管理当局认定一国政府或一国境内的任何公共实体正在直接或间接地对进口到美国或进口到美国而销售 (或可能销售) 的一类或一种商品的制造、生产或出口提供可抵消补贴 (countervailable subsidy), 并且如果这种进口商品来自一补贴协议国 (Subsidies Agreement country), 委员会认定由于进口该商品的原因或该商品进口销售 (或可

[①] 与先前的《反倾销守则》和《补贴守则》只有部分关贸总协定成员国签署不同, 在乌拉圭回合谈判中达成的《反倾销协定》和《补贴协定》由所有成员国签署。

[②] 19 U.S.C. §1673. 根据修改后的《1930 年关税法》,"管理当局"是指商务部长或者任何被该法赋予相关职责的美国官员,"委员会"是指美国国际贸易委员会。参见 19 U.S.C. §1677 (1) (2).

第七章　安全战略与美国的"公平"贸易政策

能销售）的原因，美国的一产业正在受到实质损害或实质损害威胁，或者美国的一个产业的建立受到了实质阻碍，那么除了其他关税外，还应对该商品征收反补贴税，其数额等于可抵消补贴净额。"①

正是在以上标准的指导下，美国为其反倾销和反补贴政策的实施制定了一套系统的程序，包括调查、司法复审和行政复审等程序。由于两种政策的实施程序非常相似，以下将两种政策的实施程序一并加以介绍。

二、美国反倾销和反补贴政策的实施程序

在美国，反倾销和反补贴的调查工作主要是由两个不同的联邦政府机构按照两套独立的、但又相互重叠的程序负责完成。其中，商务部的国际贸易管理局（International Trade Administration，ITA）负责调查进口商品是否存在倾销或者是否受到出口国政府的补贴，并确定相关的倾销和补贴幅度；国际贸易委员会（ITC）负责确定受到调查的进口商品是否对国内相关产业造成了损害（关于这两个机构的历史和调查职责，参见表7-1）。根据这两个机构在调查过程中的分工及它们所作裁定的先后顺序，可以将美国的反倾销和反补贴调查程序分为以下五个阶段。②

---

① 19 U.S.C. §1671 (a). 根据修改后的《1930年关税法》，"补贴协议国"包括 WTO 成员国，总统认定已经对美国承担了相当于《补贴协议》义务的国家，或者是以及总统认定在1994年12月8日与美国存在无条件最惠国待遇协定的国家。对于来自非补贴协议国进口商品的反补贴调查则不需要国际贸易委员会进行损害调查。参见 19 U.S.C. §1671 (b) (c).

② 这里关于美国反倾销和反补贴调查阶段的划分主要参考了美国国际贸易委员会的《反倾销与反补贴手册》（Antidumping and Countervailing Duty Handbook）。参见 United States International Trade Commission, *Antidumping and Countervailing Duty Handbook*, 12th ed., Publication 3916, Washington, DC: USITC, April 2007, available at http://www.usitc.gov/index.htm, accessed on Sept 10th, 2009.

— 215 —

表7-1 美国反倾销和反补贴政策的实施机构

时间	倾销调查	损害调查
1921—1954 年	财政部	财政部
1954—1979 年	财政部	关税委员会
1980 年至今	商务部	国际贸易委员会

注：关税委员会（Tariff Commission）从 1974 年开始被重新命名为为国际贸易委员（International Trade Commission）。

（一）发起调查阶段

美国的反倾销和反补贴调查一般由美国国内代表特定产业的生产商、批发商、产业协会或者工会等利益方（interested party）向商务部提出，并且这些利益方在向商务部提交申诉书的同时，必须要向国际贸易委员会提交申诉书副本。[1] 另外，虽然在实际中商务部很少这样做，但法律同样允许商务部在必要的情况下可以自行发起调查。[2]

在接到相关利益方提交的申诉书之后，商务部须在 20 天之内就申诉书的内容是否符合发起反倾销和反补贴调查的要求做出裁定，这些要求包括申诉书所提供的证据是否准确和充分，是否包含了征收反倾销和反补贴税所必须的要件，以及是否代表了美国国内的特定产业。[3] 如果商务部在该调查阶段做出肯定的裁定，则其必须发起

---

[1] 19 U. S. C. §1671a (b) (2), §1673a (b) (2).

[2] [美]詹姆斯·德林著，毛悦、刘小雪译，彭宾校：《美国贸易保护商务指南：反倾销、反补贴和保障措施法规、实践与程序》，北京：社会科学文献出版社，2007 年版，第 15 页。

[3] 美国法律对提交申诉的利益方是否代表了美国的特定产业制定了两条标准，包括"（1）支持申诉的国内生产商和工人的产量至少占国内同类产品总产量的 25%，并且（2）支持申诉的国内生产商和工人的产量超过本产业内申诉的支持者或者反对者所生产的国内同类产品产量的 50%。"参见 19 U. S. C. §1671a (c) (4) (A), §1673a (c) (4) (A). 如果一项申诉无法满足以上第 2 条标准，则商务部需要通过民意测验等方式来征求该产业内生产商和工人的意见，同时商务部做出裁定的期限也相应延长 20 天。参见 19 U. S. C. §1671a (c) (1) (B), §1671a (c) (4) (D), §1673a (c) (1) (B), §1673a (c) (4) (D).

反倾销或反补贴调查,以确定受调查的商品是否正在以或可能正在以低于公平价值的方式在美国销售,或确定受调查的商品是否正受到了补贴;如果商务部做出否定的裁定,则其驳回申诉请求,并终止整个调查程序。[1] 法律同时还要求商务部在做出以上两种裁定时,必须立即通知国际贸易委员会。

(二) 国际贸易委员会的初步调查阶段

除非商务部在第一阶段的调查中做出了否定的裁定,否则国际贸易委员会必须在申诉书提交之后的 45 天之内,根据当时可获得的最佳信息进行初步调查,以尽可能确切地判断是否有"合理的迹象"(reasonable indication) 表明所调查的进口商品对国内相关产业造成了实质性损害或实质性损害威胁,或者对国内相关产业的建立造成了实质性阻碍,并且所调查的进口商品并非可以忽略不计。如果商务部在发起调查阶段需要征询产业意见以确定特定利益方是否代表该产业,则国际贸易委员会在初步调查阶段作出裁定的时限为接到商务部发起调查通知之后的 25 天;如果一项申诉是由商务部自行发起的,则国际贸易委员会作出初步裁定的时限为接到商务部发起调查通知之后的 45 天。[2]

国际贸易委员在该阶段的调查方式主要是举行听证会和发放问卷调查。如果该委员会在初步调查后作出否定的裁定,那么整个调查程序结束;如果该委员会的裁定是肯定的,则其开始进行最后阶段的调查。

(三) 商务部的初步调查阶段

如果国际贸易委员会在初步损害调查中作出了肯定的裁定,那

---

[1] 19 U.S.C. §1671a (c) (2) (3), §1673a (c) (2) (3).
[2] 19 U.S.C. §1671b (a) (2), §1673b (a) (2).

么商务部则必须确定受到调查的进口商品是否存在倾销或受到补贴。在反倾销调查中,商务部必须在其发起调查之后的 140 天之内根据当时可获得的信息,就"是否有合理的基础相信或怀疑受调查的商品正在或将要以低于公平价值的方式进行销售"作出初步裁定;① 法律同时规定在一些特殊情况下,商务部作出初步倾销裁定期限可以相应地缩短或延长。例如,当所调查涉及到生命周期较短的商品时,商务部作出初步裁定的期限可以提前为发起调查之后的 100 天或 80 天;当申诉人的要求延期,或者商务部认为案件"不同寻常的复杂"(extraordinarily complicated)时,商务部可以将它做出初步裁定的期限推迟至发起调查之后的 190 天。② 在反补贴调查中,商务部必须在其发起调查之后的 65 天之内根据当时可获得的信息,就"是否有合理的基础相信或怀疑受调查的商品正在获得可抵消性补贴"作出初步裁定。③ 与反倾销调查一样,法律同时规定在一些特殊情况下,商务部作出初步补贴裁定的期限可以相应地缩短或延长。例如,当调查涉及到"上游补贴"时,商务部作出初步裁定的期限可以延长到国内利益方提交申诉之后的 250 天。④

在该阶段的反倾销调查中,商务部采取的调查方式主要是向外国生产商或出口商发放调查问卷,主要内容包括出口商在本市场上的销售情况、所调查产品的生产成本及推算价格等。如果国外生产商未能或者不愿向美国商务部回复问卷调查,则商务部可以通过其他信息来进行评估。如果一种受到调查的商品在出口国没有销售,并且该商品同样被出口到其他发达工业国家,则公平价值的计算以该商品在其他发达工业国家内的价格为准。商务部同样可以通过自行计算进口商品生产成本及其合理边际利润的方法来确定公平价值。

---

① 19. U. S. C. § 1673b (b) (1) (A).
② 19. U. S. C. § 1673b (b) (1) (B), § 1673b (c) (1).
③ 19. U. S. C. § 1671b (b) (1).
④ 19. U. S. C. § 1671b (g) (1).

如果当倾销案涉及诸如中国、白俄罗斯等非市场经济体（Non-Market Economies，NMEs），商务部会通过寻找具有类似劳工和材料成本的经济体进行测算。例如，印度就经常被作为中国的替代经济体。在该阶段的反补贴调查中，商务部的主要调查方式是向受调查商品的出口国政府发放调查问卷，内容包括税收刺激、关税减免、本土市场上的各种补贴计划以及出口促进计划等。

与其他调查阶段不同，商务部在该阶段做出的裁定对于整个调查进程并没有影响，无论其做出肯定的还是否定的裁定，调查都要继续下去。然而，该调查阶段的法律意义在于，如果商务部做出肯定的初步裁定，则其必须对所调查商品的倾销或受补贴幅度进行初步估算，并要求进口商为每一笔进口商品缴纳与商务部所估测的倾销或补贴幅度等同的押金或保函，以及要求中止所调查商品的入关清算手续（suspension of liquidation）。[①]虽然在有些情况下商务部作出了否定的初步裁定，但最终的裁定仍然有可能是肯定的。以反倾销调查为例，1994年6月8日开始的关于来自泰国的进口糠醇的反倾销调查，虽然商务部作了否定的初步裁定，但它与国际贸易委员会的最终裁定都是肯定的，并征收了反倾销关税。类似的案件同样包括1994年6月30关于来自意大利和阿根廷进口的小直径无缝碳素钢管的反倾销调查，2000年7月1日开始的对来自马来西亚对接焊缝管件的反倾销调查，以及2001年9月10日关于来自印度尼西亚含碳与合金钢铁线材的反倾销调查。

（四）商务部的最后调查阶段

在其做出初步倾销或补贴裁定之后的75天之内，商务部必须就

[①] 19 U.S.C. §1671b (d)，§1673b (d)。"中止清算"是指海关将暂停征收进口商品所应缴纳的关税，因为最终的关税数额还由是否需要在原有关税的基础上加收反倾销税来决定。参见韩立余：《美国外贸法》，北京：法律出版社，1999年版，第240页。

所调查商品是否正在或将要以低于公平价值的方式在美国销售或是否受到补贴做出最后裁定。① 在反倾销调查中，如果外国出口商或国内申诉方提出延期请求，商务部则可以将其最终裁定期限延长为做出初步裁定之后的 135 天；在反补贴调查中，如果一项反补贴调查与同类产品的反倾销调查同时进行，并且国内申诉方提出延期请求，则商务部的终裁期限可以延长至其做出反倾销调查终裁的期限。

如果商务部的最后裁定是否定的，即所调查商品不存在倾销现象或没有受到外国政府补贴，则整个调查进程结束，并且如果之前做了肯定的初步裁定，商务部应终止商品入关的中止清算，并退回押金或解除保函。② 相反，如果如果商务部的最后裁定是否定的，则其将等待国际贸易委员会的最后裁定，以决定是否需要发布反倾销或反补贴关税令，并且如果之前在初步调查中做出的是否定的裁定，则商务部还需估算所调查商品的倾销或补贴幅度，并要求进口商缴纳押金或保函，以及命令中止对所调查商品的入关清算手续。

（五）国际贸易委员会的最后调查阶段

如果商务部的终裁是肯定的，那么国际贸易委员会就必须在规定的期限内对所调查的商品是否对美国的产业造成了实质损害或实质损害威胁，或者对美国特定产业的建立造成了实质性阻碍，做出最后裁定。如果商务部在初步调查中做出肯定的裁定，则国际贸易委员会必须在商务部做出肯定初步裁定之后的 120 天之内，或者在商务部做出肯定终裁之后的 45 天之内，做出最后裁定；如果商务部在初步调查中做出否定的裁定，则国际贸易委员会必须在商务部做

---

① 19 U.S.C. §1671d (a) (1), §1673d (a) (2).
② 19 U.S.C. §1671d (c) (2), §1673d (c) (2).

出肯定终裁定之后的 75 天之内做出最后裁定。①

如果国际贸易委员会的最后裁定是否定的,则整个反倾销或反补贴调查进程被终止,并且商务部应结束对商品入关的中止清算,解除保函以及退还押金;如果国际贸易委员会的最后裁定是肯定的,并且商务部同样做出了肯定的终裁,则商务部必须在接到国际贸易委员会通知的 7 天之内发布反倾销或反补贴关税令,指导美国海关对反补贴税或反倾销税进行评估,界定所应征税商品的范围,以及要求进口商缴纳押金的额度(进口商实际上应缴纳的反倾销或反补贴关税额度要求次年的行政复审来决定)。②

在反倾销或反补贴的调查中(所有调查过程和时间限制可归纳为表 7-2),如果国内利益相关方撤回申诉,则商务部或国际贸易委员会可以决定终止调查。另外,在符合公共利益的情况下,商务部也可以通过与外国政府达成限制进口数量的谅解或协议来终止调查。③ 美国的法律同时规定,在符合公共利益并且能够进行有效监督的情况下,如果外国政府或出口商(1)在规定期限内停止向美国出口受到调查的商品,(2)彻底消除对受调查商品的补贴或通过修订价格以彻底消除公平价值高出商品出口价格的差额,(3)彻底消除受调查商品对美国产业造成的损害,则商务部可以与前者达成中止调查协议(suspension agreement)。④ 如果商务部与外国政府或出口企业达成中止协议,则商务部和国际贸易委员中止相关调查,并且结束对受调查商品入关的中止清算,解除保函以及退还押金。⑤

---

① 19 U.S.C. §1671d (b) (2) (3), §1673d (b) (2) (3).
② 19 U.S.C. §1671d (c) (2), §1671e (a), §1673d (c) (2), §1673e (a).
③ 19 U.S.C. §1671c (a), §1673c (a).
④ 19 U.S.C. §1671c (b) (c), §1673c (b) (c).
⑤ 19 U.S.C. §1671c (f), §1673c (f).

表 7-2　美国反倾销和反补贴调查进程表

调查阶段	调查期限	
	反倾销	反补贴
发起调查	接到申请的 20 天之内	接到申请的 20 天之内
委员会初步调查	接到申请的 45 天之内	接到申请的 45 天之内
商务部初步调查	接到申请的 160 天之内	接到申请的 85 天之内
商务部最终调查	接到申请的 235 天之内	接到申请的 160 天之内
委员会最终调查	接到申请的 280 天之内	接到申请的 205 天之内

注：这里的调查期限不包括在一些特殊情况下的延期时间。该表中的"委员会"为美国国际贸易委员会（ITC）。

资料来源：United States International Trade Commission, *Antidumping and Countervailing Duty Handbook*, 12th ed., Publication 3916, April 2007, Washington, D. C. : USITC, II.

在发布反倾销或反补贴关税令之后，或者在与外国政府或出口商签署中止协议之后，如果利益相关方提出行政复审（administrative review）要求，则商务部必须在规定的时间内对关税令或中止协议进行年度行政复审。[①] 其中，关于反倾销或反补贴关税令的行政复审主要是对实际应征收的反倾销税或反补贴税作进一步的计算和确定，最终审议结果主要被用来确定上一年度应该征收的反倾销或反补贴关税的金额以及进口商在下一年度所应交纳的保证金额度。如果相关方没有向商务部提出行政复审要求，反倾销或反补贴关税的具体征收额度以及进口商所用缴纳保证金的额度将以原先估测的倾销或补贴幅度为基础。[②] 关于中止协议的行政复审主要是对协议的执行情况以及协议所涉及的倾销或补贴幅度进行评估。

之前，美国的法律对反倾销和反补贴关税令以及中止协议的有效期并没有进行限制，相关的年度行政复审可以年复一年地进行下

[①] 19 U. S. C. § 1675.

[②] ［美］詹姆斯·德林著，毛悦、刘小雪译，彭宾校：《美国贸易保护商务指南：反倾销、反补贴和保障措施法规、实践与程序》，第 35—36，167—168 页。

去。然而，根据各国在关贸总协定乌拉圭回合中达成的协议，美国在 1994 年通过《乌拉圭回合协定法》对此进行了修改。新的法律要求商务部和国际贸易委员在发布反倾销或反补贴关税令或者中止协议五年后，进行相关的"落日复审"（sunset reviews），以确定如果废除现有的关税令或中止协议是否会导致倾销、补贴和实质性损害的继续或重新出现。如果商务部或国际贸易委员作出了否定的裁定，则相关的关税令或中止协议将会被废除。只有在这两个部门都作出肯定裁定的情况下，相关的关税令或中止协议才能继续执行下去。①

如果相关利益方对商务部或者国际贸易委员会在反倾销和反补贴调查中或行政复审中作出的最后裁定表示不满，可以在《联邦纪事》（Federal Register）发布最后裁定之后的 30 天之内向设在纽约的国际贸易法院（U. S. Court of International Trade）申请传唤，并在申请传唤后的 30 天之内正式提交申诉，要求法院就调查结果进行裁决。在受到相关方提交的申诉后，国际贸易法院会要求商务部和国际贸易委员会在规定的期限内向法庭提交行政纪录，并举行口头辩论。如果发现商务部或国际贸易委员会的行为与法律不符，或者它们的行为没有"纪录在案的充足证据"（substantial evidence on the record）的支持，则国际贸易法院会撤消它们的最后裁定，否则原有的裁定依然有效。② 如果对国际贸易法院的裁决不满，相关方还可以进一步上诉到设在华盛顿特区的美国联邦巡回上诉法院（U. S. Court of Appeals for the Federal Circuit）。此外，对于不满美国商务部和国际贸易委员会裁定的外国出口商或政府而言，除了可以向美国法院提交申诉外，还可以向世界贸易组织（WTO）提起上诉。

---

① 19 U. S. C. §1675（c），§1675（d）（2）.
② 19 U. S. C. §1516a.

第二节　国务官员与美国的"公平"贸易政策

通过以上介绍，我们可以初步看出，与出口控制政策相比，美国的国务官员在反倾销和反补贴政策领域内所扮演的角色和能够发挥的影响力非常有限。在反倾销和反补贴政策领域内，美国国内的企业、行业组织等利益集团参与政策过程的渠道非常多，相关的制度设计也为这些社会行为体影响政策结果提供了多种工具。相反，在美国反倾销和反补贴的制度框架内，国务官员能够影响政策结果的手段非常有限。由于受到司法审查的限制，总统并不能最终决定美国反倾销和反补贴调查的结果。

国务官员在美国反倾销和反补贴政策领域内所扮演角色和所发挥影响的有限性，主要根源于该政策领域内的历史背景和制度环境。从以上介绍可以看出，美国的反倾销和反补贴政策主要形成于二战之前。该时期美国的贸易政策具有以下两个方面的重要特点：一方面，该时期美国对外贸易政策的主要议题是制定关税，而制定具体关税的权力则牢牢地掌控在国会的手中；另一方面，该时期美国的经济仍处于起步阶段，美国的对外贸易政策特别是关税政策的主要目的是为国内产业提供保护。[①] 这两种特点就决定了美国在该时期对外贸易政策主要是对其国内相互竞争的各种利益集团需求的反应，具体政策的制定过程也主要是以代表不同利益集团的国会议员通过"相互提携"（logrolling）的投票方式完成，而以总统为代表的国务官员则很难参与或影响该时期美国对外贸易政策的制定过程。

另外，虽然美国反倾销和反补贴政策的法律制度在形成之初具

---

① Judith Goldstein, "Ideas, Institutions, and American Trade Policy," pp. 179 – 217; Judith Goldstein, *Ideas, Interests, and American Trade Policy*, Ithaca: Cornell University Press, 1993, pp. 198 – 199.

第七章 安全战略与美国的"公平"贸易政策

有一定的安全战略目标,特别是为了防止外国政府或企业通过掠夺性定价(predatory pricing)的方式来垄断或损害美国国内的特定产业和市场,但它们本质上是贸易保护主义政策,主要是通过提高贸易壁垒来为寻求贸易保护的美国企业提供保护。例如,虽然在一些学者看来,美国反倾销政策的形成主要是出于反垄断的考虑,如《1890年谢尔曼反托拉斯法》(The Sherman Antitrust Act of 1890)规定任何"限制州际或与外国之间贸易或商业"的行为为非法,[①]以及四年之后通过的《威尔逊关税法》(The Wilson Tariff Act of 1894)规定凡是试图限制自由竞争或垄断美国市场的进口活动都属于违法行为,[②]但在《1916年反倾销法》中,关于垄断的条款只是其中的一部分,并且只是最后一条。而在《1921年反倾销法》中,关于垄断的条款被完全删除了,反倾销政策被明确地用来作为保护美国国内企业的工具,而非服务于美国的国家安全利益。

正是在这一特殊的历史背景和政策理念的影响下,国会在美国反倾销和反补贴政策的制度设计中占据了主导地位,以总统为代表的国务官员的影响力则受到了极大限制。国会的这种主导地位尤其体现在对美国反倾销和反补贴立法的多次修改上。例如,在20世纪70年代美国经济陷入低迷以及国内企业寻求贸易保护的压力增大时,美国国会开始对美国的反倾销和反补贴法进行修改。为了使国内企业更容易获得保护,国会一方面不断降低衡量倾销、补贴和损害的标准,另一方面严格限制行政机构在反倾销和反补贴政策实施过程中的自主权。

在制定倾销、补贴和损害的衡量标准上,美国国会不断通过立法,使得实施反倾销和反补贴的行政机构更容易作出肯定的裁定。例如,1974年的贸易法就要求美国财政部在确定进口商品的售价

[①] 15 U.S.C. §1.
[②] 15 U.S.C. §8.

时，无需参照出口国国内市场上某些低价销售的情况；1979年贸易法更将"实质性损害"这一标准界定为是"非没有造成后果、没有实质性和不重大的损害",从而大大降低了衡量损害的标准；等等。

在对行政机构的限制上，1974年贸易法就规定如果美国财政部在反倾销和反补贴的调查中做出了否定的裁定，就必须接受司法审查，并且如果财政部的最后决定是肯定的，则必须对最终决定进行实施，即使总统也没有权力以更广泛的美国利益的名义推翻最后决定。① 1979年的贸易法进一步修改了实施反倾销和反补贴法的程序和行政管理方法，要求行政机构在调查过程中必须遵守更为严格的时间限制。更为重要的是，1979年的贸易法将倾销和补贴的调查职责从财政部移交到对国内企业更富同情心的商务部，使得美国的企业更容易影响调查的进程。虽然1979年的贸易法授权总统通过与外国政府或外国出口商达成协议来中止调查，但同时制定了一系列条件，对总统的这种权力做了很大的限制。②

经过近一个世纪的演变，美国的法律对其反倾销和反补贴政策的实施做了非常详细和系统的规定。在关于倾销、补贴和损害的裁定上，相关的标准更加细化、量化，并且更倾向于促使行政机构作出肯定的裁决。同样，美国目前的法律对反倾销和反补贴调查的各个阶段也做了严格的规定，限制了行政机构的自主权。例如，在反倾销和反补贴调查的第一阶段，除了相关利益方之外，商务部不得接受任何个人的口头或书面的联系，以影响是否发起调查。③

在机构设置和职权分配上，美国国会将具体的调查职责赋予了更倾向于为国内企业提供保护的商务部以及具有准司法性质的国际贸易委员会，而负责外交和安全事务的国务官员则很难进入具体的调查过程当中，也无权改变商务部和国际贸易委员会的裁定，即使

---

① [美] I. M. 戴斯勒著，王恩冕于少蔚译：《美国贸易政治》，第145页。
② 韩立余：《美国外贸法》，第270页。
③ 19 U.S.C. §1673a (b) (3) (B); §1673a (b) (4) (B).

是总统也无权驳回这两个机构的最终决定。

正是由于美国的国务官员在反倾销和反补贴政策领域内的影响力非常有限,根据本书第四章提出的假设,我们可以进一步得出以下观点,即美国的安全战略与其反倾销和反补贴政策是相分离的,"公平"贸易政策也将独立于美国的安全战略。下一节将通过大样本统计的定量分析方法对以上假设进行检验。

第三节 独立于安全战略的"公平"贸易政策

为了对以上观点以及本书第四章的假设进行检验,这里借鉴了前两章的分析方法,即通过安全关系与贸易政策结果来间接地检验美国的安全战略与对外贸易政策之间的关系。由于本章主要考察的是美国的反倾销和反补贴政策,因而这里主要分析安全关系与美国反倾销和反补贴政策实施结果之间的关系。显然,为了能够对以上观点进行检验,我们首先必须指出不同的安全关系应该与何种贸易政策结果相关。而对这一问题的回答,就需要分析美国国务官员关于反倾销和反补贴政策的偏好。

一、研究设计

作为美国对外贸易政策的一种,反倾销和反补贴等所谓的"公平"贸易政策与所有的贸易政策一样,能够被用来影响对外贸易的流量。与一般的进口关税类似,反倾销和反补贴政策的实质同样是通过限制来自目标国特定产品的进口,来为国内相关产业提供保护。

对于受到惩罚的目标国来说,反倾销和反补贴关税的直接影响是其特定出口商品的减少,进而是经济上的损失,尤其当这些保护性关税针对的是目标国的支柱性产业时这种损失会尤为明显。根据本书第四章的分析,对于盟国之间来讲,一个盟国经济的发展对于本国来说在安全上具有积极的外部性，即盟国经济实力的增强同样能够提高本国的安全；相反，盟国经济实力的衰弱在安全上对本国来说，在安全上则具有消极的外部性，不利于本国的安全。正是由于反倾销和反补贴关税的实施会阻碍盟国经济的发展，进而不利于本国的安全利益，因而一国的安全决策者会更倾向于减少对盟国实施反倾销或反补贴关税，尤其是当这些关税针对的是盟国的支柱性产业时。例如，在1976年，美国国防部就强烈反对对来自西班牙和意大利这两个北约盟友出口的鞋子进行限制，理由是制鞋业是这两国国家的重要产业，对两国鞋子的出口进行限制会削弱他们的经济发展，进而影响到美国的安全利益。[①]

而对于非盟国来说，由于其经济发展并不能促进本国的安全，甚至在一些情况下会威胁到本国的安全，并且倾销和补贴行为往往是敌对国之间影响或扰乱对方国内经济的重要工具，因而相对于盟国来说，一国的安全决策者会更倾向于对非盟国特别是敌对国实施反倾销和反补贴关税。例如，一战期间，部分地是出于防范德国及其卡特尔组织对美国采取"侵略性"倾销手段，威尔逊政府提议将国内的反垄断法延伸到国际贸易领域，并最终出台了《1916年反倾销法》。[②]

另一方面，由反倾销或反补贴政策所造成的贸易争端，往往会引起双边关系的摩擦、不信任，进而影响到国家间的整体关系，包括安全关系。正如美国学者迈克尔·马斯坦多诺指出的，"在一个相互依赖的世界经济中，积极的经济关系是任何与其他大国保持接触或者打消其他大国顾虑政策的重要手段。经济冲突或者摩擦可能导致政治冲突，并促使其他大国去重新评估国际环境以及与美国的关

[①] Stephen D, Cohen, Robert A. Blecker, and Peter D. Whitney, *Fundamentals of U. S. Foreign Trade Policy: Economics, Politics, Laws, and Issues*, p. 142.

[②] Congressional Budget Office, *How the GATT affects U. S. Antidumping and Countervailing-Duty Policy*, September. 1994, p. 20.

系可能带来的威胁程度。"① 例如,20世纪70年代美日、美欧之间的贸易摩擦不仅影响了相互间在经济领域内的交流,同样在很大程度上冲击了美国与其盟友之间在安全关系,削弱了相互间在安全上的互信。② 正是由于反倾销和反补贴关税的实施会造成与盟国之间关系的紧张,削弱与盟国之间的安全关系,因而我们可以认为,在其他条件相同的情况下,相对于非盟国来说,美国的国务官员会更倾向于减少对盟国实施反倾销和反补贴关税。现实中也正是如此,例如,在对来自盟国的进口商品进行反倾销和反补贴调查时,国务院等负责外交和安全事务的行政机构经常会对调查过程进行施压,要求调查不要对盟国作出肯定的裁定。③

基于以上对美国国务官员关于反倾销和反补贴政策偏好的界定,我们可以推断,如果美国负责外交和安全事务的国务官员能够将自己的政策偏好反映在具体的政策结果当中,我们将会看到在其他条件相同的情况下,与非盟国相比,美国会较少地向盟国实施反倾销和反补贴关税。

然而,由于以上分析指出美国的国务官员在反倾销和反补贴政策领域内的影响力极其有限,因此根据第四章提出的假设,我们将很难看到美国的反倾销和反补贴政策与其对外安全战略保持一致。也正因为此,我们可以通过以下思路来对本书第四章提出的假设进行检验:

第一,在其他条件相同的情况下,如果美国对盟国实施的反倾销和反补贴关税显著地少于对非盟国实施的反倾销和反补贴关税,

---

① [美]迈克尔·马斯坦多诺:《学术与治术中的经济与安全》,第238页。
② Richard N. Cooper, "Trade Policy is Foreign Policy," *Foreign Policy*, No. 9, Winter 1972 - 1973, pp. 31 - 32.
③ Wendy L. Hansen and Thomas J. Prusa, "The Economics and Politics of Trade Policy: An Empirical Analysis of ITC Decision Making," *Review of International Economics*, Vol. 5, No. 2, 1997, p. 231.

则我们可以认为美国的安全战略影响了其反倾销和反补贴政策的实施，因而第四章提出的假设被证伪，也即在国务官员影响力较弱的对外贸易政策领域，美国的安全战略同样能够影响该贸易政策领域内的政策结果。

第二，如果在其他条件相同的情况下，美国对盟国实施的反倾销和反补贴关税并没有显著地少于对非盟国实施的反倾销和反补贴关税，则我们可以认为美国的安全战略没有影响到其反倾销和反补贴政策的实施，因而本文的假设被证实，也即在国务官员影响力较弱的对外贸易政策领域，美国的安全战略同样也很难影响到该贸易政策领域的政策结果。

二、变量测量与数据来源

本章所要分析的对象是美国在 1992 年至 2006 年间对主权国家进行的反倾销和反补贴调查的数据。相关数据来源于查德·波恩（Chad P. Bown）的《全球反倾销数据库》（Global Antidumping Database）。[①] 该数据库涵盖了美国在近几十年来所采取的各种贸易救济措施，包括反倾销、反补贴等。重要的是，该数据库关于美国反倾销和反补贴的调查过程和结果作了非常详细的整理，而且还包括了各个调查案例所针对的进口商品种类及相关的协调关税代码（Harmonized Tariff System code），为研究提供了很大的便利。

该数据显示，在 1992 年至 2006 年期间，美国总共对主权国家发起了 685 件反倾销和反补贴调查，其中包括 546 件反倾销调查和 139 件反补贴调查（见表 7—3）。这些案件所涵盖的经济领域不仅包括制造业，还包括农业和采矿业。另外，这些案件所涉及的受调查国家比较广泛，不仅包括以日本和欧盟各国为代表的发达工业国家，

[①] Chad P. Bown, "Global Antidumping Database," Version 5.0, October 2009, available at www.brandeis.edu/~cbown/global_ ad/, accessed August 28, 2009.

以韩国和新加坡为代表的新兴工业化国家（NICs），也包括以中国和巴西等为代表的发展中国家。值得一提的是，在所有的685个案件中，其中针对中国的就达90件，约占总量的13%。

表7-3 美国对主权国家发起的反倾销和反补贴调查（1992—2006）

调查类型	是否实施反倾销或反补贴关税？		样本数
	否	是	
反补贴调查	80（57.55%）	59（42.45%）	139（100%）
反倾销调查	294（53.85%）	252（46.15%）	546（100%）
样本数	374（54.60%）	311（45.40%）	685（100%）

注：每个方格内第一组数据为观察次数，单位：件；第二行数据为行百分比。
资料来源：Chad P. Bown, "Global Antidumping Database," Version 5.0, July 2009.

需要指出的是，该数据的组成单位是美国在特定时间段内针对单个国家进行的反倾销或反补贴调查。实际上，一项针对特定进口产品的反倾销或反补贴调查有可能涉及多个国家，但由于调查结果并不一定相同，因而分析单位设定为对单个国家的调查。例如，美国在2003年5月同时对来自中国和马来西亚的彩电接收器（Color Television Receivers）发起反倾销调查，但美国最终只是裁定对中国实施反倾销关税令。另外，美国也可能就同一进口产品对特定国家同时进行反倾销和反补贴调查。然而由于两种调查是分别进行的，并且两种调查的结果可能并不相同，因而考察的对象同样设定为对单个国家的反倾销或者反补贴调查。例如，美国在2000年12月份对来自德国的低浓缩铀同时发起了反倾销和反补贴调查，但最终只在反补贴调查领域实施了反补贴税。

（一）因变量

这里所分析的因变量是美国政府在反倾销和反补贴调查结束后所作的最后裁定，即是否对受调查国实施了反倾销或反补贴关税令。

该变量标记为 Affirmative。如果美国政府在调查后决定对来自受调查国的进口商品征收反倾销或反补贴关税,则其取值为1,否则为0。在所分析的685个案例中,有311个案例的最后裁定是肯定的,并实施了反倾销或反补贴关税,约占总数的45%。(见表7—3)

需要指出的是,一项反倾销调查的最终结果不仅仅局限于是否征收了惩罚性关税。正如上文指出的,在与外国政府或企业达成一致的情况下,反倾销或反补贴的调查同样可以以中止协议的方式结束。有学者认为,这种中止协议虽然避免了对进口商品征收额外的关税,但同样会对外国出口商的出口造成压力。[①] 但也有学者认为,对于受调查国来说,这种协商谈判相对于实施额外关税来说损失较小一些,因而受调查国往往会乐于接受中止协议而非反倾销或反补贴关税。鉴于在本文所考察的685个案例中,只有14项中止协议,因而本文的因变量并没有考虑中止协议这一结果。

(二)解释变量

本书重点考察的解释变量是美国与受调查国之间的安全关系。由于美国与一些敌对国家之间的贸易几乎为零,并且美国企业几乎没有向来自这些国家的进口商品发起过诉讼,现实中也很少存在反倾销或反补贴等贸易纠纷,因而这里只将安全关系简单地划分为盟国与非盟国。

与前文相同,这里主要通过两种方式来界定美国的盟国:一种是美国的正式盟国,即该国与美国签署了正式的防务协定;第二种是美国的非正式盟国,主要通过美国的年度军事援助额度来衡量。该解释变量是一个二值变量,这里将其标记为 Ally。如果受调查国在特定年份是美国的正式盟国,或属于美国军事援助的前20名之

[①] Thomas J. Prusa, "Why Are So Many Antidumping Petitions Withdrawn?" *Journal of International Economics*, Vol. 33, 1992, pp. 1 – 20.

列，则 Ally 取值为 1，否则为 0。关于美国正式盟国的数据来源于战争相关性数据库（COW），[1] 而关于美国对外军事援助的数据则来源于美国国际开发署（USAID）公布的年度报告。[2]

根据第四章的假设，该解释变量应该与因变量之间不存在显著性相关，特别是负相关，也即美国对盟国的实施反倾销或反补贴税的概率并不会显著地低于对非盟国实施反倾销或反补贴税的概率。

（三）控制变量

为了对安全关系的影响做出更客观的判断，有必要同时考察影响美国反倾销和反补贴调查结果的其他因素。这里在分析模型中同样加入其他控制变量，包括具体案例的特征、美国国内的经济状况、国内相关产业的影响力、美国与受调查国之间贸易关系的特征等。

涉案产品的规模。第一个控制变量是涉案产品的规模（这里标记为 Products）。一般认为，如果一种产品的进口规模越大，则说明该产品越有可能以低于公平价格的方式销售，或者该产品越有可能受到出口国政府的补贴；另一方面，由于进口产品是对国内相同或类似产品的替代，因而特定产品的进口越多，则对国内相关产业的损害越大。正因为如此，如果一项调查所涉的进口产品规模越大，则美国商务部和国际贸易委员会越有可能作出肯定的裁定。关于涉案产品的规模，这里将美国商务部和国际贸易委员会在《联邦纪事》（FR）上公布的案件调查所涉及进口产品的协调关税代码与美国商

---

[1] Douglas M. Gibler and Meredith R. Sarkees, "Measuring Alliances: The Correlates of War Formal Interstate Alliance Data set, 1816 – 2000," pp. 211 – 222; Douglas M. Gibler, *International Military Alliances from 1648 to 2008*.

[2] U. S. Agency for International Development (USAID), *U. S. Overseas Loans and Grants: Obligations and Loan Authorizations*, July 1, 1945 – September 30, 2007, online: http: //qesdb. usaid. gov/gbk/, accessed on March 9, 2009.

务部的分解数据（disaggregated data）进行对比，进而计算出每个反倾销和反补贴调查中所涉产品的案值。其中每件调查所涉产品的协调关税代码的数据来源于查德·波恩的《全球反倾销数据库》，[①] 而美国商务部历年的分解数据则来源于加州大学戴维斯分校的国际数据中心（Center for International Data, UC Davis）。[②] 最终的统计结果根据美国历年的消费者价格指数，转换成以2006年为基期的不变美元。根据以上分析，该变量应该与因变量成正比。

产能利用率。第二个关于具体案例特征的控制变量是调查产品所属产业在美国的经济状况。根据美国反倾销和反补贴法律要求，国际贸易委员会在调查所涉产业的损害情况时，应该考虑该产业的经济状况，包括国内销售情况、产能利用率、雇员、利润和生产率等。显然，如果案件所涉产业的生产和经营状况出现恶化，则国际贸易委员更有可能作出肯定的损害裁定。为了更好地反映特定产业的经济状况，这里采用了案件所涉产业的产能利用率（capacity utilization rates）的变化作为衡量标准（这里将其标记为 *Utilization*）。[③] 关于美国各产业历年的产能利用率，相关数据来源于美国统计局发布的《企业产能利用调查》（Survey of Plant Capacity Utilization）。[④] 由于该调查报告对产能利用率的调查是以4位标准产业分类代码（Standard Industrial Classification, SIC）和6位北美产业分类体系

[①] Chad P. Bown, "Global Antidumping Database," Version 5.1, October 2009.

[②] The Center for International Data at UC Davis, *U. S. Import and Export Data: 1972 - 2006*, available at: http://www.internationaldata.org/, accessed on March 16, 2009.

[③] 类似应用，可参见 Wendy L. Hansen and Thomas J. Prusa, "The Economics and Politics of Trade Policy: An Empirical Analysis of ITC Decision Making," pp. 230 - 245.

[④] 该数据来自美国统计局网站。其中2000年的数据来源于 http://www.census.gov/prod/www/abs/plant.html；近几年的数据来源于 http://www.census.gov/manufacturing/capacity/historical_data/index.html.

(North American Industry Classification System，NAICS)代码为单位（注：美国在1997年之前沿用的是4位标准产业分类代码（SIC）。为了统一北美自由贸易区各国之间的关于产业的分类标准，从1997开始采用6位数的北美产业分类体系（NAICS）代码），因而这里首先将每个案件所涉产品的协调关税代码分别转换成4位SIC代码和6位NAICS代码，再计算每个产业产能利用率的年度百分比变化。根据以上分析，该变量应该与因变量成反比，即当一个产业在调查年份的产能利用率越高，则美国政府在反倾销和反补贴调查中对该产业提供保护的概率就会越低。

失业率。正如许多研究表明的，美国采取贸易保护措施的频率和力度与其国内经济状况密切相关。在美国国内经济繁荣时，国内企业受到外部竞争压力较小，美国政府面临国内保护主义诉求的压力就比较小，因而会较少地对其贸易伙伴采取保护性贸易政策；而当美国的国内经济陷入低迷时，国内企业的生存压力增加，美国政府在国内面临的保护主义压力也会随之加大，因而会更频繁地对贸易伙伴采取贸易保护措施。本章第一节关于美国反倾销法和反补贴法的历史演变的介绍中同样说明了这一点。当上世纪70年代美国经济陷入低迷时，反倾销、反补贴等贸易补救措施在美国国内重新获得了重视，并导致美国国会不断修改相关法律，使国内企业能够更容易地通过这些贸易补救措施获得保护。关于美国国内经济状况的衡量，这里借鉴了W.E.塔卡斯（W.E. Takacs）的观点，以美国历年的失业率作为衡量指标（这里将其标记为 *Unemployment*）。[1] 美国历年失业率的相关数据来源于美国统计局历年发表的《统计摘要》(Statistical Abstract)。[2] 根据以上分析，失业率应该与因变量成正比，

---

[1] W. E. Takacs, "Pressures for Protectionism: An Empirical Analysis," *Economic Inquiry*, Vol. 19, 1981, pp. 687–693.

[2] U. S. Census Bureau, *Statistical Abstract*, 1994 – 2008, online: http://www.census.gov/compendia/statab/past_years.html, accessed on September 26, 2009.

即在美国失业率越高的年份，美国政府就越有可能通过实施反倾销和反补贴关税为国内企业提供保护。

人均国内生产总值。根据赫克谢尔—俄林的要素禀赋论，在国际贸易中，一国出口的主要是那些以自身相对丰富的要素生产的产品，而进口的则主要是那些需要用本国相对稀缺的要素生产的产品。对于美国来说，资本、技术是其相对丰富的生产要素，而劳动力则属于相对缺乏的生产要素。根据要素禀赋理论，劳动密集型产品是美国主要的进口货物，进而美国国内的进口竞争型企业主要存在于劳动密集产业领域。由于受到竞争的威胁，美国国内的进口竞争型企业会向政府施加压力，寻求保护。也正因为此，美国政府会更多地对劳动密集型产业为主的国家实施贸易保护措施，包括征收反倾销和反补贴关税。这里以受调查国的人均国内生产总值（GDP Per Capita，这里将其标记为 $PCGDP$）来衡量来自该国的进口产品对美国国内进口竞争型企业（或劳动密集型企业）的威胁程度，相关数据来源于国际货币基金组织（IMF）的《世界经济展望数据库》。[①] 该数据库关于人均 GDP 的计算以当期美元为单位。这里同样采用美国历年的 CPI，将观测值转换成以 2006 年为基准的不变美元。根据以上分析，受调查国的人均 GDP 应该与因变量成反比，即当受调查国的人均国内生产总值越低时（或者说当受调查国属于劳动密集型经济体的程度越高时），美国越有可能对该国实施反倾销和反补贴关税。

双边贸易赤字。一般认为，当美国与受调查国之间的贸易逆差越大时，美国就越有可能对该国实施贸易保护措施。这一方面是因

[①] International Monetary Fund (IMF), *World Economic Outlook Database*, October 2008, Online: http://www.imf.org/external/ns/cs.aspx? id = 28, accessed on Feburary 12, 2009.

第七章 安全战略与美国的"公平"贸易政策

为人们更容易将庞大的贸易赤字归咎于外国政府和企业的不公平竞争行为,还因为巨额的贸易赤字更容易引起国内政治的压力,促使政府对贸易伙伴采取保护主义措施。因而,为了考察这一双边贸易特征对美国反倾销和反补贴政策的影响,这里将美国与受调查国之间的贸易赤字作为控制变量(这里将其标记为 Deficit)。相关数据来源于战争相关性数据库,具体计算方法是将特定年份美国从一国的进口额减去对该国的出口额。[1] 如果差为正值,则表示美国与该国之间的贸易存在赤字。通过以上分析,我们可以预测该变量将于因变量成正比,即当美国与受调查国之间的贸易逆差越大时,美国政府对该国实施反倾销和反补贴关税的概率就会随之增大。

GATT/WTO。虽然有些学者认为世界贸易组织(WTO)及其前身(GATT)对成员国对外贸易政策的影响有限,[2] 但也有些研究表明这种国际贸易机制能够对成员国实施贸易保护措施时起到威慑作用。[3] 为了考察该贸易机制是否对美国的反倾销和反补贴政策产生了影响,这里包括了 WTO/GATT 这一变量。如果受调查国在受调查年份为世界贸易组织或关贸总协定的成员国,该变量取值为1,否则为0。关于世界贸易组织或关贸总协定的成员国的相关数据来源于世界贸易组织的网站。[4] 在 685 个案例中,有 89 个案例涉及的是非

---

[1] Katherine Barbieri, Omar Keshk, and Brian Pollins, *Correlates of War Project Trade Data Set Codebook*, Version 2.0, 2008, online: http://correlatesofwar.org, accessed on January 20, 2009.

[2] Andrew K. Rose, "Do We Really Know that the WTO Increase Trade?" pp. 98 – 114; "Do WTO Members Have More Liberal Trade Policy?" *Journal of International Economics*, Vol. 63, 2004, pp. 209 – 235; Joanne Gowa and Soo Yeon Kim, "An Exclusive Country Club: The Effects of the GATT on Trade, 1950 – 1994," *World Politics*, Vol 57, July 2005, pp. 453 – 478.

[3] Marc L. Busch, et al., "Does the Rule of Law Matter? The WTO and U.S. Antidumping Investigations," (draft), May 14, 2008.

[4] WTO 网站: http://www.wto.org/english/thewto_e/thewto_e.htm, accessed on May 4, 2009.

GATT/WTO 成员国，约占总数的 13%。根据以上分析，该变量应该与因变量成反比，即作为 GATT/WTO 成员国的身份会降低美国对该国实施反倾销和反补贴关税的概率。

非市场经济体。在对非市场经济体（NMEs）的反倾销调查中，美国制定了一些特别的裁定标准。例如，在对中国和俄罗斯等国进口商品的生产成本的调查中，美国国际贸易管理局会通过寻找具有类似劳工和材料成本的国家进行测算，如印度就经常被作为中国经济体的替代。这种测算方法会更容易提高受调查国产品的生产成本，因而对非市场经济体的调查更容易作出肯定的裁定。[1] 正因为此，这里包括了非市场经济地位这个二值变量（这里将其标记为 *NME*。当受调查国被美国界定为非市场经济体时，其取值为 1，反之为 0（见表 7—4）。[2] 需要指出的是，虽然美国商务部在 1999 年分别给予斯洛伐克和捷克市场经济地位，在 2002 年给予了俄罗斯市场经济地位，但在商务部正式宣布给予这种地位之前，美国在这些年份中对这些国家的反倾销调查已经开始，并且在调查过程中依然采用的是非市场地位，因而这里将这些观测值设为 1。[3] 根据以上分析，该变量应该与因变量成正比，即当受调查国为非市场经济体时，美国对该国实施反倾销税的概率会相应地增加。

---

[1] 陈力："美国反倾销法之'非市场经济'规则研究"，载《美国研究》，2006 年第 3 期，第 77—92 页。

[2] 美国商务部国际贸易管理局的蒂姆·杜鲁门（Tim Truman）先生为笔者提供了非市场经济体的相关数据，在此表示感谢。

[3] 详细情况可参见美国商务部国际贸易管理局在《联邦纪事》上发布的通告，包括 64 FR 34194, June 25, 1999; 64 FR 12959, March 16, 1999; 64 FR 40825, July 28, 1999; 67 FR 15791, April 3, 2002; 67 FR 35492, May 20, 2002。

表7-4 美国商务部认定的"非市场经济体"清单

序号	国家	期限
1	亚美尼亚	至今
2	阿塞拜疆	至今
3	白俄罗斯	至今
4	中国	至今
5	格鲁吉亚	至今
6	吉尔吉斯斯坦	至今
7	摩尔多瓦	至今
8	塔吉克斯坦	至今
9	土库曼斯坦	至今
10	乌兹别克斯坦	至今
11	越南	至今
12	乌克兰	至2006年
13	罗马尼亚	至2003年
14	立陶宛	至2003年
15	爱沙尼亚	至2003年
16	俄罗斯	至2002年
17	哈萨克斯坦	至2002年
18	拉脱维亚	至2001年
19	匈牙利	至2000年
20	捷克	至1999年
21	斯洛伐克	至1999年
22	波兰	至1993年

资料来源：美国商务部国际贸易管理局，2009年9月。

产业规模和集中度。根据多元主义理论，各种利益受到伤害的利益集团会通过各种方式向政府施压，要求后者采取符合自身利益的政策，而最终的政策结果符合哪一个利益集团的偏好，则将取决于这些利益集团的实力，包括它们的规模和集中程度。具体地，规模或集中度越高的利益集团就越能够对政府施加较大的压力，也就更容易获得政府的支持。同样，在反倾销和反补贴政策等保护性贸易政策领域，规模较大或者集中度较高的产业就越有可能获得政府的保护政策。为了控制美国国内各产业的政治影响力，这里包括了调查所涉产业的规模和集中度这两个变量（这里分别将它们标记为 Size 和 Concentration）。其中，特定产业的规模分别通过该产业内的雇员数量和产出量来衡量，而特定产业的集中度则有该产业内前四家企业在本产业内产出中所占的比例来衡量。相关数据来源于美国统计局《年度经济调查》（Annual Economic Surveys）和每 5 年进行一次的《经济普查》（Economic Census）。①

三、分析模型

本章所要解释的因变量是一个二值变量（binary variable），即该变量只包括"是"与"否"两种取值。学界关于这种因变量的多元回归分析一般采用线性概率模型（Linear Probability Model）、Logit 模型或者 Probit 模型。其中线性概率模型与一般的线性回归分析一样，采用最小二乘方法（Least Square）对模型的参数进行估算，其优点在于对参数的解释较为简单。然而这种模型具有许多明显的局限。例如，通过该模型得出的概率数值在有些情况下会大于 1 或小于 0；因变量的值必须与自变量所有取值线性地相关；该模型还存在异方差性。也正是由于线性概率模型的这些局限，目前关于二值因变量的回归分析更多地是采用后两种模型。

---

① 美国统计局的数据库：http://factfinder.census.gov/home/saff/main.html?_lang=en，accessed on October 19, 2009.

第七章　安全战略与美国的"公平"贸易政策

虽然 Logit 模型与 Probit 模型关于变量的系数比较难于解释，但两者都克服了线性概率模型的局限。由于通过后两种模型得出的结论基本上是一致的，因此关于这两种模型的选择往往是根据学者自身的偏好。鉴于学界关于美国反倾销和反补贴政策的定量分析一般都采用 Probit 模型，本文在分析的过程中同样选择了该模型。Probit 模型的基本构成如下（公式7—1）：

$$\Pr(y=1\mid x) = F(\beta_0 + \beta_1 x_1 + \cdots + \beta_1 x_1) \quad （公式7—1）$$

其中，$\Pr(y=1\mid x)$ 是指在给定自变量 x 的情况下，因变量 y 取值为 1 时的概率。F 是指标准正态累积密度函数（standard normal cumulative density function）。

在将以上解释变量和控制变量加入公式7—1之后，本章所要使用的最终模型可以表述如下（公式7—2）：

（公式7—2）：

$$\Pr(Affirmative_t = 1)$$
$$= F\begin{pmatrix} \beta_0 + \beta_1（ALL_i） + \beta_2（Unemployment_i）\beta_3（Products_i） \\ + \beta_4（PCGDP_i） + \beta_5（GATT/WTO_i） + \beta_6（Utiliztion_i） \\ + \beta_7（NME_i） + \beta_8（Size_i） + \beta_9（Conentration_i） + \\ \beta_{10}（Deficit_i） + e_i \end{pmatrix}$$

在公式7—2中，$\Pr(Affirmative_t = 1)$ 是指美国在一项反倾销或反补贴调查案件中对受调查国实施反倾销或反补贴关税令的概率。

四、结果分析

在利用 Probit 模型进行分析之前，笔者首先利用交叉列表的分析方法来单独考察安全关系与案件裁定结果之间的相关关系，具体结果如表7-5：

表 7-5 安全关系与美国反倾销和反补贴调查结果之间的相关性分析

AD/CV 最终裁定	联盟关系 非盟国	联盟关系 盟国	样本数
否定	121 48.02%	253 58.43%	374 54.60%
肯定	131 51.98%	180 41.57%	311 45.40%
样本数	252	433	685

$X^2 = 6.969$, $P < .01$; $Cramer's V = -0.10$

资料来源：笔者根据统计结果自制。

由以上分析结果可以看出，是否为美国的盟国与美国反倾销和反补贴的调查结果具有显著的相关性。具体地，在对非盟国的 252 件调查中，有超过一半的案件最终实施了反倾销或反补贴关税；而在对盟国的 433 件调查中，这一数据则降低了 10 个百分点。另外，关于两个变量之间的卡方（X^2）检验的数据显示这两个变量存在显著的相关性。其中 P 值小于 0.01，是指如果两个变量之间事实上不存在相关性，而我们做出相反的判断时所犯错误的概小于 1%，也即当我们认为两个变量存在显著相关时，我们犯错的概率小于 1%。虽然这种初步的分析结果显示安全关系与调查结果之间存在显著的相关性，但我们并不能因此而认为安全关系导致了美国反倾销和反补贴调查结果的变化，因为这两个变量之间的关系有可能是虚假的。例如，造成同盟关系与调查结果之间具有相关性的原因有可能是因为在关于盟国的案件调查中，所涉产业的产能利用率都比较高，或者与盟国的贸易逆差比较小，或者盟国的人均国民生产总值比较高，等等。① 由于盟国与这些变量之间往往存在相关性，因此有必要控制

---

① 类似的，我们可以根据现场消防员的数量来判断一场火灾所造成损失的大小，如果火灾现场出现了较多的消防员，则说明了火灾情况比较严重，因而造成的损失就比较大。但我们显然不能由此推断火灾带来的损失程度是由消防员的数量造成的。

第七章 安全战略与美国的"公平"贸易政策

这些变量。正如以下分析表明的,当对这些变量的影响进行控制后,安全关系对调查结果的影响就不再显著。

表7-6列出的结果是Probit模型的参数值。这些数值全部由统计软件Stata 10完成。其中,模型一检验的是在控制一系列经济影响因素之后,安全关系对美国反倾销和反补贴调查最终裁定有无影响。结果显示,由于整体模型(即包括所有自变量的模型)的p值(Prob > chi2)等于0,明显小于0.01,因而整个模型在$p < .01$的水平上显著,这也说明包含诸如同盟、经济等因素能够改善我们对美国反倾销和反补贴调查结果的解释。

通过对单个自变量的参数值进行观察,我们可以发现同盟变量(*Ally*)的系数为负(-.63),说明同盟关系降低了美国征收反倾销和反补贴关税的概率。然而,关于该自变量的统计检验说明,盟国对因变量的影响即使在$p < .05$的水平上也不显著。通过计算得出,在其他自变量保持在平均水平上时,美国对盟国实施反倾销或反补贴的概率为23%,而对于非盟国来说,这一概率为27%,两者相差很小,说明是否为美国的盟国并没有对最终的调查结果产生显著影响,这也证实了本书提出的假设,即安全关系与美国的反倾销和反补贴政策之间没有明显的相关性。

在模型一中,所有控制变量对美国反倾销和反补贴调查结果的影响都与预期相符,并且除了失业率和WTO/GATT成员国之外,所有变量的影响都在统计上显著。具体地,涉案产品规模和贸易赤字都与因变量成正相关,即所调查进口产品的价值越大,或者美国与受调查国之间的贸易赤字越大,则美国在反倾销和反补贴调查中做出肯定性裁决的概率就会相应地增大。与此相反,国内相关产业的产能利用率和受调查国的人均收入则与因变量呈负相关,即如果国内相关产业的产能利用较高,或者受调查国的人均收入较高时,美国在反倾销和反补贴调查中做出肯定性裁决的概率就会相应降低。然而与一般的预期不同的是,美国在特定年份的失业率对美国反倾销和反补贴调查结果的影响并不显著,虽然该变量系数(0.48)的符号显示较高的失业率会导致较高的肯定裁决率。总体来看,肯定性的裁定率的波动并没有发生太大变化,平均值为45%,除少数例外,多数观测值在35%—53%之间。

表7—6 安全关系与美国反倾销和反补贴调查结果的Probit分析

自变量	反倾销和反补贴调查最终裁定	
	模型一	模型二
截距	.08	.06
	(.92)	(.76)
同盟	-.63	.85
	(.62)	(.78)
涉案产品规模	.75*	.71*
	(.28)	(.25)
产能利用率	-.60**	-.63**
	(.10)	(.12)
失业率	.48	.45
	(.71)	(.68)
人均GDP	-.20*	-.19*
	(.08)	(.07)
贸易赤字	.35**	.32**
	(.11)	(.10)
GATT/WTO	-.37	-.34
	(.29)	(.26)
产业规模		.36*
		(.14)
产业集中度		.27*
		(.13)
Prob > chi2	.000	.000
拟R平方	.78	.80
N	641	635

注:表中数值由Stata 10计算得出。括号内的数字为标准误;星号代表对系数的显著性检验,其中,*是指p<.05,**是指p<.01.两者都为单尾检验。

第七章 安全战略与美国的"公平"贸易政策

模型二在模型一的基础上进一步考察了国内产业（产业规模和产业集中度）对美国反倾销和反补贴政策的政治影响力。结果显示，整体模型的 p 值（Prob > chi2）等于 0，明显小于 0.01，因而整个模型在 p < .01 的水平上显著，这也说明包含诸如同盟、经济和政治等因素能够改善我们对美国反倾销和反补贴调查结果的解释。但与模型一不同，同盟变量（*Ally*）在模型二中的系数为正（.85），说明同盟关系增加了美国征收反倾销和反补贴关税的概率。然而，关于该自变量的统计检验说明盟国对因变量的影响即使在 p < .05 的水平上也不显著。这说明是否为美国的盟国并没有对最终的调查结果产生显著影响，这也证实了本书提出的假设，即安全关系与美国的反倾销和反补贴政策之间没有明显的相关性。另外，模型二中的各控制变量的参数值与模型一中的参数值取值类似，且它们对美国反倾销和反补贴调查结果的影响都与预期相符。需要指出的是，代表美国国内产业政治影响力的两个变量（即产业规模和产业集中度）都对美国反倾销和反补贴政策的实施产生了显著影响，表明当调查所涉产业的规模越大或者集中度越高时，美国政府就越有可能对受调查国实施反倾销和反补贴关税。

总之，与美国的出口控制政策相比，美国以反倾销和反补贴政策为代表的"公平"贸易政策形成于不同的历史时期，体现了不同的政策理念，并且相关的制度设计使得美国的国务官员在这些政策的制定和实施过程中所扮演的角色和发挥的影响力非常有限。以上分析结果表明，在控制各种经济和政治变量之后，盟国关系与美国反倾销和反补贴政策的实施之间并没有显著相关。这也初步验证了本书第四章提出的假设，即在安全官员影响力较弱的对外贸易政策领域，美国的安全战略很难与该领域内的政策结果联系起来。

第八章

安全战略与美国的贸易自由化政策

前两章分别介绍了美国的出口控制政策、"公平"贸易政策。前一种政策是对美国的出口进行管制,后一种政策是对来自国外的进口进行限制。虽然这两种政策所关注的贸易流动方向不同,但它们都强调对贸易进行管制或限制。与前两章考察的政策类型不同,这一章考察的是美国促进贸易流动的政策,也即贸易自由化政策(Trade liberalization policy)①。这种贸易政策主要是指在国会的授权下,美国总统与其他国家或地区进行自由贸易谈判,并在互惠的基础上降低本国的关税和非关税壁垒和促进自由贸易。与前两种贸易政策相比,美国的贸易自由化政策是一种典型的权力分享型政策。在该政策领域,总统与国会相互制衡,共同分享贸易政策的制定权。对于美国的国务官员来说,他们一方面能够像在出口控制政策领域内那样直接参与和影响政策的制定和实施过程,但另一方面,他们又如同在公平贸易政策领域那样受到国会所设制度的极大牵制。正是由于国务官员的这种角色,使得该政策领域内的安全与贸易之间的关系明显区别于前两种政策领域。一方面,总统等国务官员在该政策领域内的影响力使得美国的贸易自由化政策具有了明显的安全战略色彩;另一方面,来自国内政治的压力和制约又使得他们在该

---

① Stephen D. Cohen, Robert A. Blecker, and Peter D. Whitney, *Fundamentals of U. S. Foreign Trade Policy: Economics, Politics, Laws, and Issues*, p. 151.

政策领域内追求安全目标的同时，需要作出很大的让步和妥协，甚至放弃原有的战略目标。

由于美国的贸易自由化政策主要是在"1934年体制"下运作的，因而本章第一节将首先对该体制的历史发展及其目前的主要内容进行介绍；第二节将重点考察美国的国务官员在该体制下所扮演的角色和发挥的影响力，尤其是考察该体制在赋予国务官员较大影响力的同时，又如何通过各种条款来制约他们的行为；第三节通过对冷战结束后美国几届政府所进行的双边和地区自由贸易谈判的分析，来论证"1934年体制"如何塑造了安全战略与美国贸易自由化政策之间的关系。

第一节 "1934年体制"与美国的贸易自由化政策

顾名思义，"1934年体制"是指美国在1934年建立的体制。该体制深刻地转变了美国之前延续了一百多年的贸易政治模式，并在之后的几十年里成为美国历届政府进行自由贸易谈判、削减进口壁垒和打开外部市场的重要工具。在该体制的授权下，美国政府在冷战期间进行了数轮多边贸易谈判，并在冷战结束后发起了多项双边和地区自由贸易协定谈判。因此，"1934年体制"构成了美国贸易自由化政策的核心，是美国推动贸易自由化的重要制度保障。

一、"1934年体制"的形成和演变

在1934年之前的一百多年里，国会一直是美国对外贸易政策的主要制定者。该时期美国贸易政策的主要议题就是制定和调节关税税率，而关税税率的制定和调节则完全是通过国会的立法来完成的，总统在美国贸易政策领域内的主要职责就是按照法律规定的税率征

收关税。然而，由于国会议员分别来自美国各个不同的选区，他们在制定关税政策时首先要考虑的是本选区选民的利益，加上国会内部"相互提携"（logrolling）的投票惯性，使得国会非常容易屈服于国内贸易保护主义的压力，倾向于制定保护主义贸易法案。①

《1930年关税法》（The Tariff Act of 1930）② 的制定及其对国际贸易的巨大破坏性进一步暴露了国会主导美国对外贸易政策的弊端，也促使美国的政治精英决心对原有的贸易决策机制进行改革。一方面，部分国会议员为了摆脱贸易保护主义的压力，开始寻求将制定具体产品关税的职责转移到行政机构身上；③ 另一方面，以国务卿科德尔·赫尔（Cordell Hull）为代表的国务官员出于外交战略和国家整体利益考虑，积极游说和推动国会授权总统与其他国家进行互惠贸易谈判和削减关税的权力。④ 正是在这种背景下，美国国会在1934年通过了美国历史上具有里程碑意义的贸易法，即《1934年互惠贸易协定法》（The Reciprocal Trade Agreements Act of 1934, RTAA）。

《1934年互惠贸易协定法》中的条款在很多方面对美国原有的

---

① 虽然从理论上说支持和反对贸易保护的利益集团都会向国会施压以寻求各自偏好的贸易政策，但事实上，由于从高关税中获利的一方往往能够比利益受损的一方更为有效地组织起来，从而使得利益集团"对国会施加的压力是不平衡的"。也就是说，"由于支持关税立法的压力如此之大，事实上反对派的压力可以忽略不计"。参见 E. E. Schattschneider, *Politics, Pressures and the Tariff: A Study of Free Private Enterprise in Pressure Politics, as Shown in the 1929 – 1930 Revision of the Tariff*, p. 285. 关于美国在整个19世纪所采取的保护主义贸易政策的介绍，可参见王晓峰：《美国政府经济职能及变化研究》，吉林人民出版社，2007年版，第83—84页。

② 该法案又称《霍莱—斯姆特关税法》（The Hawley-Smoot Tariff Act）。它既是美国历史上最具保护主义色彩的一部贸易法，也是由美国国会制定的最后一部普通关税法。

③ [美] I. M. 戴斯勒著，王恩冕于少蔚译：《美国贸易政治》，第13页。

④ Stephen Haggard, "The Institutional Foundations of Hegemony: Explaining the Reciprocal Trade Agreements Act of 1934," in G. John Ikenberry, David A. Lake, and Michael Mastanduno, eds., *The State and American Foreign Economic Policy*, pp. 91 – 119.

第八章 安全战略与美国的贸易自由化政策

贸易政策制定规则和程序进行了重新设计,对之后美国的贸易政策产生了很大影响,因而被学界称之为"1934 年体制"(The 1934 System)。该体制形成至今,期间虽经历了各种挑战,但基本的制度特征并没有发生太大变化。正如研究美国贸易政治的权威专家 I. M. 戴斯勒(I. M Destler)曾经指出的,"尽管许多人(对该体制)感到担忧,但它却没有解体"。①

"1934 年体制"实质上是一种授权(delegation)机制。在该机制下,国会授权总统与国外贸易伙伴在互惠的基础上进行贸易谈判。最初,这种贸易谈判所达成的协定不需要提交国会批准,由总统通过发布公告的方式(proclamation)就可以直接实施。在向总统授权的同时,国会同样也制定了一些限制条件,包括规定总统对进口关税的降低幅度不能超过现行关税的 50%,国会对总统的授权只有三年的期限,期满后再由国会决定是否给予延长或者重新授权。由此可见,"1934 年体制"从其形成开始就体现了国会与总统分享权力的理念。一方面,该体制将美国具体关税的制定权转移到了总统手中,大大提高了行政机构对贸易政策的影响力;但另一方面,国会通过对总统行使贸易政策制定权的范围和实践进行限制,依然保留了宪法赋予它的管理对外商业和征税的权力。

从 1934—1967 年,国会分别通过立法形式延长或重新授予了行政机构进行互惠贸易谈判和削减关税的权力。② 行政机构也都不遗余力地利用该授权与外国政府进行各种自由贸易谈判。通过该授权,美国行政机构在二战结束前的十年间分别与 27 个国家达成了 32 个双边贸易协定,对美国 64% 的应税进口商品做了关税减让,使美国的进口关税税率平均降低了 44%。③ 也正是通过该授权,美国总统

---

① [美] I. M. 戴斯勒著,王恩冕于少蔚译:《美国贸易政治》,第 9 页。
② 相关的授权年份分别为 1937、1940、1943、1945、1948、1951、1953、1955、1958 和 1962 年。
③ [美] I. M. 戴斯勒著,王恩冕于少蔚译:《美国贸易政治》,第 12 页。

与外国政府（主要是盟国）在战后建立了关税与贸易总协定（GATT）这一多边贸易框架，并在随后的20年内发起和完成了六轮贸易谈判回合，包括20世纪60年代著名的"肯尼迪回合"谈判。

到20世纪70年代初，几轮多边贸易谈判使得各国关税壁垒得到了大幅度削减，而诸如配额、自愿出口限制、健康和安全标准、政府采购等非关税壁垒（nontariff barriers，NTBs）则逐渐成为贸易谈判的主要议程。与传统的关税减让不同，对非关税壁垒的降低或消除不仅会牵涉到众多的国内利益，同样需要对国内原有的法律和规则进行修改。而对于美国国会来说，它不可能因为国际贸易谈判的需要而将宪法赋予它的立法权完全授予总统。例如，在"肯尼迪回合"的谈判中，约翰逊政府为了换取有关国家的让步，同意签署了《反倾销守则》以及一个取消"美国销售价"制度的协定（American Selling Price，ASP）。该制度是美国的一项海关估价制度，它提高了外国某些类型的商品进入美国市场的税率。美国国会对这些协定作出了坚决反对，认为总统的谈判超出了国会的授权范围，并拒绝通过立法来实施该协定，甚至通过了相关的反制措施。[①]

但在另一方面，如果总统没有立法权，就会在国际谈判中陷入被动，或者很难发起与贸易伙伴国的自由贸易谈判，因为如果美国总统没有太大的把握在国内通过贸易协定，外国政府就很可能不愿意花费太多时间和资源与美国进行谈判。为了既使国会保留宪法赋予的立法权，又使总统具有进行贸易谈判的能力和可信度，根据美国总统尼克松的提议，美国国会在《1974年贸易法》（The Trade Act of 1974）中专门为非关税壁垒的谈判制定了一种特殊的程序，即著

---

① [美] I. M. 戴斯勒著，王恩冕于少蔚译，《美国贸易政治》，第69页；CRS Report IB10084, *Trade Promotion Authority (Fast-Track Authority for Trade Agreements): Background and Developments in the 107th Congress*, by Lenore Sek, January 14, 2003, p. 2.

第八章 安全战略与美国的贸易自由化政策

名的"快车道"程序或"快通道"程序("fast-track" procedures)。[①] 这种"快车道"程序本质上是对"1934年体制"的延续和发展,它将原有的授权机制扩展到非关税壁垒的谈判领域。根据该程序,总统可以根据国会的授权进行关于降低或消除非关税壁垒的贸易谈判,达成的协定必须提交国会批准,但国会必须在规定的时间内进行表决,并且不能对总统提交的协定做任何修改。

在随后的20年里,"快车道"授权分别得到了延续或更新(相关的授权年份分别为1979、1984、1988年)。也正是在这种授权下,美国政府分别参与和完成了东京回合贸易谈判、《美加自由贸易协定》(The U.S. - Canada Free Trade Agreement)、《北美自由贸易协定》(The North American Free Trade Agreement, NAFTA)和乌拉圭回合贸易谈判。"快车道"授权在1994年4月15日到期之后,当时的克林顿政府未能继续获得国会的重新授权,他也成为第一位在任期间没有从国会重新获得此项授权的总统。[②] 直至布什政府时期,在经过一番讨价还价之后,国会才在2002年8月6日以一票之差通过了对总统的重新授权,"快车道"授权也被更名为贸易促进授权(Trade Promotion Authority),期限为三年。[③] 到2005年,国会批准将该授权延长到2007年6月30日。之后,布什政府未能在任期结束前再次获得该项授权。从2009年至今,奥巴马政府还未明确向国会寻求贸易促进授权,即使其贸易官员多次表态会积极争取国会的授权。

[①] 19 U.S.C. §2101 et seq. (2006)

[②] 克林顿在任期前两年(1993—1994)的授权是对1988年授权的延长,旨在完成乌拉圭回合谈判的最后进程。参见张建新:《权力与经济增长》,上海人民出版社,2006年版,第289—293页。

[③] 19 U.S.C. §3801 et seq. (2006)

二、"1934 年体制"的主要内容

"1934 年体制"的本质就是国会的贸易政策制定权向总统进行有条件地让渡。对于总统来说，他最最关心的问题是由贸易谈判所达成的协定能否以较大的概率和在较短的时间内在国会通过，也即能否在国会立法中享受"快车道"程序。而在"1934 年体制"下，总统的贸易协定能否享受这种特殊的立法程序，则建立在总统的贸易谈判是否符合国会制定的一系列前提条件。这些前提条件包括以下三个组成部分。

第一，总统的贸易谈判必须符合国会制定的一系列目标。《2002 年贸易法》对总统进行贸易谈判的目标进行了详细的界定。这些目标涵盖了各种总体目标（overall objectives），包括通过削减和消除关税与非关税壁垒来加强美国出口的竞争力，获取更加开放、公平和互惠的市场准入，削减或消除影响贸易流动的壁垒，加强国际贸易规则和程序，促进美国经济增长、提高生活质量和促进就业，确保贸易与生态环境之间相互协调，促进对劳工和儿童权利的尊重，确保小企业能够公平地进入国际市场；该贸易法同样包括了在诸如服务业贸易、对外投资、知识产权、电子贸易、农产品贸易、纺织品贸易、反腐败、多边贸易机制等 17 个具体领域内的首要目标（principal objectives）。[1] 值得一提的是，与以前的贸易授权法案不同，2002 年的贸易法详细阐述了关于环境和劳工等谈判目标，并将它们作为特定的优先议题；[2] 同时该法案也强调在决定是否与特定国家进行自由贸易谈判时，总统应考虑该国在何种程度上履行了乌拉圭回合协定义务。[3] 以上这些目标不仅界定了总统进行贸易谈判的目标和方向，也清楚地表明了国会希望或者不希望看到总统在贸易协定中

---

[1] 19 U.S.C. §3802 (a) (b).
[2] 19 U.S.C. §3802 (c).
[3] 19 U.S.C. §3802 (e).

包括什么样的内容。

第二，总统必须就关于谈判的情况向国会即时通告（notice）。在谈判开始之前，总统必须至少在发起谈判之前的 90 个工作日向国会提交书面通知，向国会表明参与谈判的意图、准备发起谈判的日期、美国关于此谈判的目标，以及是要寻求一个新的协定还是只是对原有协定进行修改。① 在总统准别与外国政府签订贸易协定时，必须至少提前 90 个工作日向众议院和参议院告知其要签署协定的意向，并立即在《联邦纪事》上发布关于该意向的公告。② 同时，在达成协定之前，总统应该也必须提前至少 90 个工作日将贸易协定的详细内容提交给国际贸易委员会，并在签署协定之前的期间内随时告知国际贸易委员会有关协定内容的最新变化。③ 在签署协定之后的 60 天内，总统须向国会提交相关报告，详细介绍由于遵守贸易协定而必须对国内的法律进行那些修改。④ 同样，在签署贸易协定后，总统须在参众两院都在会期的时后向国会提交协定最后文本的副本和该协定的实施议案（implementing bill），并解释行政机构如何来实施它，现有的美国法律会如何改变以符合协定要求，该协定如何符合国会制定的目标以及如何该协定如何符合美国的利益。⑤

第三，总统必须就贸易谈判与国会保持密切和即时的磋商（consultation）。在向国会提交发起贸易谈判的通知后，总统要与参

---

① 19 U. S. C. §3804 (a) (1).

② 19 U. S. C. §3805 (a) (1) (A).

③ 19 U. S. C. §3804 (f) (1). 在提交相关材料后，国际贸易委员会需在总统与签订贸易协定之后的 90 个工作日之内，向国会提交关于协定对本国经济和特定产业所造成影响的评估报告，包括对 GDP、进出口以及特定产业的就业、生产和竞争力的影响等。参见 19 U. S. C. §3804 (f) (2).

④ 19 U. S. C. §3805 (a) (1) (B). 该条款为《2002 年贸易法》新增的条款。参见 U. S. House of Representatives, Committee on Ways and Means, *Overview and Compilation of U. S. Trade Statutes*, WMCP: 109 - 4, June 2005, p. 258, available at http://waysandmeans. house. gov/Documents. asp? section =9, accessed June 27, 2009.

⑤ 19 U. S. C. §3805 (a) (1) (C); §3805 (a) (2).

议院的金融委员会、众议院的筹款委员会、国会监督小组（Congress Oversight group）[①]以及其他总统认为相关的国会委员会就贸易谈判相关议题进行磋商，并且在接到国会监督小组要求后，在发起谈判之前或者谈判开始之后的任何时间上与国会监督小组会面。[②]另外，在准备与外国政府达成贸易协定之前，总统同样要与金融委员会、筹款委员会、国会监督小组以及其他与该贸易协定的议题有关的国会委员会进行磋商。磋商的范围应该包括贸易协定的实质，贸易协定如何以及在何种程度上促进了以上目标的实现，关于该协定的实施特别及其对国内现有法律的大致影响等。[③]

如果总统所进行的贸易谈判符合以上条件或者要求，则其在谈判中所达成的贸易协定和与该协定相关的实施议案可以通过《1974年贸易法》制定的"快车道"程序在国会进行表决。"快车道"程序不仅通过严格限制国会对协定的审议和辩论时间，大大缩短了立法时间，同时也禁止对议案进行修改，从而减少了不确定性。该程序的具体内容如下：

（1）在总统将贸易协定提交给国会的那一天，与协定相关的实施议案应该分别由参众两院的多数党和少数党领袖（或者他们指定的议员）提交给参议院和众议院，并由国会的会议主持者（presiding officers）转发给相关的委员会，包括筹款委员会、财政委员会等。如果总统在提交贸易协定时参议院或众议院处在休会期，则实

[①] 国会监督小组由《2002年贸易法》建立，旨在进一步加强国会各委员会对行政机构的监督，以及加强国会议员对贸易谈判进程的参与。该小组的组成包括：众议院筹款委员会和参议院财政委员会的主席、资深成员（ranking member）、6位来自这两个委员会的其他成员（其中一党不超过4人）、对谈判议题拥有管辖权的其他参众两院各委员会的主席和资深成员（或者他们的代表）。参见 19 U.S.C. §3807（a）（2）（3）.

[②] 19 U.S.C. §3804（a）（2）（3）.

[③] 19 U.S.C. §3804（d）.

施议案的提交推迟到两院开会期的第一天。①

（2）在议案进入立法程序后，国会两院都不能对实施议案进行修正，也不能阻碍"快车道"程序的实施。② 相关委员会在收到实施议案后，只有最多45个立法日（legislative days）的考虑时间，之后需提交国会进行表决；如果超过了该时间限制，则议案仍将按适当日程进入大会表决。③ 两院关于议案的辩论时间分别被严格限制在20小时之内，其中众议院将这些时间平均地分配给议案的支持者和反对者，参议院的辩论时间则由多数党和少数党领袖（或者他们的代表）平均分配。④ 如果贸易协定的实施议案分别在两院获得简单多数通过，则它在总统签署后就正式成为法律。

《2002年贸易法》同样规定，如果总统的一项贸易谈判没有符合国会预设的要求，或者没有按照法律规定的程序进行，则国会有权通过各种方式拒绝或者收回"贸易促进"授权。例如，该法规定，如果国会认为"总统在一项贸易协定的谈判中没有或者拒绝告知国会或者与国会进行磋商，没有与国会监督小组会面，并且协定没有促进该章制定的目标"，国会可以通过"程序否决决议"（procedural disapproval resolution）拒绝将"快车道"程序应用于该协定。⑤ 参众两院的任何议员都有权提交这种否决决议。⑥ 如果参议院和众议院中的任何一方针对特定贸易协定通过"程序否定决议"，并且另外一方在前者通过决议之后的60天之内也对该协定通过了"程序否定决议"，则该协定的实施议案不适用于"快车道"程序。

---

① 19 U.S.C. §2191（c）(1).
② 19 U.S.C. §2191（d），§2191（f）(1)，§2191（g）(1).
③ 19 U.S.C. §2191（e）(1).
④ 19 U.S.C. §2191（f）(2)；§2191（g）(2).
⑤ 19 U.S.C. §3805（b）.
⑥ 其中众议员须将"程序否定决议"提交给筹款委员会和规则委员会（House Rules Committee），参议员须将"程序否定决议"提交给财政委员会。这些委员会都不能对提交的决议进行修改。参见19 U.S.C. §3805（b）(2)(A).

另外，国会也可通过延期否决决议（extension disapproval resolution）的方式收回对总统的授权。《2002年贸易法》对总统的授权期限进行了限制，到期时间为2005年7月1日。如果总统在2005年4月1日之前向国会提交延期申请，并且国会没有通过延期否决决议，则授权可以再延长两年，直至2007年7月1日；而如果国会中的任何一名议员提出延期否决决议，并且在2005年6月30日之前在国会获得通过，则对总统的授权不能被延长。[1]

第二节 "1934年体制"内的国务官员

从以上介绍可以看出，"1934年体制"的一个最为显著的特点就是国会和总统之间在权力上分配上的平衡与妥协。作为一种巧妙的制度设计，无论是早期在特定限度内的关税减让，还是当今围绕非关税壁垒的"快车道"程序，该体制一直延续了这种特点。在该体制下，总统相比1934年之前享有了更大的对外贸易政策制定权，能够设定贸易政策议程，负责涉及关税和非关税壁垒的贸易谈判，并且谈判所达成的协定能够在国会以较短的时间和更高的概率获得通过。但另一方面，总统在贸易政策领域享受的这种"特权"只有在满足国会制定的一系列前提条件的情况下才能得以兑现。总统在进行贸易谈判时必须同时考虑国会议员的需要，按照国会制定的步骤来进行。如果总统没有满足这些前提条件，国会则有权拒绝授予或者收回这种"特权"。

对于以总统为代表的国务官员来说，《1934年互惠贸易协定法》建立的授权机制标志着美国对外贸易政策制定体制的重大转变。该体制改变了以往国会独大的局面，使国务官员在对外贸易政策进程

---

[1] 19 U.S.C. § 3803 (c).

第八章 安全战略与美国的贸易自由化政策

中的作用得到很大提高,也为美国在之后长达几十年的霸权地位奠定了重要的国内制度基础。首先,因为国务官员在对外贸易政领域内地位的提升,使得美国在制定具体的对外贸易政策是减少了国内政治的干扰,提高了政策制定和执行的效率,在国际贸易谈判中更能够"用一种声音说话"。其次,国务官员地位的提升也大大提高了美国官员参与国际贸易谈判的可信度,增加了贸易伙伴同美国进行谈判的意愿。最后,国务官员地位的提高同样也使得安全和外交战略考虑影响美国的对外贸易政策提供了可能。

在"1934年体制"建立之后的很长一段时间内,美国贸易自由化的进程几乎完全由国务官员来主导。在之后的近30年内,美国的贸易谈判主要由国务院来领导,国务卿等官员在美国对外贸易政策制定过程中扮演着核心角色。从美国在二战结束之前的双边贸易谈判到美国对关贸总协定前五轮回合谈判的推动和参与,无不都是由国务卿来领导和具体操作的。1962年之后,虽然在美国国会的要求下,负责贸易谈判的职责被转到了新设立的特别贸易代表(The Special Trade Representative, STR)身上(即目前美国贸易代表办公室的前身,Office of the U. S. Trade Representative, USTR),[①] 但总统仍然能够掌握自由贸易谈判的主动权,如在其主导下继续参与和完成了关贸总协定框架下的"肯尼迪"回合、东京回合和乌拉圭回合谈判,同时也在1985年以来发起和完成了包括同以色列、加拿大和墨西哥等国的双边或地区自由贸易谈判。相反,国会在美国的国际贸易谈判中则往往显得比较被动,在很大程度上只是扮演者"平衡者"或"看门狗"的角色。[②]

[①] 《1962年贸易扩大法》赋予了特别贸易代表在国际贸易谈判中担任美国的首席代表的职责,以及负责在国内协调所有涉及贸易政策的部门之间的政策。

[②] [美]朱迪斯·哥尔德斯坦:《制定GATT的规则:政治、制度与美国的政策》,载[美]约翰.鲁杰主编,苏长和等译:《多边主义》,浙江人民出版社,2003年版,第240页。

正如上文指出的，作为当前"1934年体制"的核心，"快车道"程序使得国会向总统让渡了宪法赋予的几种重要立法权，同时也对国会的政策制定权进行了很大的限制。首先，根据程序要求，一旦总统按照程序向国会提交了贸易协定及相关的实施议案，国会参众两院的各委员会不得阻碍将议案提交到大会进行表决，并且委员会对议案的考虑时间有严格的限制（不能超过45立法日）。其次，国会议员对协定实施议案的辩论时间也受到严格的限制，并且不能通过各种方式阻碍投票的进行。再次，尤为重要的是，国会不能对实施议案的条款进行任何修改，国会议员只能对议案投赞成票或者反对票（up-or-down vote）；最后，一般的国家间条约要在参议院获得2/3多数的赞成票才能成为法律，而在"快车道"程序下，贸易协定的实施议案只需在参众两院获得简单多数就可通过。① 国会对自身权力的让渡和限制使得贸易协定规避了美国国会立法进程的几个主要障碍，从而大大提高了贸易协定通过的概率和速度，减少了不确定性，也加强了总统影响对外贸易政策的能力。

然而，对于国会来说，对总统的授权并不意味着国会放弃了管理对外贸易的所有职责。在将具体的政策制定权转交给总统的同时，国会也"依然保持着对贸易政策的相当可观的影响"。② 早在"1934年体制"建立之初，国会就规定了哪些产品的进口关税是可以降低的以及能够降低多少，同时也对总统进行贸易谈判的授权进行了时间限制。一旦发现总统的行为超出了这些限制或者不符合自己的预设目标，国会就会对授权内容进行重新修改。例如，在对参与关贸总协定下的"狄龙回合"谈判的授权上，国会就将关税的降幅设定

---

① 美国历史上有不少国家间的经济条约没有获得国会的通过，如参议院就没有通过美国与加拿大之间签订的《1979年东海岸渔业条约》（1979 East Coast Fishing Treaty）。参见 Sharyn O'Halloran, *Politics, Process, and American Trade Policy*, p. 141.

② Sharyn O'Halloran, "Congress and Foreign Trade Policy," in Randall B. Ripley and James M. Lindsay, ed., *Congress Resurgent: Foreign and Defense Policy on Capital*, p. 284.

第八章 安全战略与美国的贸易自由化政策

为20%,而不是之前的50%。目前的"快车道"授权依然如此,国会依然能够通过各种手段影响总统的自由贸易谈判议程及其谈判结果。

首先,在制度的设计上,"1934年体制"保证了国会能够监督和参与贸易谈判的进程。正如上文介绍的,如果总统想要取得"快车道"的立法程序,就必须在谈判的各个阶段将谈判的意图、动向和内容向国会即时报告,并且要与国会议员保持密切的沟通和磋商。通过在2002年的贸易法中建立国会监督小组,国会更是加大对总统进行贸易谈判的参与和监督。目前的贸易法明确规定,任何没有向国会透露的贸易协定内容都不能成为法律,[①] 这就迫使总统向国会进行详细的报告,不能隐瞒谈判内容,否则与外国政府所达成的贸易协定就有无法通过的风险。另外,在机构的设置上,国会通过立法不断提高美国贸易代表在国际贸易谈判中的地位,促使美国的贸易谈判更少地受到外交、安全等因素的影响,转而更加关注国内利益特别是国内寻求贸易保护的利益集团的需求。

其次,正如上文指出的,美国国会同样能够通过各种方式收回或者取消对总统的授权。一方面,国会在对总统进行授权的同时,特意设定了一个授权使用期限,一旦超过这个期限,总统就需要向国会重新申请延长。例如,在1988年和2002年的"快车道"授权上,国会虽然给予了五年的期限,但同时也规定其中最后两年的期限只有在国会不反对的情况下才能得以兑现。[②] 正式因为对授权期限的限制,总统在贸易谈判中就必须考虑到国会的需求,否则授权一旦到期,国会就有可能拒绝对授权进行延长,正如1994年之后国会拒绝批准对克林顿授权那样。另一方面,即使是在特定的授权期限之内,国会也能够将授权收回。在授权期内,如果行政部门未能实

---

① 19 U.S.C. §3805 (a) (4).
② 19 U.S.C. §3803 (a) (1); §3803 (c).

现国会的目标，或未能与国会进行及时的磋商，则国会有权剥夺授权。参众两院的任何一个议员都能够提交针对一项贸易协定的程序否决议案。如果程序否决议案在国会获得通过，则该贸易协定的实施议案就无法适用"快车道"程序。虽然在历史上美国国会很少会在授权期内收回对总统的授权，但它无疑是国会向总统施压的一个种手段，迫使总统在贸易协定的谈判中对国会的要求作出妥协。

"1934年体制"下的权力分配结构表明，在美国的贸易自由化政策领域，总统等国务官员既不会像在出口控制政策领域那样发挥着主导作用，国会也不会像在"公平"贸易政策领域那样左右着具体规则的制定。相反，总统与国会在该政策领域内保持着大致的平衡，两者共同影响美国自由贸易谈判的进程和结果。根据本书第四章的观点，这种权力分配结构也必然会影响到安全战略与美国贸易自由化政策之间的关系。一方面，总统在该政策领域内发挥的重要影响为安全战略考虑融入美国的自由贸易谈判提供了可能。正如I. M. 戴斯勒指出的，"有了这个体制（即"1934年体制"，笔者注），总统通常可以把贸易问题作为支撑美国国际主导地位的一个组成部分来处理。"[①] 另一方面，国会在该政策领域内的监督和制衡角色，又会使得总统在将自由贸易谈判服务于安全战略目标的努力受到很大的限制。由此我们可以得出这样的结论，即美国的贸易自由化政策一方面会受到国家安全战略的影响，但同时也会受到国内政治较大的牵制和羁绊。

第三节 安全战略与美国的自由贸易谈判

对于美国的国务官员来说，推动贸易自由化不仅符合美国的整

---

① ［美］I. M. 戴斯勒著，王恩冕于少蔚译：《美国贸易政治》，第32页。

第八章　安全战略与美国的贸易自由化政策

体经济利益，包括打开国际市场和提升国内资源利用效率，同样也具有重要的战略意义。贸易自由化不仅能够帮助盟国增强经济实力和加强战略关系，还能通过建立排他性的自由贸易联盟，将敌对国家排除在贸易优惠协定之外。也正是由于具有这种安全上的外部性，贸易自由化政策才成为美国的国务官员用来支持盟国和制衡对手的一种重要战略工具。"1934 年体制"给予了美国国务官员进行自由贸易谈判的关键授权，也使得他们能够在进行自贸协定的谈判中，将自身的战略偏好反映到谈判对象的选择、条款的设定等方面，使得贸易自由化进程与美国的安全战略保持较大的一致性。正是在"1934 年体制"的授权下，美国的国务官员冷战期间将 GATT 框架下的多边贸易谈判作为加强盟友和排除敌对国的重要手段。[1] 另外，美国还在冷战后期利用与盟国签署双边自贸协定的方式，来加强与盟国间的战略关系的做法，1985 年的美国—以色列自由贸易协定就是一个典型代表。

美国在冷战期间所进行的多边贸易谈判和所签署的多边贸易协定主要是在"1934 年体制"的授权下完成的。除了与约旦签署的自由贸易协定之外，美国自 1974 年以来与其他国家签订的所有双边自贸协定也都是在该体制提供的"快车道"或"贸易促进授权"（TPA）授权下完成的。因此，"1934 年体制"成为国务官员将战略偏好反映到美国贸易自由化进程当中的制度保障。然而，通过上一节关于美国"1934 年体制"特征的介绍，我们知道该体制一方面给予了美国国务官员较大自主性的同时，也对国务官员的影响力进行了较大的限制。虽然在冷战期间，美国国务官员可以通过强调应对外部安全威胁的重要性，来减弱该体制对自身的限制，但随着冷战的结束和外部安全威胁的减弱，我们将会发现国会在美国对外政策

---

[1] David Vogel, "Global Trade Linkages: National Security and Human Security," in Vinod K. Aggarwal and Kristi Govella, eds., *Linking Trade ans Security: Evolving Institutions and Strategies in Asia, Europe, and the United States*, p. 26.

中的影响力会有所增强，"1934年体制"对国务官员的限制也会相应加大，国务官员与国会议员在该政策领域内的影响力将会保持着大致的平衡。据此，根据本书第四章的假设，我们可以做出这样的结论，即美国的贸易自由化政策一方面会受到国家安全战略的影响，另一方面也将受到来自国会和国内政治的较大制约。本节将通过过去十多年来的现实经验来对该观点进行论证。

在分析对象上，这里所关注的是美国在冷战结束之后特别是布什政府时期（2001—2008年）和奥巴马政府时期（2009年至今）所进行的双边和地区自由贸易谈判。虽然在20世纪90年代初，关贸总协定和世界贸易组织框架下的多边贸易谈判依然是美国贸易自由化政策的核心议程，但自布什政府以来，签订双边或地区间的自由贸易协定（Free Trade Agreements，FTA）逐渐成为美国国际贸易谈判的主要内容。

在过去十年来，FTA已经逐渐成为贸易自由化的主要形式。美国虽然最初不情愿进行双边自贸协定谈判，但在2000年代开始不断地进行FTA谈判。在2009年前美国所签署或者或已经实施的14个自由贸易协定中，有12个是在布什政府时期签署或通过国会批准（见表8-1）。因而本节将主要考察布什政府时期美国在"快车道"授权（或者贸易促进授权）下所进行的自由贸易谈判。本节最后一部分将主要考察奥巴马政府时期所推动的地区自贸协定谈判，尤其是跨太平洋战略伙伴协定（Trans-Pacifi Partnership，TPP）谈判。

表8-1 美国在2009年前签署或实施的FTA

序号	FTA	谈判日期	签订日期	国会批准日期	生效日期
1	以色列	1984.1-1985.2	1985.4	1985.5	1985.9
2	NAFTA*	1990.9-1992.8	1992.12	1993.11	1994.1
3	约旦	2000.6-2000.10	2000.10	2001.9	2001.11
4	新加坡	2000.11—2003.1	2003.5	2003.7	2004.1
5	智利	2000.12 2002.12	2003.6	2003.7	2004.1

第八章　安全战略与美国的贸易自由化政策

续表

6	CAFTA-DR＊＊	2003.1－2004.3	2004.8	2005.7	2006.3
7	摩洛哥	2003.1－2004.3	2004.6	2004.7	2006.1
8	澳大利亚	2003.3－2004.2	2004.5	2004.7	2005.1
9	巴林	2004.1－2004.5	2004.9	2005.12	2006.8
10	巴拿马	2004.4－2006.12	2007.6	——	——
11	秘鲁	2004.5－2005.12	2006.4	2007.12	2009.1
12	哥伦比亚	2004.5—2006.2	2006.11		
13	阿曼	2005.3－2005.10	2006.1	2006.9	2009.1
14	韩国	2006.2—2007.4	2007.6		

注：＊《北美自由贸易协定》（North American Free Trade Agreement，NAFTA），包括美国、加拿大和墨西哥三个成员国。＊＊《多米尼加—中美洲自由贸易协定》（Dominican Republic - Central America Free Trade Agreement，CAFTA-DR），成员国包括美国、哥斯达黎加、萨尔瓦多、危地马拉、洪都拉斯、尼加拉瓜和多米尼加共和国。美国与中美洲五国的自由贸易谈判从2003年1月开始，2003年11月结束，协定的签署日期是2004年5月；美国与多米尼加的谈判开始于2004年1月，并于该年3月份结束，协定的签署日期是2004年8月。美国与萨尔瓦多的协定于2006年3月生效，与洪都拉斯和尼加拉瓜的协定在2006年4月生效，与危地马拉的协定在2006年7月生效，与多米尼加的协定在2007年3月生效，与哥斯达黎加的协定在2009年1月生效。

资料来源：美国贸易代表办公室网站。http：//www.ustr.gov/，（accessed November 17－22，2009）。

在分析方法上，由于本节所要分析的案例数量较少，只有12个自由贸易协定（布什政府时期）和屈指可数的地区自贸协定谈判，无法应用大样本的统计方法，因而这里将采用定性的案例分析方法。另外，之所以采用案例分析方法，不仅是因为样本数量较少的原因，还因为本章所考察政策类型的特征所决定。在出口控制政策和反倾销、反补贴政策等所谓"公平"贸易政策领域，相关的制度设计对使得总统与国会之间的权力非常不平衡。总统要么发挥主导作用（如在出口控制政策领域），要么几乎无法发挥任何影响（如反倾销和反补贴政策领域）。然而在贸易自由化政策领域，总统与国会之间的权力保持着大致的平衡，两者在政策制定过程中会做出很多博弈和妥协。正如上一节所指出的，国会能够通过威胁取消对总统的授权或者拒绝对特定贸易协定实施"快车道"程序来迫使总统针对某些议题做出妥协和让步，使总统同意并在贸易协定中加入符合国会要求的条款。这种制度特征使得我们很难通过对政策结果的直接量化来衡量总统或者国会影响力的大小。

例如，在2009年以前，由美国总统所签署的14个自由贸易协定中，有11个获得了批准，通过率将近80%。这个数据显然忽视了国会在谈判进程中发挥的影响，因为国会在谈判之前关于谈判国的选择上，在谈判中关于具体议题的设定上，或者在谈判结束之后关于协定文本的起草上，都可以向总统施加影响。如果一项协定在总统递交国会之前就已经按照国会的要求进行了修改，我们显然不能仅仅通过该协定是否通过来检验国会对贸易谈判的影响。

为了分析"1934年体制"下总统与国会之间大致均衡的权力分配结构如何影响了美国的安全战略和贸易自由化政策之间关系，下文将首先对布什政府的FTA战略进行考察，包括布什政府的战略目标以及它是如何成功地将自由贸易协定作为服务这种战略目标的工具。之后将考察国会在美国自由贸易谈判中的影响，以及这种影响又如何削弱了布什政府将双边自由贸易协定服务于安全战略的努力。最后，本节将重点考察2009年以来，美国所参与的地区自贸协定谈判如何体现了奥巴马政府战略目标，以及国内政治又如何限制了奥巴马政府推动地区自贸协定谈判的努力。

一、布什政府与美国的FTA战略

美国利用自由贸易协定来服务安全战略目标的的做法可以追溯到20世纪30年代。《1934年贸易协定法》对总统进行自由贸易谈判授权以后，时任国务卿的科德尔·赫尔就不失时机地利用该授权与具有战略利益的国家进行双边关税减让谈判。在他于1944年辞去国务卿职位时，美国已与27个国家签订了双边贸易协定。二战结束

第八章 安全战略与美国的贸易自由化政策

之后,美国的贸易谈判从双边转向多边,并在关贸总协定的框架下参与和完成了八轮回合的谈判。在 20 世纪 80 年代中期,一方面是因为新一轮多边贸易回合遇到阻碍,另一方面出于战略考虑,里根政府与以色列签署和实施的美国历史上第一个自由贸易协定。美国随后延续了这种战略,分别在老布什政府和克林顿政府时期与加拿大签订与加拿大的双边自由贸易协定,以及包括墨西哥在内的 NAFTA。克林顿政府还在 1994 年提出了建立两个地区自由贸易区的倡议,包括与西半球的 33 个国家在 2005 年建立美洲自由贸易区,以及在印尼茂物与其他亚太经合组织(APEC)成员国签署宣言,力争实现地区内发达国家在 2010 年(所有成员国在 2020 年实现)实现贸易和投资的自由化。但是当"快车道"授权于 1994 年到期之后,克林顿政府再也没有说服国会重新授权,这也使得该时期美国的 FTA 战略受到了很大阻碍,只是在克林顿任期的最后一年分别启动了与约旦、新加坡和智利的自由贸易谈判。

布什政府在其任期的第二年艰难地获得了国会的"快车道"授权(并重新取名为"贸易促进授权"),得以重启美国的贸易自由化进程。[1] 虽然布什政府依旧强调多边贸易体制的重要性,并在任期第一年就参与启动世贸组织的"多哈回合"谈判,但它主要关注的还是通过自由贸易协定来建立双边和地区的贸易联系。[2] 另外,在强调自由贸易协定的同时,布什政府同样还直接或间接地表达了将贸易等对外经济政策服务于安全战略目标的意愿和倾向。

布什政府在上台后不久就废除了国家经济委员会(National Economic Council,NEC),并宣布他的行政机构在贸易事务中将更加依

---

[1] 关于布什政府时期美国国内围绕贸易促进授权的争论的相关介绍,可参见林玲、李江冰:《布什政府贸易促进授权之争》,载陈继勇主编:《美国新经济周期与中美经贸关系》,武汉大学出版社,2004 年版,第 156—164 页。

[2] CRS Report RL31356, Free Trade Agreement: Impact on U. S. Trade and Implications for U. S. Trade Policy, by William H. Cooper, August 2006, p. 5

赖他自己的经济顾问委员会（Council of Economic Adviser）和国家安全委会员（National Security Council），从而暗示着贸易将会与美国的外交和安全议题会有更加直接的联系。①

在"9·11"事件爆发之后，布什政府更是强调对外贸易在反恐问题上的重要性，并明确地将美国的对外贸易政策与反恐战争联系在一起。例如，2001年10月17日，时任美国总统的小布什在美国加州商业协会的早餐会上宣称，"恐怖分子攻击了世贸中心，我们将通过扩大和鼓励世界贸易来打败他们。为了帮助我扩大世界贸易，我已经向国会寻求给予我贸易促进授权，以更好地在世界范围内寻求美国的利益。"②

在恐怖分子袭击纽约世贸中心之后的第九天，时任美国贸易代表的罗伯特·佐利克（Robert Zoellick）就在美国的《华盛顿邮报》发表了题为《用贸易对抗恐怖主义》的文章。他在该篇文章中指出，"经济实力——国内和国外——是美国硬权力和软权力的基础。以前的敌人知道了美国是民主的军火库，今天的敌人将会知道美国是自由、机会和发展的引擎。为此，美国在促进国际经济和贸易体系上的领导地位至关重要。贸易并不仅仅是经济效率问题。……国会现在需要向世界发出一个明确的信号，即美国致力于领导全球开放，需要知道我们联盟的持久实力建立在经济增长之上"。③

虽然说罗伯特·佐利克发表以上观点的一个主要目的是为了敦促美国国会批准对布什政府的"快车道"授权，但白宫在一年之后发布的《美国国家安全战略报告》中，布什政府进一部明确地将对

---

① John Peterson, "The Politics of Transatlantic Trade Relations," in Brian Hocking and Steven McGuire, eds., *Trade Politics*, 2nd ed., New York: Routledge, 2004, p. 41.

② George W. Bush, "Remarks at the California Business Association Breakfast in Sacramento, California," October 17, 2001.

③ Robert Zoellick, "Countering Terror with Trade," *Washington Post*, September 18, 2001, 转引自 NBER Working Paper Series, *International Economic Policy: Was there a Bush Doctrine?* by Barry Eichengreen and Douglas A. Irwin, March 2008, p. 8.

第八章　安全战略与美国的贸易自由化政策

外贸易与安全问题挂钩。该报告声称,"一个强健的世界经济能够通过在世界其他地区促进繁荣和自由来提高我们的国家安全。由自由贸易和自由市场支撑的经济增长能够增加就业和提高收入。它让人们摆脱贫困,刺激经济和法制改革,打击腐败,以及增强自由的习惯。"布什政府还在该报告中指出,双边和地区自由贸易谈判就是推动美国实现上述目标的一个重要工具。①

正是在这种战略构想下,布什政府一方面继续推动上一届政府遗留的自由贸易协定议程,另一方面开始重新发起与盟国和准盟国之间的双边或地区自由贸易谈判,谈判对象遍及拉美、亚太和中东等地区。

在美国的后院——拉丁美洲地区,布什政府继续推动与智利的自由贸易谈判,并在2003年6月签署了最后协定。在该协定签署之前的几个月,它又相继发起了与五个中美洲国家的自由贸易谈判,②并在一年半后签署了相关的自由贸易协定,这也是美国首个与一群小的发展中经济体签署的自由贸易协定。在与中美洲国家的自由贸易谈判完成之后不久,即2004年4月,美国又在南美洲发起了与巴拿马的自由贸易谈判,并在一个月后发起与哥伦比亚、厄瓜多尔、秘鲁这三个安第斯共同体(Andean Community)成员国的谈判。

在亚太地区,布什政府继续与新加坡的自由贸易谈判。在2003年5月与新加坡签署了最后协定后,又推动国会在2003年7月给予批准。在与新加坡进行谈判期间,美国一方面发起了与澳大利亚的自由贸易谈判,另一方面又在东南亚宣布了"东盟事业倡议"(the Enterprise for ASEAN Initiative, EAI),为与东盟国家进行自由贸易谈

---

① The White House, *The National Security Strategy of the United States of America*, September 2002, pp. 17 – 18.

② 首先参与谈判的是哥斯达黎加、萨尔瓦多、危地马拉、洪都拉斯和尼加拉瓜,之后多米尼加共和国于2004年1月也加入了该谈判,从而使得美国在该地区的谈判伙伴增至6个。

判制定了路线图。① 在这种路线图的指导下，美国分别在 2004 年 6 月和 2006 年 6 月发起了与泰国和马来西亚的自由贸易谈判。② 另外，在东北亚地区，布什政府还于 2006 年 2 月展开了与韩国的自由贸易谈判。

在中东地区，布什政府在上任后不久就敦促国会批准克林顿政府时期与约旦签署的双边自由贸易协定。在入侵伊拉克之前的 2 个月（即 2003 年 1 月份），美国展开了与摩洛哥的自由贸易谈判。在伊战开始后的 2 个月（即 2003 年 5 月份），布什本人又宣布了一项更加野心勃勃的计划，即要在 10 年后建成美国—中东自由贸易区（Middle East Trade Area，MEFTA）。③ 不久之后，布什的第一任美国贸易代表罗伯特·佐利克就勾画了该计划的实施步骤，包括一方面与条件不成熟的国家首先签订贸易与投资框架协议（Trade & Investment Framework Agreements）或双边投资条约（Bilateral Investment Treaties），为将来进行自由贸易谈判铺平道路，另一方面与条件成熟的国家进行更高层次的贸易谈判，即自由贸易谈判，并期望通过一系列双边自由贸易协定将该地区最终融合成一个自由贸易区。在该计划的指导下，布什政府在 2004 年 1 月展开了巴林的自由贸易谈判，在 2005 年 3 月启动了与阿曼和阿联酋的类似谈判。

---

① Dean A. DeRosa, "US Free Trade Agreements with ASEAN," in Jeffrey J. Schott, ed., *Free Trade Agreements: US Strategies and Priorities*, Washington, D. C.: The Peter G. Peterson Institute for International Economics, 2004, 117；朱颖：《美国与东盟国家自由贸易协定计划的提出与实施》，载《东南亚研究》，2007 年第 6 期，第 76—81 页。

② Jeffrey J. Schott, "Free Trade Agreements and US Trade Policy: A Comparative Analysis of US Initiatives in Latin America, The Asia-Pacific Region, and The Middle East and North Africa," *International Trade Journal*, Volume XX, No. 2, Summer 2006, p. 97；美国贸易代表办公室（USTR）网站：http://www.ustr.gov/countries-regions/southeast-asia-pacific/malaysia, accessed December 12, 2009.

③ The White House press release, "President Bush Presses for Peace in the Middle East," May 9, 2003. http://georgewbush-whitehouse.archives.gov/news/releases/2003/05/20030509-11.html, accessed December 13, 2009.

第八章 安全战略与美国的贸易自由化政策

在布什政府时期,美国总共与17个国家签署或实施了12个自由贸易协定,使美国的自由贸易协定总数增至14个,也将美国的FTA伙伴国增至20个。这些自由贸易协定不仅仅是出于纯粹的经济目的,它们同样还是"美国广泛的对外政策中的一个重要组成部分。美国利用FTA去帮助实现美国无数的政治、经济和安全利益。这些协定通过促进经济增长和法治、帮助巩固民主政府的基础以及获取反恐的全球支持来服务美国的战略利益"。[①] 因而,除了经济目标之外,布什政府的自由贸易谈判还具有鲜明的安全战略色彩。其战略目的可以概括为以下三个方面。

首先,布什政府希望通自由贸易协定来加强与传统盟国或者准盟国之间的经济联系,进而巩固与这些国家之间的战略纽带。从布什政府已经完成和正在进行的自由贸易谈判可以看出,所有的FTA伙伴国,要么是美国的传统盟国,如澳大利亚、韩国等,要么是对美国具有重要战略利益的国家,如新加坡、巴林、哥伦比亚和阿曼等。通过与这些国家签署自由贸易是美国在各个地区寻求和巩固战略支点的重要工具。以亚太地区的澳大利亚为例,澳大利亚参加了美国在20世纪卷入的7场战争,包括阿富汗和伊拉克战争,在美国的全球和地区战略中发挥着"美国保安官员副手"的作用。[②] 通过FTA进一步扩大与澳大利亚之间的经济联系,是布什政府巩固与澳

[①] Jeffrey J. Schott, "Free Trade Agreements and US Trade Policy: A Comparative Analysis of US Initiatives in Latin America, The Asia-Pacific Region, and The Middle East and North Africa," p. 99. 类似观点,还可参见湛柏明:"布什政府的自由贸易协定及其对中美经贸关系的影响",载《世界经济研究》,2006年第7期,第25—26页;湛柏明:"美国贸易政策的新特点及其对中美经贸关系的影响",载全国美国经济学会/浦东美国经济研究中心编:《美国经济走势与中美经贸关系》,上海社会科学院出版社,2006年版,第84—92页。

[②] 吴心伯:《太平洋上不太平:后冷战时代美国的亚太安全战略》,复旦大学出版社,2006年版,第152—153页。

大利亚同盟关系的重要手段之一。① 正如布什本人在2004年8月签署与澳大利亚的自由贸易协定时指出，"近一个世纪以来，我们两个国家在战争时期是盟友，在和平时期是伙伴。……《美澳自由贸易协定》是我们盟国历史的一个重要里程碑。它通过建立一个真正的经济伙伴关系扩大了我们的安全和政治同盟。"②

其次，将自由贸易协定作为获取或者奖励那些在安全和外交上向美国提供支持的国家的手段。在双边或地区自由贸易谈判上，布什政府公开声称是否支持美国的对外政策是美国选择FTA伙伴的前提条件。③ 同样以美国在亚太地区的FTA战略为例，因为澳大利亚在地区安全事务以及在阿富汗战争和伊拉克战争问题上积极支持美国，所以与它的自由贸易谈判非常迅速，只用了不到一年就完成（2003年3月—2004年2月）；相反，由于新西兰在20世纪80年脱离了与美国之间的安全同盟，并且反对美国发动伊拉克战争，使得布什政府不愿与其建立自由贸易伙伴关系，即使美国国会的十几名参议员在2003年3月28日联名致信布什要求将新西兰加入美澳自由贸易谈判当中。④ 类似地，由于智利在联合国安理会上公开反对伊拉克战争，美国曾一度推迟签署与其已经完成的贸易协定，转而加速签订与支持伊战的新加坡的贸易协定，虽然前者比后者达成的要早。⑤ 同样，在中东地区，布什政府将支持其中东政策的国家纳入美

---

① 宋国友：《美国的东亚FTA战略及其对地区秩序的影响》第37页。

② The White House press release, "President Bush Signs U. S. -Australia Free Trade Agreement," August 3, 2004. http: //georgewbush-whitehouse. archives. gov/news/releases/2003/05/20030509-11. html, (accessed December 13, 2009).

③ Luke Peterson, "Bush will Trade only with Friends," New Statesman, Vol. 132, Issue 4643, June 23, 2003, p. 17.

④ Andrew L. Stoler, "Australia-US Free Trade: Benefits and Costs of an Agreement," in Jeffrey J. Schott, ed., Free Trade Agreements: US Strategies and Priorities, p. 96.

⑤ Sidney Weintraub, "Lessons from the Chile and Singapore," in Jeffrey J. Schott, ed., Free Trade Agreements: US Strategies and Priorities, p. 91.

国—中东自由贸易区谈判的议程,而那些对美国敌视或者参与制裁以色列的国家则被排除在外(见表8-2)。①

表8-2 美国在中东的签署的 FTA 和 TIFA

国家	FTA	TIFA
以色列	√	
约旦	√	
摩洛哥	√	
巴林	√	√
阿曼	√	√
阿联酋		√
埃及		√
突尼斯		√
科威特		√
卡塔尔		√
沙特阿拉伯		√
阿尔及利亚		√
伊拉克		√
也门		√
黎巴嫩		√
伊朗		
利比亚		
叙利亚		

注:√表示美国与该国签署了相应的贸易或投资协议。
资料来源:关于自由贸易协定、贸易与投资框架协议的资料来源于美国贸易代表办公室网站,http://www.ustr.gov/,(accessed on November 18, 2009).

最后,通过贸易提高伙伴国经济发展水平,促进伙伴国社会的

---

① Robert Z. Lawrence, *A US-Middle East Trade Agreement: A Circle of Opportunity*? Washington, D. C.: The Peter G. Peterson Institute for International Economics, 2006, p.6;朱颖:"自由贸易协定与美国对中东战略",载《西亚非洲》,2009年第4期,第42—46页。

开放以及民主与自由,进而帮助消除发生政治动荡的根源和滋生宗教极端势力的土壤。在布什政府看来,无论是经济的发展、社会的开放,还是法制和高效政府的建立,都是维护地区稳定和消除恐怖主义必不可少的前提。正如布什本人在2002年3月联合国发展筹资问题会议(UN Financing for Development Conference)上的发言所指出的,"我们之所以消除贫困,是因为贫困是解决恐怖主义的一种途径。"① 一年后,在美国南卡莱罗纳大学解释启动美国—中东自由贸易区的原因时,布什进一步表达了希望通过贸易促进民主和自由的战略目标,他指出,"整个阿拉伯国家的国内生产总值加起来还没有西班牙多,这些国家的人民对因特网的使用比次撒哈拉地区的人民还要少。阿拉伯世界拥有一种伟大的文化传统,但却错过了我们的这个时代的经济发展。在全球范围内,自由市场和贸易已经帮助解决贫困,教会人们自由的习惯(the habits of liberty)"。② 在2005年8月2日签署与中美洲国家和多米尼加共和国的自由贸易协定(CAFTA)时,布什同样表达了类似意图。在他看来,"通过在该地区巩固民主,CAFTA能够促进我们的国家安全。二十年之前,该地区许多国家仍然处于贫困、独裁和社会冲突。今天,他们已是民主国家,但我们不能以此自满。这些国家仍然面临着反对民主、限制经济自由和在美国与其他美洲国家之间挑拨离间的势力。……通过在CAFTA伙伴国建立自由社会,我们能够帮助它们铲除恐怖主义、犯罪和毒品走私所赖以生存的土壤,包括缺乏法制和动荡等,进而使得我

---

① The White House press release, "President Outlines U. S. Plan to Help World's Poor," March 22, 2002. http://georgewbush-whitehouse.archives.gov/news/releases/2002/03/20020322-1.html, (accessed December 10, 2009).

② The White House press release, "President Bush Presses for Peace in the Middle East," May 9, 2003. http://georgewbush-whitehouse.archives.gov/news/releases/2003/05/20030509-11.html, (accessed December 13, 2009).

第八章 安全战略与美国的贸易自由化政策

们的国家更加安全"。①

当然,美国签署和实施的以上自由贸易协定同样具有很强的经济动机,如果一项贸易政策无法给本国带来实际的经济收益,很难想象它会获得国内政治的支持。同样,对于总统自身来说,促进就业和经济发展本身就是他获取和维持执政地位的基础。特别是冷战结束以来,对外贸易占美国国内生产总值的比例逐年攀升。例如,在20世纪60年代,货物贸易平均只占美国国内生产总值的6.7%,而到了本世纪初,这一比重几乎增加了3倍,并且如果加上服务贸易,这一比重达到了23%。② 由于对外贸易对促进美国经济发展起到了越来越大的作用,拓展国外市场和扩大对外出口也因而成为布什政府促进国内经济目标的重要措施。通过双边或地区自由贸易谈判为美国出口商开拓新的市场,迫使其它地区贸易集团(trading blocs)向美国进一步开放市场,或者向新一轮的多边贸易谈判施压,无疑也是布什政府发起自由贸易谈判的重要目标。③

表8-3 美国与FTA伙伴国之间的贸易额

国家/地区	2000年		2003年		2006年	
	贸易额	(%)	贸易额	(%)	贸易额	份额
NAFTA	788790	32.46	704141	30.95	863006	28.95
韩国	82198	3.38	69311	3.05	83337	2.80

---

① The White House press release, "President Signs CAFTA-DR," August 2, 2005. http://georgewbush-whitehouse.archives.gov/news/releases/2005/08/print/20050802-2.html, (accessed December 13, 2009).

② [美] 杰弗利·舒特:《当前美国贸易政策面临的挑战》,载 [美] C. 弗雷德·伯格斯坦主编,朱民等译:《美国与世界经济:未来十年美国的对外经济政策》,北京:经济科学出版社,2005年版,第243页。

③ 这种通过双边或地区自由贸易谈判来促进国际贸易进一步自由化的战略也被称之为"竞争性自由化战略"(strategy of trade liberalization)。参见 Bernard K. Gordon, "A High-Risk Trade Policy," *Foreign Affaires*, Vol. 82, No. 4, 2003, p. 105.

续表

国家/地区	2000 年		2003 年		2006 年	
	贸易额	(%)	贸易额	(%)	贸易额	份额
新加坡	46721	1.92	36684	1.61	48420	1.62
澳大利亚	25281	1.04	23713	1.04	29230	0.98
CAFTA-DR	36106	0.97	37480	1.59	41016	1.38
以色列	22886	0.94	20089	0.88	25316	0.85
哥伦比亚	13150	0.54	12104	0.53	17205	0.58
智利	8078	0.33	7501	0.33	15884	0.53
秘鲁	4795	0.20	5649	0.25	9375	0.31
巴拿马	1717	0.07	1550	0.07	3382	0.11
摩洛哥	1298	0.05	1087	0.05	1522	0.05
巴林	934	0.04	1053	0.05	1194	0.04
阿曼	645	0.03	1268	0.06	1899	0.06
约旦	619	0.03	1199	0.05	2204	0.07

注：表中的贸易额是以 2006 为基准的不变美元，单位为百万美元。

资料来源："战争相关性数据库"（Correlates of War, COW）。参见 Katherine Barbieri, Omar Keshk, and Brian Pollins, *Correlates of War Project Trade Data Set Codebook*, Version 2.0, 2008, Online: http://correlatesofwar.org.

但是，通过进一步的分析可以发现，布什政府选择的 FTA 伙伴国大部分是小国，与他们之间的 FTA 很难会对美国的总体贸易或者国内经济产生显著影响，也很难谈得上会明显地促进国际贸易的进一步自由化。通过目前美国与多数 FTA 伙伴国之间的贸易量可以看出（见表 8-3），除了冷战初期签署的 NAFTA 之外，美国与多数 FTA 伙伴国之间的贸易额都非常少。另外，除了韩国、新加坡和澳大利亚之外，美国与布什政府时期建立的 FTA 伙伴国之间的贸易在美国对外贸易总量中所占的份额都不到 1%，并且包括韩国、新加坡和澳大利亚的所有 FTA 伙伴国在美国对外贸易总量中所占份额的总和都不到 10%（2000 为 9.54%，在 2003 年为 9.56%，在 2006 年为 9.38%）。尤其是在中东地区，在 2004 年，与所有中东地区的进出

第八章 安全战略与美国的贸易自由化政策

口贸易只占美国对外贸易中的4%，而投资只占美国对外投资不到1%，因而很那想像与该地区的自由贸易协定能够在多大程度上促进美国的对外贸易。① 由此可见，经济利益并不是布什政府选择贸易谈判对象的唯一标准，在一些情况下甚至不是最为重要的标准。正如一美国学者指出的，"我们没有将美国贸易代表办公室的稀缺资源集中到一些重要的贸易议题上来，而是放在了只具有很少潜在经济回报的自由贸易协定的谈判上。从纯粹经济利益的角度来看，这种战略看起来不理性。"②

二、来自国内政治的限制

从以上分析可以看出，不可否认的是，布什政府确实比较成功地将美国的FTA融入了它的安全战略当中。然而，由于国内政治的限制，它的FTA战略同样受到了很大阻碍，其成果在很多方面也将大打折扣。

贸易自由化虽然能够在国内促进经济的增长，在国外促进政治和安全目标的实现，但它同时也带来了很高的政治成本。在国内一些缺乏竞争力的地区和产业，逐渐增加的国际竞争导致了工厂的关闭、工人的失业以及收入差距的扩大。那些受到贸易自由化伤害的企业、工人和行业组织自然会向政府施压，反对进一步地开放本国市场，以及抵制贸易自由化进程。在美国，尤其是在20世纪90年代初批准北美自由贸易区协定和乌拉圭回合协定以来，国内受到竞争威胁的产业（包括纺织业、服装业等）和工会，与环境、人权组织联合起来向政府施压，抵制任何新的自由贸易协定，无论该协定

---

① Robert Z. Lawrence, *A US-Middle East Trade Agreement: A Circle of Opportunity?* p. 4.

② Howard Rosen, "Free Trade Agreements as Foreign Policy Tools: The US-Israel and US-Jordan FTAs," in Jeffrey J. Schott, ed., *Free Trade Agreements: US Strategies and Priorities*, p. 76.

带来的经济影响有多大。虽然说与贸易保护主义者积极地在国会进行游说相反，从自由贸易中获益的商业集团由于 FTA 伙伴国所带来的经济收益太小，因此在多数情况下并没有为政府提供太多的政治支持。[1]

面对来自国内的强大保护主义压力，国会也加大了对总统的贸易自由化议程的限制，包括拒绝批准"快车道"授权阻碍总统发起新的自由贸易谈判，或者通过威胁否决贸易协定甚至收回授权来迫使总统在谈判中加入劳工和环境条款，以及反对在谈判中就农业补贴和反倾销规则等问题上做出任何让步等等。国会在自由贸易谈判中对总统进行限制的目的虽然主要在于满足国内贸易保护主义的需求，但同时也阻止或延缓了美国 FTA 战略的实施，削弱和限制了总统将 FTA 作为服务国家安全战略目标的能力。

国会的影响首先体现在通过拒绝批准"快车道"授权而延缓行政部门实施 FTA 战略的议程。正如上文指出的，有了"快车道"授权，总统提交的贸易协定将能够很快地在国会进行表决，避免了国会内部无休止的辩论和对协定的修改。另外，通过增加一项贸易协定在国会通过的概率和速度，"快车道"授权还提高了美国行政官员在国际贸易谈判中的可信度。如果没有这一授权，其他潜在的 FTA 伙伴国就有可能不愿意与美国进行自由贸易谈判。在"快车道"授权于 1994 年到期之后，国会拒绝对克林顿政府进行重新授权，这也造成了克林顿政府在自由贸易谈判上没有太大作为。虽然在任期最后一年发起了与约旦、新加坡和智利的谈判，但与这些国家的谈判或者协定都是在布什政府时期完成或者获得国会批准的。特别是与约旦之间的自由贸易谈判，虽然协定在 2000 年 10 月就已签订，但是由于该协定不适用于"快车道"程序，因而被国会搁置了近一年

---

[1] Gary Clyde Hufbauer and Ben Goodrich, "Lessons from NAFTA," in Jeffrey J. Schott, ed., *Free Trade Agreements: US Strategies and Priorities*, p. 41.

第八章　安全战略与美国的贸易自由化政策

的时间,最后只是在将劳工和环境条款加入协定之后才获得了国会的支持。①

即使布什政府借助反恐需要,在2002年获得了贸易促进授权(即"快车道"授权),但来自国内政治的压力同样极大地限制了它的FTA战略的实施。正如有学者指出的,"行政当局在利用贸易政策作为反恐战争的工具时,同样感到困难,它发现在通过贸易让步来帮助盟友时不能忽视国内政治考虑。"② 从表8-4可以看出,在布什政府时期所签署或者被国会批准的12个自由贸易协定中,有3个被国会无限期推迟(包括与巴拿马、哥伦比亚、韩国之间的协定),有2个协定只是在国会以微弱优势获得批准(包括与中美洲国家、阿曼之间的协定),还有2个协定被搁置了一年多才被批准(包括与巴林、秘鲁之间的协定)。由此可初步看出,国内政治的限制使得布什政府在实施它的FTA战略时面临着不小的挑战。

表8-4　美国国会关于FTA实施议案的表决(1985—2009年)

FTA	协定签订日期	国会批准日期	众议院支持	众议院反对	参议院支持	参议院反对
以色列	1985.4	1985.5				
NAFTA	1992.12	1993.11	234	200	61	38
约旦	2000.10	2001.9	√	√	√	√
新加坡	2003.5	2003.7	252	155	66	32
智利	2003.6	2003.7	270	156	65	32
CAFTA-DR	2004.8	2005.7	217	215	55	45
摩洛哥	2004.6	2004.7	323	99	85	13

① 与NAFTA将劳工和环境条款另外作为"附加协定"(side agreements)不同,与约旦的FTA第一次将劳工和环境条款加入协定的正式文本中,因而适用于双边贸易争端解决机制。

② NBER Working Paper Series, *International Economic Policy: Was there a Bush Doctrine?* by Barry Eichengreen and Douglas A. Irwin, March 2008, p. 9.

续表

FTA	协定签订日期	国会批准日期	众议院 支持	众议院 反对	参议院 支持	参议院 反对
澳大利亚	2004.5	2004.7	314	109	80	16
巴林	2004.9	2005.12	327	95	√	√
巴拿马	2007.6	——				
秘鲁	2006.4	2007.12	285	132	77	18
哥伦比亚	2006.11	——				
阿曼	2006.1	2006.9	221	205	60	34
韩国	2007.6	——				

注：√表示一致通过；——表示尚未表决。表中没有包括弃权票数。

资料来源：Robert Z. Lawrence, *A US-Middle East Trade Agreement: A Circle of Opportunity?* p. 9. 其中关于美国与秘鲁之间自由贸易协定的实施议案的表决结果来源于自美国国会图书馆网站。参见：http://thomas.loc.gov/cgi-bin/bdquery/z? d110: h.r.03688:, (accessed December 28, 2009).

由于美国工会的反对以及来自纺织、服装和食糖产业的利益集团的压力，美国与中美洲5国（以及多米尼加共和国）之间的贸易协定只以2票的微弱优势在众议院涉险过关，这也是美国自1993年批准NAFTA以来在国会遇到阻力最大的一个自由贸易协定。[①] 同样，在与阿曼的自由贸易谈判上，由于民主党在阿曼经营美国港口问题上[②]和在劳工问题上向布什政府发难，使得与阿曼的贸易协定险些被国会否决。在众议院的表决中，与阿曼之间的自由贸易协定只比与

---

① CRS Report RS22339, *Trade Liberalization Challenges Post-CAFTA*, by Raymond J. Ahearn, November 30, 2005, pp. 2–5.

② 关于经营美国港口的问题始发于迪拜收购美国港口案。在2006年初，迪拜港口世界公司宣布并购美国的一家港口公司。虽然布什总统明确表示支持该起并购，但最终因为美国国会的阻挠而未成功。参见 http://news.xinhuanet.com/world/2006-03/10/content_4286006.htm, (accessed March 4, 2006). 这起事件不仅导致了美国与阿联酋FTA谈判的临时中断，也影响了美国国会对与阿曼FTA的投票。该事件同时也引起了阿拉伯国家的不满，并怀疑与美国所签订FTA中的投资条款是否真的能够在美国实施。参见 Robert Z. Lawrence, *A US-Middle East Trade Agreement: A Circle of Opportunity?* p. 11.

第八章 安全战略与美国的贸易自由化政策

中美洲国家之间的协定多了 4 张赞成票，这也大大低于此前国会在有关中东自由贸易协定上的赞成比例。

其他从投票结果上看似比较容易通过的协定，其实也是行政部门在谈判过程中向国会做出了很大妥协和让步之后才得以实现的。最典型的例子是与秘鲁签署的自由贸易协定。美国与秘鲁的贸易协定在 2006 年 4 月就已经签订，但只是在近 20 个月之后才被国会批准。在 2006 年中期选举之后，重新夺取国会主导权的民主党强烈抵制行政部门发起的自由贸易谈判，并要求任何新的自由贸易谈判特别是与发展中国家的谈判，都必须包括更具强制力的劳工和环境标准。屈服于国会的压力，布什政府被迫与国会民主党议员在 2007 年 5 月达成一项协议，在贸易协定中加入更具强制性劳工和环境条款。也正是基于对国会的这种妥协，美国与秘鲁之间的协定才能在 2007 年 12 月以较大的优势获得国会批准（众议院是 285 票赞成，132 票否决；参议院是 77 票赞成，18 票否决）。[1] 类似地，在与澳大利亚的自由贸易谈判中，由于国内奶制品、食糖和牛肉产业生产商的抵制，布什政府最后不得不将涉及食糖贸易的议题从贸易谈判中排除，并延长国内奶制品和牛肉市场对澳大利亚的开放期限。也正是在作出这些妥协之后，布什政府才得以顺利结束谈判，并在国会以较大优势通过了与澳大利亚之间的自由贸易协定（众议院是 314 票赞成，109 票否决；参议院是 80 票赞成，16 票否决）。[2]

还有一些顺利获得国会批准的自由贸易协定，要么是因为没有对国内产业造成太大威胁，要么是因为严格遵守了国会的要求。例如，之所以与新加坡和智利的自由贸易协定能够在国会顺利通过，

---

[1] NBER Working Paper Series, *International Economic Policy: Was there a Bush Doctrine?* by Barry Eichengreen and Douglas A. Irwin, March 2008, p. 18–19.

[2] Jeffrey J. Schott, "Free Trade Agreements and US Trade Policy: A Comparative Analysis of US Initiatives in Latin America, The Asia-Pacific Region, and The Middle East and North Africa," p. 124.

在很大程度上是因为新加坡不是农产品出口国,智利的农产品又竞争不过美国,他们都没有对美国的农业造成太大的威胁,因而没有像在与澳大利亚的自由贸易谈判中那样遇到国内农业利益集团的极力反对。[1] 另外,在这些比较顺利的自由贸易谈判中,为了避免国会的抵制,布什政府认真地遵守了国会在 2002 年贸易促进授权法案中所制定的条件,在贸易协定的谈判和起草中小心翼翼,考虑什么可以包括而什么不能包括。从布什政府目前所签订的自由贸易协定的内容上不难发现,所有的协定都包括劳工和环境条款,并且所有的协定都没有包括涉及修改反倾销规则以及取消农业补贴的条款。[2]

与以上比较"幸运"地获得国会批准的自由贸易协定相比,还有一些布什政府签订的自由贸易协定在其任期结束之前一直未能在国会获得通过,它们包括与巴拿马、哥伦比亚和韩国签订的自由贸易协定。在与哥伦比亚的自由贸易协定上,两国的谈判在 2006 年初就已结束。但由于美国国会对哥伦比亚保护国内劳工团体的措施不满,该协定一直被搁置,至今仍未获得国会的批准。同样,由于美国国会在巴拿马的劳工和税收体制问题上以及在韩国的汽车进口问题上态度强硬,使得与这两个国家之间的自由贸易协定依然前途未卜。另外,随着"快车道"授权在 2007 年 6 月再次到期,布什政府推动以上三个协定在国会通过的希望最终破灭,只是在奥巴马政府与哥伦比亚、巴拿巴和韩国重新谈判后,才最终于 2011 年获得国会的批准。同样也是由于"快车道"授权的到期,使得布什政府当时正在进行的一些自由贸易谈判被迫中断。例如,美国在布什政府时期取消了与阿联酋的自由贸易谈判,转而改为关于贸易和投资框架

---

[1] Sidney Weintraub, "Lessons from the Chile and Singapore," in Jeffrey J. Schott, ed., *Free Trade Agreements: US Strategies and Priorities*, p. 89.

[2] 关于美国所签署和实施的自由贸易协定文本,可从美国贸易代表办公室的网站获得。http://www.ustr.gov/trade-agreements/free-trade-agreements, accessed December 24 - 27, 2009.

协定（TIFA）的谈判。①

国内政治对布什政府时期美国 FTA 战略的限制不仅体现在对现有自由贸易谈判的影响上，同样还体现在对潜在的自由贸易谈判的影响上。按理说，自 20 世纪 80 年代中期特别是本世纪初以来，美国各届政府都比较重视双边和地区自由贸易协定，而且对于美国所拥有的巨大的和极具吸引力的国内市场，很多国家都表示愿意与其进行自由贸易谈判，但未何到目前为止美国所实施的自由贸易协定的数量仍然有限？在布什政府上台之前美国所实施的自由贸易协定只有 2 个，即使布什政府发起了美国有史以来最大规模的 FTA 谈判，但在其执政的 8 年里也只是将这一数字增至 12 个（不包括没有获得国会批准的三个 FTA）。与自身的庞大的经济总量相比，美国所拥有的自由贸易协定的数量显得很不对称。表 8-5 将美国与其他几个国家拥有的自由贸易协定的数量进行了比较。从该表可以看出，与美国经济总量大致相当的欧盟拥有 30 个自由贸易协定，是美国的 2 倍多。即使是智利、墨西哥和土耳其这样的发展中国家，它们所拥有的 FTA 数量都要高于美国。如何解释这一现象呢？

表 8-5　美国与其他国家所实施 FTA 数量的比较（截至 2009 年）

国家	FTA 数量
欧盟（EU）	30
智利	16
墨西哥	14
新加坡	14
土耳其	13
美国	12

资料来源：世界贸易组织（WTO）网站。参见：http://rtais.wto.org/ui/PublicMaintainRTAHome.aspx，（accessed on January 13, 2009）.

---

① 参见美国贸易代表办公室网站，http://www.ustr.gov/trade-agreements/other-initiatives/middle-east-free-trade-area-initiative-mefta，（accessed on January 4, 2010）. 当然，也有一些贸易谈判的中断并不是因为美国"快车道"授权的到期。例如美国与泰国的自由贸易谈判早在 2006 年就中断了，其原因是该年 9 月份泰国发生了军事政变。

本书认为，导致这一现象的一个很重要的原因是美国国内政治的限制。从对美国已经完成和正在进行的 FTA 谈判可以看出，来自国内的政治压力给政府的贸易谈判设置了很多条件，包括不能就反倾销规则的修改进行谈判，不能在一些诸如服装、纺织品和农产品等敏感性的产品领域开放市场，要在贸易协定中加入保护劳工权益和保护环境等与贸易无直接联系的条款等。这些条件使得美国行政机构在国际谈判中一方面无法向对方提供太多承诺，另一方面却必须强迫对方做出让步。这些限制无形中就把很多潜在的 FTA 伙伴国尤其是发展中国家排除在外。由于发展中国家一般在纺织品以及食糖和棉花等农产品领域具有较强比较优势，但国内利益集团的抵制使得美国很难在这些领域做出让步，从而使得与这些国家的 FTA 谈判难以进行。[①] 例如，在"9·11"事件发生后不久，布什政府在巴基斯坦总统的要求下同意取消对巴方纺织品和服装出口的配额限制，以争取巴基斯坦在阿富汗战争和反恐问题上的支持。然而迫于国内纺织和服装业的强大压力，布什政府放最后不得不弃了原先的承诺。即使是在 2003 年与巴基斯坦签署贸易和投资框架协定（TIFA）时，美国依然没有在纺织品问题上做出任何让步。[②] 鉴于纺织品是巴基斯坦国内的一个主要产业，并且也是对美出口的主要产品，如果美国在该问题上无法提供太多优惠条件，很难想象两国能够顺利地建立起 FTA 伙伴关系。

三、奥巴马政府的区域贸易自由化战略

与共和党出身的布什政府相比，民主党出身的奥巴马政府对国

[①] Patrick J. McDonald, "Revitalizing Grand Strategy: America's Untapped Market Power," *The Washington Quarterly*, Vol. 30, No. 3, Summer 2007, pp. 30 – 31.

[②] 与美国相反，欧盟很快就取消了对巴基斯坦纺织品出口的限制。Lars S. Skålnes, "U. S. Statecraft in a Unipolar World," p. 145.

第八章 安全战略与美国的贸易自由化政策

内贸易保护团体持更加同情态度。奥巴马本人在总统竞选期间也高举反对贸易自由化的旗帜,对布什政府时期所签订的自由贸易协定持批评态度。然而,其上台后不久,奥巴马政府利用贸易自由化政策实现经济和安全目标的做法与布什政府却又极其相似。但与布什政府强调双边自贸协定谈判不同,奥巴马政府更加重视地区性自贸协定的谈判,尤以跨太平洋战略伙伴关系(TPP)和跨大西洋贸易和投资伙伴关系(TTIP)的谈判为代表。① 另外,与布什政府时期推动的双边 FTA 类似,奥巴马政府时期所极力推动的 TPP 和 TTIP 也被认为具有显著的战略目标。由于篇幅所限,这里将主要介绍奥巴马政府推动 TPP 的战略目的、所取得的进展和在国内面临的挑战。②

当前的 TPP 谈判起源于由智利、新西兰、新加坡和文莱四个国家在 2005 年 6 月达成的《跨太平洋战略经济伙伴关系协定》(The Trans-Pacific Strategic Economic Partnership Agreement,又称 P4)。这四个国家约定将在协定生效两年后进行关于金融服务和投资问题的谈判,并且在协定中专门包括了新成员加入条款,"允许任何 APEC 经济体或其他国家"加入该协定。③ 在 P4 协定于 2006 年生效后,四国计划在 2008 年 3 月举行关于金融服务和投资的谈判。当谈判即将开始时,美国贸易代表办公室发表声明,表达了参与这两个领域谈

---

① 关于奥巴马政府时期美国 FTA 战略的分析,可参见 Ann Capling and John Ravenhill, "The TPP: Multilateralizing Regionalism or the Securitization of Trade Policy?" in C. L. Lim, Deborah K. Elms, and Patrick Low, eds., *The Trans-Pacific Partnership*: *A Quest for a Twenty-first-Century Trade Agreement*, pp. 292 – 294;

② 关于奥巴马政府推动 TTIP 的战略目的,可参见 "U. S. , EU Leaders Skirt Around Tariffs, Regulations In Summit Statement," March 28; "Punke Acknowledges Slow TTIP Start, But Pace Will Pick Up This Year," both in Inside U. S. Trade's *World Trade Online*.

③ *Trans-Pacific Strategic Economic Partnership*, Article 20. 6, Chapter 20.

判的意向，并表示将就是否全面加入P4协定进行内部探讨。① 同年9月，美国时任贸易代表苏珊·施瓦布（Susan Schwab）在纽约正式宣布美国将发起加入P4协定的谈判，并指出该协定"在未来数年将有利于增强美国的竞争力，促进增长和繁荣"。② 随后，澳大利亚、秘鲁和越南等国也表达了参与谈判的意愿，P4也因此转变为TPP。然而，由于小布什政府任期即将结束，美国在TPP谈判中没有采取实质性措施。在经过历时近一年的对外贸易政策评估后，奥巴马政府于2009年11月表示将就制定一项"具有广泛代表性和高标准的21世纪贸易协定"与TPP国家进行接触，时任美国贸易代表罗恩·柯克（Ron Kirk）随后表示美国将正式加入TPP谈判。

　　奥巴马政府参与和推动TPP谈判的一个主要目的就是出于维护和扩大美国国际经济利益考虑，包括增加出口、扩大国内就业和塑造地区贸易规则等。奥巴马政府上台时面临的是一个正在遭受金融危机摧残的美国。国内经济严重下滑，失业率高居不下，要求新任政府的对外政策必须从以反恐为中心向以经济为中心进行转变，这也决定了奥巴马本人首先是一个"经济总统"。如何迅速地从金融危机的泥潭中走出来，是奥巴马政府的首要任务，而对外贸易和出口是推动经济增长的一个重要途径。另外，美国国内的跨国公司和外向型企业也纷纷要求政府通过贸易谈判，降低贸易壁垒，进一步打开国际市场。也正是这种背景下，奥巴马政府在其上任一年后就提出了"出口倍增计划"，希望通过对外贸易扭转美国经济的颓势。然

---

① USTR, "United States to Join Sectoral Negotiations with Four Asia-Pacific Countries: Will Explore Participation in Broader Strategic Partnership Agreement," February 4, 2008, http://www.ustr.gov/archive/Document_Library/Press_Releases/2008/February/Section_Index.html (accessed on February 5, 2012).

② USTR, "Schwab Statement on Launch of the U.S. Negotiations to Join the Trans-Pacific Strategic Economic Partnership Agreement," September 22, 2008, http://www.ustraderep.gov/Document_Library/Press_Releases/2008/September/Schwa (accessed on February 5, 2012).

第八章　安全战略与美国的贸易自由化政策

而，由于美国的主要贸易伙伴——欧盟——正陷入财政危机之中，很难持续担当起吸纳美国出口贸易的重任，当时能够有效支撑美国出口的市场是在亚太地区。亚太地区占世界总人口的40%、世界GDP的将近60%和国际贸易的50%，并且该地区包括了世界上一些经济增长最快的经济体，市场潜力巨大，因此对拉动美国经济复苏的重要性不言而喻，通过TPP来进一步打开亚太地区市场对美国扩大出口无疑具有重要的意义。正如美国时任国务卿希拉里·克林顿指出的，"利用亚洲的增长和活力是美国的经济和战略利益核心，也是奥巴马总统确定的一项首要任务。亚洲开放的市场为美国进行投资、贸易及获取尖端技术提供了前所未有的机遇。我国国内的经济复苏将取决于出口和美国公司开发亚洲广阔和不断增长的消费群的能力。"[1]

但不可否认的是，除了经济利益或地缘经济目的之外，地缘政治考虑在奥巴马政府推动TPP谈判时起到了重要的作用，包括加强与地区盟国和战略伙伴之间的关系以及巩固在亚太地区的领导地位。自"9·11"事件以来，反恐成为美国外交战略的重心，其战略资源也主要投放在阿富汗和中东地区。美国战略重心的偏离，使得其在亚太尤其是东亚地区的地缘政治和经济影响力受到削弱。为此，奥巴马政府上台后，积极推动美国对外战略的调整，实施"重返亚洲"战略，包括增加在亚太地区的军事部署和与地区国家间的经济合作，而TPP正式是这种战略的组成部分，旨在"分裂亚洲、孤立中国"，并弥补其地区战略的经济短板。由于美国的"重返亚洲"战略主要针对中国，因此TPP的主要目标也是针对中国，意在制衡中国在亚太尤其是东亚地区迅速提升的经济影响力。中国在过去十多年来与东亚地区各国间的经济关系不断密切，成为地区内多个国家的第一大贸易伙伴，在地区事务中的影响力也随之提高，美国大有被"挤

---

[1] Hillary Clinton, "America's Pacific Century," pp. 56-63.

出"东亚的趋势。推动和拉拢地区国家参与 TPP 谈判,则成为美国扭转这种不利局面和在经济上对中国进行牵制的重要手段。正如有学者指出的,"在一些情况下,它(TPP)看起来像是一个合围战略,旨在建立一个主导亚太地区的模式。首先迫使中国调整,并最终接受 TPP。在其他情况下,TPP 的目标看起来是中国在第三方国家和盟友的运作,旨在削弱中国的经济存在和战略影响力。"[1]

目前 TPP 谈判在经济意义上的有限性也支持了这种观点。一方面,美国在决定参与 TPP 谈判之初,TPP 伙伴国的经济总量并不显著,美国通过该谈判所能够获取的经济收益似乎并不显著。在 2010 年 3 月进行的第一轮谈判中,除美国外,共有包括新加坡、新西兰、智利、文莱、澳大利亚、秘鲁和越南(作为观察员国)在内的 7 个国家参与,而美国与这 7 个国家间的贸易占其地区贸易总量的比重并不大。另一方面,虽然在加拿大、墨西哥和日本等国加入之后,TPP 国家的经济总量获得了显著提高,但美国与大多数的 TPP 国家已经签署了双边自贸协定。其中,美国与加拿大和墨西哥都属于北美自由贸易协定(NAFTA)成员国,美国与这两个国家间的贸易量远远超过与其他 TPP 国家的贸易量。例如,在 2012 年,所有 TPP 国家之间的货物贸易量超过 2 万亿美元,其中美国与加拿大和墨西哥之间的贸易量接近 1.2 万亿美元,超过 TPP 各国间贸易量的一半。在投资领域,除了日本之外,美国在 TPP 国家中的前几大投资伙伴

---

[1] Jane Kelsey, *Hidden Agendas: What We Need to Know about the TPPA*, p. 7. 类似观点,参见杜兰:《美国力推跨太平洋伙伴关系战略论析》,第 45—51 页;盛斌:《美国视角下的亚太区域一体化新战略与中国的对策选择》,第 70—80 页;李巍:"TPP 是美国的一种虚张声势",载《中国经济周刊》,2011 年第 45 期,第 16 页;Ann Capling and John Ravenhill, "The TPP: Multilateralizing Regionalism or the Securitization of Trade Policy?" in C. L. Lim, Deborah K. Elms, and Patrick Low, eds., *The Trans-Pacific Partnership: A Quest for a Twenty-first-Century Trade Agreement*, pp. 292-294; Howard Schneider, "Trade Talks Aim to Expand United States' Asia Presence, With China on the Horizon".

国都已经被双边 FTA 涵盖。例如，在 2011 年，美国与加拿大、澳大利亚、墨西哥、新加坡的双边投资额分别占到美国与所有 TPP 国家投资额的 40%、22%、7%、7%，总共占 76%。[①]

自首轮谈判于 2010 年 3 月开始以来，由 TPP 国家组成的 21 个工作组围绕协定的 29 个章节进行了 19 轮正式谈判（见表 8-6）。除此之外，TPP 国家还专门举行了数次部长级会议、首席谈判代表会议、各种会间会和专门的小组会等，TPP 国家的领导人也经常利用 APEC 峰会等多边场合就 TPP 谈判举行领导人会议。在奥巴马政府的大力推动下，TPP 谈判目前已经取得了较大的进展。

表 8-6　TPP 谈判的进程与回合（2010 年 3 月至今）

回合	日期	地点	主要谈判内容
第 1 轮	2010 年 3 月	澳大利亚	主要讨论 TPP 的成员国资格、谈判的规模和范围等议题，并在谈判工作组的详细工作计划上达成共识。
第 2 轮	2010 年 6 月	美国	主要讨论了 TPP 协定的主要架构和所覆盖的具体议题、成员国之间现有的 FTA 与 TPP 协定之间的关系等议题。
第 3 轮	2010 年 10 月	文莱	马来西亚正式加入谈判；负责农业、服务业、投资、知识产权、政府采购、竞争、劳工和环境等的 24 个工作组参与了此轮谈判。
第 4 轮	2010 年 12 月	新西兰	24 个工作组就制定各个议题法律文本上获得了进展；完成了关于提交商品市场准入给要价的技术细节谈判；在一些"水平的"和跨领域的议题的协定框架谈判上取得了进展。
第 5 轮	2011 年 2 月	智利	各方开始交流草案，并在法律文本的内容上取得初步进展。关于商品的市场准入、电信、海关合作、金融服务、贸易的技术壁垒、法律和制度以及环境等议题开始展开具体给要价。

[①] Brock R. Williams, *Trans-Pacific Partnership（TPP）Countries: Comparative Trade and Economic Analysis*, CRS Report R42344, June 10, 2013, pp. 21-22.

续表

回合	日期	地点	主要谈判内容
第6轮	2011年3月	新加坡	在商品的市场准入上，各方围绕之前提出的给要价进行谈判；规制协调一致、供应链管理、促进地区竞争、促进发展、与中小企业接触，这些议题被归为一个议题，称为"跨领域"议题或"新"议题。
第7轮	2011年6月	越南	围绕关税削减清单的修改进行谈判；在服务业、投资和政府采购方面，各方进一步推进了关于市场准入承诺的讨论；讨论了美国关于几个跨领域议题的建议，包括竞争力和供应链、中小企业、监管协调等。
第8轮	2011年9月	美国	围绕海关、卫生与植物检疫措施、技术性贸易壁垒、电信和政府采购的谈判获得稳步进展；对中小企业、竞争力、监管协调和发展等跨领域议题进行了详尽讨论。
第9轮	2011年10月	秘鲁	关于卫生与植物检疫措施、技术性贸易壁垒和原产地规则章节的谈判获得显著进展；提出了关于国有企业问题的新建议，并在竞争政策谈判工作组进行了讨论。
第10轮	2011年12月	马来西亚	只有负责原产地规则、服务、投资和知识产权的工作组参与谈判；负责工业品、农产品和纺织品市场准入的谈判小组同样会参会，但主要以双边谈判的方式进行。
第11轮	2012年3月	澳大利亚	关于监管协调、透明度、竞争力和商业促进、中小企业和发展等议题的谈判获得了一定进展。该轮谈判还首次详细讨论了美国提出的国有企业和商标保护问题。
第12轮	2012年5月	美国	关于服务、投资、电信、电子商务、政府采购、知识产权和劳工等议题的谈判获得一定进展；完成了关于中小企业问题的谈判。
第13轮	2012年7月	美国	关于海关、跨境服务、电信、政府采购、竞争政策、合作与能力建设的谈判获得良好进展；谈判小组还显著推进了关于原产地规则、投资、金融服务和临时入境的谈判。

续表

回合	日期	地点	主要谈判内容
第14轮	2012年9月	美国	关于市场准入、海关、原产地规则、技术性贸易壁垒、卫生和植物检疫措施、服务、电信和政府采购等议题的谈判取得了一定进展。
第15轮	2012年12月	新西兰	关于电信、政府采购、劳工、技术性贸易壁垒、海关的谈判取得显著进展;推进了关于知识产权、环境和投资议题的技术性谈判;墨西哥和加拿大开始作为正式成员参加此轮谈判。
第16轮	2013年3月	新加坡	完成了关于海关、电信、监管协调和发展这四个议题的技术性谈判,各方决定在随后的谈判中将不再讨论;各方缩小了关于政府采购、投资、服务、技术性贸易壁垒、知识产权等议题上的分歧。
第17轮	2013年5月	秘鲁	在服务贸易、政府采购、卫生与植物检疫标准、贸易救济、劳工和争端解决机制领域获得显著进展;在知识产权、竞争、环境这三个更具挑战性的议题上进行了建设性讨论。
第18轮	2013年7月	马来西亚	负责市场准入、原产地规则、贸易的技术壁垒、投资、金融服务、电子商务和透明度等议题的谈判小组在相关章节的一些技术性议题上达成共识;日本于7月23日正式加入谈判。
第19轮	2013年8月	文莱	负责市场准入、原产地规则、投资、金融服务、知识产权、竞争和环境议题的工作组在技术性议题的谈判上取得一些进展;关于商品、服务、投资和政府采购的市场准入问题的谈判获得推进。

资料来源:美国贸易代表办公室网站(http://www.ustr.gov/tpp);澳大利亚外交贸易部网站(http://www.dfat.gov.au/fta/tpp/)。

首先,参与谈判的成员国数量不断增加,从最初的8个国家增加到目前的12个国家,TPP机制的吸引力也因此逐渐显现。在奥巴马政府于2009年11月正式宣布加入TPP谈判后,澳大利亚、秘鲁随即表达加入谈判的意愿,越南也开始寻求以观察员国的身份参与。

在2010年3月第一轮谈判中,有包括新加坡、新西兰、智利、文莱、美国、澳大利亚、秘鲁和越南在内的8个国家参与(越南在该轮谈判中以观察员国的身份参加)。随后,2010年10月在文莱举行的第三轮谈判中,马来西亚正式加入;2012年12月在新西兰举行的第十五轮谈判中,加拿大和墨西哥正式加入;2013年7月在马来西亚举行的第十八轮谈判中,日本也正式加入谈判。日本的加入也使得TPP成员国增加到了目前的12个。除此之外,包括韩国、泰国、菲律宾、哥斯达黎加、哥伦比亚等亚太地区的其他国家也表达了加入的意愿或者正在进行加入谈判的磋商程序之中。例如,自2013年底正式表达了加入TPP谈判的意愿后,韩国已经与TPP国家进行了数轮磋商,并希望尽快加入正式谈判。①

加拿大、墨西哥和日本等国的加入,使得TPP涵盖了亚太地区的几个主要经济体,极大地扩大了TPP的经济体量。对于美国来说,这些国家的加入也显著提高了TPP的经济意义。根据2011年的数据,在加拿大和墨西哥加入后,美国与TPP国家的货物和服务贸易量占美国对外贸易总量的比重从5%增减到31%;在日本加入后,这一比重又增加到36%。② 日本的加入对于美国来说尤为重要。首先,日本是世界第三大经济体,也是美国的第四大贸易伙伴,并且与加拿大和墨西哥不同,日本与美国并没有签署自由贸易协定。目前,无论从GDP还是人口数量上来看,日本都是TPP国家中的第二大经济体,因此,日本的加入将会吸引亚太地区的其他潜在经济体加入,从而推动TPP成员国数量的进一步扩大。

其次,关于TPP协定的各议题谈判也获得显著进展。根据TPP

---

① "Korea Announces Interest In Joining TPP; Will Start Consultations In Bali," *World Trade Online*, December 1, 2013; "Korea Plans To Complete Initial Round of TPP Consultations in February," *World Trade Online*, February 3, 2014.

② Brock R. Williams, *Trans-Pacific Partnership (TPP) Countries: Comparative Trade and Economic Analysis*, p. 6.

第八章 安全战略与美国的贸易自由化政策

国家领导人在2011年11月APEC峰会期间发布的TPP框架协议，几乎所有的谈判小组都已经制定了较为成熟的法律文本，并且在一些领域，文本的谈判几乎完成。2013年6月20日，马来西亚政府公布的文件显示，在TPP协定的29个章节中，有14个章节已经"实质性完成"，即这些章节已经完成了技术性层面的谈判，剩下的突出问题仅需留给高层官员和政府领导人最终决定。[①] 类似地，8月30日，也即"文莱"谈判回合结束当天，智利外交部国际经济关系主任阿尔瓦罗·贾纳（Alvaro Jana）在接受采访时指出，在TPP协议的二十多个章节中，有6个相对不太具有争议的章节已经完成。这些章节包括监管协调、竞争力、发展、业务人员临时入境、合作、中小企业。此外，他还表示，关于协议管理和电信这两个章节谈判事实上也已结束，还有另外7个章节等待政治决定，因为这些章节的突出议题无法在技术层面解决。[②] 9月9日，在与企业界等利益相关方的一次电话会议上，美国贸易代表迈克尔·弗罗曼（Michael Froman）也表示，TPP国家在一些敏感议题上的谈判已接近尾声。根据美国国会的消息，美国贸易代表办公室的官员在9月初专门向美国国会的有关议员通报了TPP谈判的进展情况，该官员表示各谈判国家目前已经能够在知识产权、环境规则和国有企业等议题上讨论进行潜在交易和妥协的可能性。

虽然TPP谈判已经取得了不少成果，但不可否认的是，它同样也面临一系列严峻挑战。对于奥巴马政府来说，这些挑战不仅仅是与其他成员国在市场准入、知识产权、国有企业和环境等较为敏感的议题上所存在的巨大分歧，更体现在来自国内的政治压力。国际贸易谈判向来都不仅仅是国家层面的博弈，TPP谈判同样如此。由

[①] Malaysia's Ministry of International Trade and Industry, "Brief on the Trans-Pacific Partnership (TPP)," June 20, 2013.

[②] "Chilean Official Says Six Of More Than 20 TPP Chapters Closed Thus Far," *Inside U. S. Trade*, September 6, 2013.

于对外贸易政策会调整国内不同部门、产业和要素拥有者的利益分配，利益受到损害的国内相关方必然会反对贸易政策的调整。

在美国国内，围绕贸易议题的党派利益和部门利益之争对TPP谈判已经形成了很大阻力。例如，美国的食糖生产商和纺织品、服装和鞋类制造商强烈反对削减和取消进口商品的关税和非关税壁垒；在电子商务领域，美国国内相关的利益集团认为TPP规定的义务可能会超出美国法律的授权；在医药知识产权和定价方面，美国国内的一些州政府担心TPP可能会阻止州政府在与医药企业的谈判中获得更好的定价；在汽车领域，美国三大汽车制造商要求通过将汇率问题纳入TPP协定中，来防止日本汽车业的冲击，并谋求打入日本的国内市场；美国国内的劳工、环保等非政府组织也对自由贸易协定持敌视态度，反对贸易自由化，或者要求在自贸协定谈判中附加与贸易无关的议题。

以上来自不同部门和利益集团的利益诉求，与党派政治夹杂在一起，对奥巴马政府的贸易谈判构成了很大挑战。多数民主党国会议员一直对奥巴马政府的TPP战略持严批评态度，认为该谈判未能为国内相关产业提供必要的保护，或者没有有效考虑劳工、人权、环境、汇率等议题。即使对TPP谈判持支持态度的共和党员，也对奥巴马政府的谈判策略提出了不满，认为相关谈判未能有效处理扩大市场准入、提高知识产权保护、投资等议题。显然，来自国会的不满情绪，对奥巴马政府获得贸易促进授权（Trade Promotion Authority）或"快车道授权"（Fast-Track Authority）带来了诸多变数。而奥巴马政府能否获得这种授权，则直接决定了TPP谈判能否在其任期内结束，或者在其任期内获得国会的批准。[1]

总之，以上分析表明，虽然总统在总体上能够将美国的双边或地区自贸协定谈判纳入其安全战略的轨道（尤其是在谈判伙伴国的

---

[1] Daniel R. Pearson, "The Obama Administration's Trade Agenda Is Crumbling".

挑选上），但由于国内政治的限制，使得它的自贸协定战略受到了很大阻碍，这也进一步表明了美国贸易自由化政策领域内的制度环境对美国安全战略与贸易政策之间的关系产生了显著影响。美国的贸易自由化政策是一种典型的权力分享型政策。在该政策领域，总统与国会相互制衡，共同分享贸易政策的制定权。正是由于这种制度上特征，以总统为代表的国务官员一方面能够使得美国的贸易自由化政策具有了明显的安全战略色彩，来自国内政治的压力和制约另一方面又使得他们在该政策领域内追求安全目标的同时，需要作出很大的让步和妥协，甚至放弃原有的战略目标。

第九章

结 论

作为结论部分，这一章将首先对本书的主要观点进行概括和总结。之后，笔者将谈谈本书的研究对于帮助我们认识安全与经济之际的关系所具有的理论价值。最后一节将以中美关系为例，介绍本书第四章所提出的分析框架对于我们理解和把握美国对华政策的现实意义。

第一节 内容综述和研究结论

本书以考察冷战结束之后美国的安全战略与其对外经济政策之间的关系这一课题为主要目的，并试图探讨和回答冷战结束之后美国的安全战略是否以及如何影响了它的对外经济政策。正如本书第一章部分指出的，目前学界关于该课题主要存在三种不同的观点。其中第一种观点从国际体系的分析层次出发，认为冷战结束后美国在国际体系中的优势地位会诱使美国将其经济和安全政策结合起来，以服务于维持其全球霸权地位的战略目标。第二种观点从国内政治的分析层次出发，并得出了截然相反的观点。该观点认为由于来自国会和社会利益集团的限制，美国负责安全事务的决策者将很难把对外经济政策作为服务国家安全战略目标的工具。第三种观点强调国际体系的进程，认为美国在国际经济体系中的竞争力以及外部安

第九章 结 论

全环境的特征决定了美国对外经济政策与安全战略之间的关系。

虽然这三种观点为我们提供了重要的分析视角，但它们却都存在不同程度的局限。例如，第一种观点虽然认识到了国际体系提供的动力会使美国的决策者将对外经济政策服务于国家安全目标，但却忽视了国内政治过程，即国内的哪些决策者会对国际体系提供的动力做出反应？这些决策者是否能够以及如何将自身的政策偏好通过具体的政策过程转化为最终的政策结果？第二种观点虽然关注了国内政治的影响，但却没有对这种影响作更一步的分析，如总统和国会之间的互动和博弈在每一种经济政策领域内都是类似的吗？国会和利益集团在每一种经济政策领域内的影响都是相同的吗？等等。第三种观点虽然克服了以上两种观点的局限，并很好地解释了冷战结束之后美国的安全战略与对外经济政策之间关系的变化，但它无法解释在美国的经济竞争力得到提高或者美国的安全利益受到挑战的情况下，为何特定类型的经济政策（如反倾销、反补贴等"公平"贸易政策）在多数情况下总是与国家的安全战略背道而驰；同样，这种观点也无法解释在美国的经济竞争力较弱或者外部安全威胁并不显著的情况下，为何有些类型的经济政策（如出口控制）仍然与美国的安全战略保持着紧密的联系，即使面临国会和国内企业的强烈反对。因而，关于该问题，我们还仍然需要一个更为合理的分析框架。

针对现有几种研究的局限性，本书利用了历史制度主义在对外经济政策领域内的研究成果，尝试建立了关于美国的安全战略与对外经济政策之间关系的分析框架。本书认为，美国的安全战略与其对外经济政策之间的关系将主要根据具体经济政策领域的变化而变化，并且两种政策的紧密程度与国务官员在特定经济政策领域内影响力的大小成正比。具体地，当美国的国务官员在一种经济政策领域内具有较大的影响力时，则该领域内的政策结果就越具有安全战略色彩；相反，如果国务官员在特定经济政策领域内的影响力较弱时，则该领域内的政策结果就会很难与美国的安全战略结合起来。该观点主要建立在以下两个前提之上。

第一，在美国，将对外经济政策服务于安全战略目标的主要推动者是以总统为代表的负责安全和外交事务的行政官员，即国务官员。在对外经济政策的制定上，这些国务官员具有不同于社会利益集团、国会议员和其他政府官员的政策偏好，并且会更加倾向于从战略或安全的角度来考虑具体经济政策所带来的影响，因而也更倾向于将对外经济政策与美国更为广泛的政治和安全目标相联系。

第二，国务官员在美国对外经济政策中的影响力不是一成不变的，而是根据不同经济政策类型的变化而变化。美国的对外经济政策包含多种类型，并且每一种经济政策领域内的制度框架都形成与不同的历史时期，体现了不同的政策理念，并赋予了包括国务官员在内的各种政策行为体不同的角色和影响力。在一些经济政策领域，如出口控制政策领域，美国的国务官员享有非常大的决定权和自由度；而在另外一些经济政策领域，如反倾销、反补贴等所谓的"公平"经济政策领域，国务官员的影响力则非常有限；还有一些经济政策领域的政策制定权则是由国务官员与国会所共享，权力分配更加平衡。本文认为，正是由于国务官员在这些经济政策领域内影响力的差异，导致了安全和贸易之间的关系在不同政策类型之间的变化。

建立在以上认识之上，本书提出了关于美国安全战略与其对外经济政策之间关系的以下假设：

在其他条件相同的情况下，美国的安全战略与特定对外经济政策之间的密切程度将与国务官员在该经济政策领域内的影响力成正比。具体地说，在国务官员影响力较大的对外经济政策领域，美国的安全战略会更有可能与该领域内的政策结果保持一致；相反，在国务官员影响力较弱的对外经济政策领域，相关的政策结果则会更有可能与美国的安全战略相背离。

在提出以上假设和对该假设进行检验之前，第二章和第三章分别就本书研究的理论和历史背景进行了介绍。本书的研究主题是安全与对外经济政策之间的关系，尤其是对外经济政策如何作为决策者实现国家安全战略目标的工具，因此本质上属于安全研究与政治经济学研究的一种结合。为了本书的研究提供相关的学术背景，第二章专门介绍了安全研究与政治经济学研究在过去几个世纪来相互融合、分离和再次融合的学术脉络，并总结了目前将安全研究与政治经济学研究结合起来的主要路径和观点。另外，也正是由于本书的研究主题是后冷战时期美国的安全战略与其对外贸易政策之间的关系，因此需要对之前美国对外政策中经济与安全的互动历史进行介绍和梳理，这也是本书第三章的主要内容。

本书第五章通过运用国际贸易研究领域内的引力模型和统计学研究领域内的回归分析方法，对1992—2006年间美国的安全战略与对外贸易政策之间的关系进行了系统的检验。在控制了诸如地理、经济、社会利益集团的影响之后，本章发现美国与盟国或者准盟国之间的贸易量明显大于他与一般国家之间的贸易量，并且美国与敌对国之间的贸易量显著地小于他与一般国家之间的贸易量。这一研究结果清楚地表明，从总体上看来，安全战略确实影响了冷战后美国对外贸易政策的制定和实施。

在这一研究结果的基础上，本书的第六、七、八章分别以定量和定性的分析方法进一步对美国的安全战略与三种类型的贸易政策之间的关系进行了考察和分析，指出并验证了政策领域的变化如何影响了美国对外政策中安全与经济之间关系的差异。结果表明，美国的安全战略与这三种类型的贸易政策之间的关系并不相同，并且这差异主要是由于这些贸易政策领域内制度环境的差异所决定的。具体地，在美国的出口控制政策领域，相关的法律制度主要形成与战争（或战争威胁）期间，体现了安全主导型的政策理念，并且在制度的设计上也赋予了国务官员非常大的影响力。正是由于这种制度环境，使得具体的政策结果能够与美国的安全战略保持紧密的联系。通过利用贸易引力模型和统计分析方法，笔者发现美国先进技术产品的出口更多地是流向其盟国或者准盟国，并且安全关系对这种贸易流向的影响明显地大于对一般贸易流量的影响，这也证明了在国务官员影响力较大的贸易政策领域，相关的政策结果就越有可能被用来服务于美国的安全战略目标。

相反，在以反倾销和反补贴为代表的"公平"贸易政策领域，相关的制度设计限制了美国国务官员的影响力。与出口控制政策不同，国务官员很难参与该领域内相关政策的制定过程，也很难影响这些政策的具体实施。正是因为此，该政策领域内的政策结果会很少受到美国国家安全战略的影响。本书第七章通过利用 Probit 模型和大样本统计分析方法，对 1992—2006 年间美国反倾销和反补贴政策的实施进行了总体上的分析。结果显示，在控制了国内经济状况、双边贸易特征、国内产业的政治影响力等因素之后，美国反倾销和反补贴政策的实施结果与是否为美国的盟国这一变量之间并不存在显著的相关，这也证明了在国务官员影响力较弱的政策领域，安全战略与该领域内的政策结果很难被结合起来。

本书在第八章考察了美国的贸易自由化政策。该政策领域内的制度框架——"1934 年体制"——一方面赋予了美国国务官员较大的政策制定权，包括发起与特定国家之间的自由贸易谈判，并且谈判达成的协定能够在国会以较快的速度和较高的概率获得通过，另一方面也对美国国务官员的政策制定权进行了严格的限制，包括授权的期限限制，国会在谈判过程中的参与和监督等。正是这种权力平衡的制度设计，使得美国的贸易自由化政策一方面具有了明显的"安全化"倾向，但这种倾向同时也受到国内政治的极大制约。该章通过对冷战结束之后特别是布什政府时期和奥巴马政府时期美国的自由贸易谈判的考察，进一步证实了这种观点。例如，在布什政府时期，美国成功地与拉美、亚太和中东等地区的盟国或准盟国签署和实施了一系列的自由贸易协定。这些自由贸易协定不仅是美国追求经济利益的措施，同样也是明确被用来服务于美国安全战略目标的重要手段。然而，国会和国内保护主义利益集团参与，在很大程度上阻碍和延缓了布什政府 FTA 战略的实施，从而使得其将自由贸易协定服务于美国安全战略目标的努力大打折扣。奥巴马政府时期所推动的 TPP 和 TTIP 谈判也具有明显的安全战略色彩，但来自不同部门和利益集团的利益诉求，与党派政治夹杂在一起，对奥巴马政府的贸易谈判构成了很大挑战，具体的谈判结果仍然存在很大的不确定性。

总之，以上实证分析都证明了本书在第四章所提出的假设，即美国安全战略与美国对外经济政策之间的关系将随着经济政策类型的变化而变化。下文将分别谈谈这一研究结果的理论和现实意义。

第二节 理论启示

本书的研究结果进一步说明了将安全研究与国际政治经济学研究结合起来的必要性。正如本书第二章提到的，虽然经济与安全之间存在着密切的关系，但国际关系学界目前关于这种关系的系统研究才刚刚起步。在国际关系研究的早期阶段，很多学者都客观地认识到经济与安全之间的互动是国家间关系中的重要内容之一。然而，冷战开始以后，经济议题与安全议题被人为地分割开来。在冷战初期，国际关系研究的重点是均势、核威慑、国防战略等狭义上的安全议题，而贸易等经济议题则显得无足轻重。虽然从 20 世纪 70 年代开始，经济议题逐渐受到关注，国际政治经济学也因此得到蓬勃发展，但经济议题与安全议题的研究仍然处于相互独立状态，多数关于对外经济政策的研究主要关注的是政策的经济目标而非安全目标。只是在冷战结束以来，经济与安全之间关系的研究才逐渐受到重视，一些学者开始尝试将安全研究与国际政治经济学（IPE）的研究结合起来，考察安全与经济在国际体系层面或者在国家对外政策层面上的互动，并逐渐形成了一个新的研究领域，即国际/国家安全的政治经济学。① 该研究领域的一个核心假设就是安全与经济之间相互影响，密不可分。如果不考虑安全因素的影响，我们就无法较为全面地理解国家间的经济关系；同样，如果不考虑经济因素，我们也就不可能很好地把握国家间的政治与安全关系。本书通过对后冷战时期美国安全战略与其对外经济政策之间关系的考察，进一步说明了将两者结合起来的必要性。不仅如此，本书的研究还在以下两个方面进一步补充了该领域的现有研究。

首先是在安全关系对国家间贸易影响的研究上。安全与贸易之间的关系一直是国际/国家安全的政治经济学领域内学者争论的焦点之一。其中一种被大多数学者接受的观点认为，国家间的贸易交往会受到国家间安全和政治关系的极大影响。具体地，由于国家决策者对贸易的安全外部性的考虑，或者由于企业对经营风险的规避，使得国家间的贸易会更多地发生盟国或者外交政策取向相似程度比较高的国家之间，而敌对关系、冲突、领土争端和战争等则会减少国家间的贸易往来。近些年来，很多学者通过大样本的统计分析对这一观点进行了检验，并且多数分析结果都表明国家间的政治和安全关系的确影响了相互间的贸易交往。② 但不足的是，目前几乎所有

---

① 相关的介绍，可参见［美］迈克尔·马斯坦多诺：《学术与治术中的经济与安全》，第218—247页。

② 代表性成果包括：Joanne Gowa and Edward D. Mansfield. "Power Politics and International Trade," pp. 408 - 420; Brian M. Pollins, "Conflict, Cooperation, and Commerce: The Effect of International Political Interactions on Bilateral Trade Flows," pp. 737 - 761; Beth A. Simmons, "Rules over Real Estate: Trade, Territorial Conflict, and International Borders as Institution," pp. 823 - 848; Omar M. G. Keshk, et al., "Trade Still Follows the Flag: The Primacy of Politics in a Simultaneous Model of Interdependence and Armed Conflict," pp. 1155 - 1179; Edward D. Mansfield, Power, Trade, and War, Princeton: Princeton University Press, 1994; Charles H. Anderton and John R. Carter, "The Impact of War on Trade: An Interrupted Times-Series Study," pp. 445 - 457.

的经验分析都是关于冷战结束之前安全与贸易之间的关系，而并没有特别关注冷战结束之后安全对贸易的影响。正如有些学者指出的，全球化进程在后冷战时代的加速推进，以及国际经济自由化程度和各国经济相互依赖程度的提高，会使得国家决策者和企业行为体都缺乏将经济和安全联系起来的意愿和能力。这种观点认为，一方面，由于冷战后贸易壁垒的降低和生产要素的跨国流动，使得国家决策者利用对外贸易来服务安全目标的能力受到了限制，并且由于国家决策者担心对与冲突国之间的贸易进行限制会严重伤害本国经济的发展，因而也缺乏干预对外贸易的意愿；另一方面，跨国商业的增长和"沉淀成本"（sunk costs）的存在，也使得企业很难放弃在国外的资本投入或寻找替代市场，从而促使它们愿意承担风险以继续保持原有的商业往来。根据这种观点，冷战后的冲突和贸易能够并行不悖，互不影响，诸如主权、战争与和平等"高级政治"议题，与生产、流通、分配和消费等"低端政治"会再次被划分为两个相互独立的领域。① 因此，如果要更好地把握安全与贸易之间的关系，就需要我们将冷战结束之后的经验材料纳入到分析对象当中。本书第五章通过对1992—2006年间美国与其它国家之间的双边安全关系和贸易量之间相关性的考察，将该领域内的研究延伸到了冷战结束之后，在一定程度上弥补了现有研究的不足。另外，本书第五章的分析结果也表明，在后冷战时代，安全关系仍然显著地影响着国家间的贸易交往，贸易依然紧随"旗帜"。当然，本书的分析对象只限于美国，未来的研究还应进一步扩展到其他国家。

其次，重视国内政治的作用。在国家政策层面上考察安全战略对一国对外经济政策的影响是国际/国家安全的政治经济学研究的另外一重要课题，包括经济制裁和经济接触等。虽然该领域的研究取

---

① Christina Davis and Sophie Meunier, "Business as Usual? Economic Responses to Political Tensions".

得了不少成果，但多数关注的问题仍是经济制裁或经济接触发挥作用的机理以及具体的实施效果，包括经济制裁或经济接触如何能够被用来削弱或增强目标国的经济和军事实力？为何有些经济制裁或经济接触政策达到了预期的目标，而有些则没有？经济制裁和经济接触发挥作用的条件是有哪些？等等。关于一国的决策者如何通过国内政治进程将自身的安全战略偏好反映到具体的对外经济政策当中，现有的研究则着墨甚少。[①] 然而，如果在研究中不考虑国内政治因素，我们将很难解释为何一些对外经济政策被很好地服务于一国的安全战略目的，而有些则没有。

事实上，由于一项对外经济政策的制定往往牵涉到国内不同社会集团的利益，一国的决策者在政策的制定过程中往往会遇到很大的阻力。因而，一种对外经济政策是否能够成功地被用来服务一国的安全目标，首先就要看该国的决策者是否能够参与这种经济政策

---

① 关于经济制裁经验分析，可参见 Gary Clyde Hufbauer, Jeffrey J. Schott, Kimberly Ann Elliott, and Barbara Oegg, *Economic Sanctions Reconsidered*, 3rd edition; Steve Chan and A. Cooper Drury, eds., *Sanctions as Economic Statecraft: Theory and Practice*, New York: St. Martin's Press, 2000; Hosseinc G. Askari, John Forrer, Hildy Teegen, and Jia-wen Yang, *Case Studies of U. S. Economic Sanctions: The Chinese, Cuban, and Iranian Experience*, Westport, CT: Praeger Publishers, 2003; Richard N. Haass, ed., *Economic Sanctions and American Diplomacy*, Washinton, D. C.: Council on Foreign Relations, Inc., 1998; etc. 关于经济接触的经验分析，可参见 William J. Long, "Trade and Technological Incentives and Bilateral Cooperation"; Eileen Crumm, "The Value of Economic Incentives in International Relations," *Journal of Peace Research*, Vol. 32, No. 3, 1995, pp. 313 – 30; Randall E. Newnham, "'Nukes for Sale Cheap?' Purchasing Peace with North Korea," pp. 164 – 178; Miles Kahler and Scott L. Kastner, "Strategic Uses of Economic Interdependence: Engagement Policies on the Korean Peninsula and Across the Taiwan Strait," pp. 523 – 541; etc. 国内关于经济制裁和经济接触的发挥作用机理和效果的相关研究，可参见阮建平："关于国际经济制裁的理论评述"，载《世界经济与政治》，2004 年第 9 期，第 32—37 页；宋国友："经济劝服战略的理论分析"，载《国际观察》，2007 年第 4 期，第 54—60 页等等。

第九章 结 论

的制定，以及是否能够维持这种经济政策的实施。[①] 例如，在20世纪90年代初，虽然老布什政府和随后的克林顿政府都主张对中国采取经济接触的战略，但由于美国国会和各种利益集团在无条件给予中国最惠国待遇问题上的阻挠，使得这两届政府的对华接触政策都遇到了很大干扰。[②] 因此，要更好地在政策层面上研究安全与经济之间的关系，还要求我们关注国内政治过程，而本书所建立的分析框架就提供了这样一种途径。通过考察一国负责安全和外交事务的决策者在哪些对外经济政策领域具有较大的影响力，以及他们参与对外经济政策的制定和实施时会受到相关制度环境的哪些限制等，无疑都能够帮助我们更好地分析该国是否能够或者如何将其对外经济政策服务于安全战略目标。

除此之外，本书的研究也是对国内目前关于美国对外贸易政策研究的一种补充。由于美国在国际贸易体系中的重要地位，使得关于美国对外贸易政策的研究成为国际政治经济学领域内的一个重要课题。围绕该课题，国外学界也提出了各种分析视角和理论工具，包括体系理论、国家主义理论和多元主义理论等。[③] 然而，目前国内关于美国对外贸易政策的政治经济分析主要采用的还是社会多元主义的视角。在这种分析视角下，国家的作用微乎其微，美国对外贸

[①] Stephen D. Krasner, "Domestic Constraints on International Economic Leverage," in Klaus Knorr and Frank Trager, eds, *Economic Issues and National Security*, Lawrence: University of Kansas Press, 1977, p. 160 – 181; Michael Mastanduno, "Economic Statecraft, Interdependence, and National Security: Agendas for Research," p. 310; Michael Mastanduno, "The Strategy of Economic Engagement: Theory and Practice," pp. 183 – 184; 柳剑平、刘威:《美国对外经济制裁问题研究》，人民出版社，2009年版，第三章。

[②] 王勇:《最惠国待遇的回合: 1989—1997年美国对华贸易政策》，北京: 中央编译出版社，1998年版; 陶文钊:《中美关系史》（1972—2000）下卷，第215—228页。

[③] 相关介绍，可参见张建新:《权力与经济增长》，第一章。

易政策的制定要么只是对国内相互竞争的社会利益集团的反映,[①]要么主要是由国会来主导。[②]

本书的研究表明,虽然作为国家行为体的国务官员在一些贸易政策的领域内（如反倾销和反补贴政策）的影响非常有限,但在其他一些贸易政策领域,如出口控制政策和自由贸易谈判等,他们同样能够发挥重要的作用。事实上,由于每一种贸易政策领域内的制度环境各不相同,使得社会行为体和国家行为体在不同的对外贸易政策领域具有不同的参与和影响政策过程的能力。也正因为此,在对美国对外贸易政策的分析当中,我们不仅要强调利益集团和国会的作用,还应关注国家行为体的角色,同时还更应该利用制度主义的分析视角来考察特定政策领域内的制度环境。只有这样才能更为全面和准确地把握美国对外贸易政策的制定和实施。

第三节 现实意义:以中美关系为例

通过对美国不同对外经济政策领域内的制度环境的剖析,本书

[①] 王勇:试论利益集团在美国对华政策中的影响:以美国对华最惠国待遇政策为例》,载《美国研究》,1998年第2期,第60—79页;王孜弘:《美国利益集团与中美经济关系》,载《世界经济与政治》,1998年第9期,第70—73页;李晓岗:《劳工组织、国内政治与冷战后美国对外贸易政策》,载《美国研究》,2001年第3期,第47—61页等等。

[②] 金灿荣:《国会与美国贸易政策的制定:历史和现实的考察》,载《美国研究》,2000年第2期,第7—30页;邵育群:《后PNRT时代中美贸易争端中的美国国会因素》,载《国际观察》,2004年第3期,第47-54页;周琪主编:《国会与美国外交政策》,上海社会科学院出版社,2006年版;孙哲、刘建华:《产业地理与结盟游说:考察美国对华贸易政策的新视角》,载《世界经济与政治》,2007年第6期,第28—36页;胡艳婷:《美国国会对华经贸决策实证研究:以国会对华经贸议案为例》,清华大学国际关系学系/清华大学经济外交研究中心编:《中国经济外交:2008》,中国经济出版社,2008年版;孙哲、李巍:《国会政治与美国对华经贸决策》,上海人民出版社,2008年版;等等。

的研究还有利于我们更深入地认识美国出台特定对外经济政策的国内政治动力，以及理解美国各种对外经济政策的实质。这里以三种贸易政策为例，谈谈本书的分析框架如何帮助我们更好地理解美国的对华政策，并就中国应该采取的对策谈谈笔者的一些拙见。

一、出口控制政策

正如本书第六章所指出的，在美国的出口控制政策领域，相关的制度设计赋予了国务官员非常大的影响力，因而国务官员能够将其安全战略目标很好地反映到具体的出口控制政策的制定和实施当中。也正以为此，美国的出口控制政策为我们提供了一种观察美国安全战略的"晴雨表"。具体地，如果美国的国务官员对一国采取的是敌对、遏制的政策，或者在安全上对该国抱有不信任的认知取向，我们将会看到美国对该国的出口特别是军用品和军民两用品的出口施加严格的限制。相反，如果美国与一个国家保持着友好的安全关系，则我们会看到美国对该国采取的应该是宽松的出口控制政策。同样，我们也可以通过这种方法来考察和衡量中美之间的安全关系。

表9-1是从美国目前的军民两用品出口控制体系中的受控国别表（Country Chart）所截取。该表左侧一栏为国家名称，右侧各栏分别是美国对军民两用品的出口采取管制的原因（Reasons for Control），共有16栏。如果与某一国家相对应的栏内标有"×"，说明出于该原因，美国需要对该国的出口进行管制。由该表可以看出，美国对不同国家采取的出口管制力度有很大差异。以中国和加拿大为例，美国只是在有关生化武器和枪支方面的出口对加拿大进行管制，而对中国的管制则涵盖了16种原因中14种。从美国在军民两用品出口上对中国采取的严厉的管制力度上可以明显地看出，美国的决策者在安全领域对中国采取的仍是提防政策，两国的安全关系远非处在"历史最好时期"同样，关于美国出口控制体系的分析，也能够帮助我们理解为何美国政府不愿通过放松对华出口管制的方法来扩大对华高科技产品的出口

和减少对华贸易逆差。① 这归根到底是因为美国的出口控制政策主要由负责安全事务的国务官员来主导，而美国的国务官员没有改变对中国的猜疑和防范心理。如果美国国务官员的这种战略思维没有显著改变，我们也将很难看到美国对华出口管制措施会发生太大改变。美国出口控制体系的制度特征也告诉我们不能将促使美国放松对华出口管制的希望完全寄托在美国企业的游说上。② 出口控制政策与其他贸易政策不同，商业利益集团的影响力非常有限。一种更为行之有效的方法还是通过高层战略对话（包括目前的中美战略与经济对话）等机制来增强在安全领域内的互信，缓解美国在安全问题上对中国的猜疑。只有美国国务官员对中国的安全战略发生了根本性的改变之后，我们才能看到美国的对华出口控制政策发生根本性的改变。

表9-1 美国军民两用品管制——受控国别表（CC）

国家	生化武器			防止核扩散		国家安全		导弹技术	区域稳定性		武器公约	犯罪治理			反恐	
	CB1	CB2	CB3	NP1	NP2	NS1	NS2	MT	RS1	RS2	FC	CC1	CC2	CC3	AT1	AT2
缅甸	X	X	X	X		X	X	X	X	X		X		X		
布隆迪	X	X		X		X	X	X	X	X		X				
柬埔寨	X	X		X		X	X	X	X	X		X	X			
喀麦隆	X	X		X		X	X	X	X	X		X		X		
加拿大	X										X					
佛得角	X	X		X		X	X	X	X	X		X				
中非共和国	X	X		X		X	X	X	X	X		X				
乍得	X	X		X		X	X	X	X	X		X				
智利	X	X		X		X	X	X	X	X	X					
中国	X	X	X	X		X	X	X	X	X		X				
哥伦比亚	X	X		X		X	X	X	X	X		X				
科摩罗	X	X		X		X	X	X	X	X		X				
刚果（金）	X	X		X		X	X	X	X	X		X				

资料来源：EAR, 15 C. F. R. Supplement no. 1 to § 738.

---

① 王勇：《中美经贸关系》，第257—264页。
② 类似观点，还可参见申良音、李彬：《从出口管制看美国企业界在安全决策中作用的局限》，载《世界经济与政治论坛》，2004年第2期，第64—67页。

二、反倾销和反补贴政策

与美国的出口控制政策不同,在反倾销和反补贴政策领域,相关的制度设计极大地限制了美国国务官员的影响力,因而美国反倾销和反补贴政策的制定和实施会很少具有战略色彩。相反,在国会的主导下,该政策领域内的各种规则,如测量进口商品的倾销和补贴幅度的方法,以及测量国内产业受到损害的方法,对行政机构严格的时间限制等,都为美国国内寻求贸易保护的企业提供了便利。这也解释了为何美国国内的企业更热衷于通过反倾销和反补贴来向政府寻求贸易保护。

据统计,在1978—2008年31年的时间里,美国总共发起了1764次反倾销和反补贴调查,其中有近40%的案件的最终结果是实施反倾销或反补贴关税。在美国的反倾销和反补贴的调查中,中国无疑是最大的受害国。从美国在1980年就进口薄荷醇对中国进行第一次反倾销调查到2008年底,美国总共向来自中国大陆的进口商品发起了158项反倾销和反补贴调查,占美国在该时期发起调查总数的近10%(美国在1980—2008年间发起了1715项"双反"调查),为最多的国家。其中,在对中国进行的调查中,有72%最终实施了反倾销或反补贴关税,远远高于该时期的平均水平(41%)。尤其是最近几年,美国对中国的反倾销和反补贴调查无论是发起频率还是案值规模都达到历史最高水平,也远远超过其他国家,给中国的出口商带来很大损失。

正如本书第七章的研究结果表明的,美国的"双反调查"更多地是受到双边贸易特征、美国国内经济状况以及相关产业的政治影响力等因素的影响,而与国家间的安全关系没有明显的关联。在理性地看待美国的对华反倾销和反补贴调查的同时,我们同样还要积极采取措施加以应对,包括积极参与相关的调查取证,动员和争取美国国内相关企业的支持等。然而,部分地因为国内企业应诉的积极性不高，或者国内仍缺乏相应的法律人才，我们在美国对华的反倾销和反补贴调查中往往非常被动。

表9-2将1992—2008年间美国对中国的"双反"调查与美国对其他主要国家的调查进行了对比。从中我们可以发现，美国对中国征收反倾销和反补贴税的比例远远大于其它主要受调查国。这虽然受到各种原因的影响，包括中美之间的巨额贸易逆差、中国的非市场经济地位、中国出口到美国的多为劳动密集型产品等，但也不能否认我们在利用贸易法律和规则维护自身权益方面还有很多改进的空间。例如，虽然美国与加拿大、墨西哥和日本之间也存在很大的贸易逆差，但美国对这些国家实施反倾销或反补贴的比例明显小于中国；美国对同为发展中国家的印度、巴西等实施反倾销或反补贴的比例也要低于中国；同样，同被美国界定为非市场经济体的俄罗斯、罗马尼亚的情况也要好于中国。因此，我们除了因该采取相应的反制措施外，政府还应多鼓励企业在美国进行案件调查的过程中积极参与应诉，或者有效利用WTO争端解决机制这一平台，尽力将损失降低到最小。

表9-2 美国对各主要国家的反倾销和反补贴调查（1992—2008年）

国家类型	国家	调查（AD/CVD）		征收保护关税	
		次数	比例	次数	比例
发达国家	日本	47	6.1%	24	51.1
	加拿大	36	4.7%	10	27.8
	德国	34	4.4%	15	44.1
	法国	26	3.4%	13	50
发展中国家	印度	45	5.8%	21	46.7
	巴西	34	4.4%	16	47.1
	墨西哥	31	4.0%	11	35.5
	印尼	21	2.7%	11	52.4
	南非	21	2.7%	8	38.1

续表

国家类型	国家	调查（AD/CVD）		征收保护关税	
		次数	比例	次数	比例
新兴经济体	韩国	53	6.9%	24	45.3
	新加坡	1	0.1%	0	0
非市场经济体	俄罗斯	15	1.9%	6	40
	罗马尼亚	6	0.7%	3	50
	中国	125	16.2%	92	73.6

注：中国目前仍被美国不合理地界定为"非市场经济体"。另外，虽然美国商务部在2002年给予了俄罗斯市场经济地位，但在商务部正式宣布给予这种地位之前，美国在这些年份中对这些国家的反倾销调查已经开始，并且在调查过程中依然采用的是非市场地位。

资料来源：Chad P. Bown，"Global Antidumping Database," Version 5.0，July 2009.

三、美国的 FTA 战略

在"1934年体制下"，美国降低关税或非关税壁垒的权力由总统与国会所共享。这种权力分配结构一方面为总统等国务官员将安全战略考虑纳入美国的FTA议程当中提供了可能，但另一方面也会受到国会的极大牵制。这明显地体现在美国的东亚FTA战略当中。在布什政府时期，美国与东亚地区的几个重要盟国或战略伙伴（包括新加坡、韩国等）进行了多起双边FTA谈判。美国在该地区的FTA谈判并不完全是基于经济利益的考量，同样具有明显的战略意图，包括巩固与盟友的关系，塑造东亚的地缘经济，以及抑制中国的地区影响力等。[1] 在认清美国的这一战略意图的同时，我们同样也要看到美国国内政治对其决策者推行FTA战略的制约，如美国与韩国的FTA谈判就是一个典型的例子。

在奥巴马政府于2009年1月底上台后不久，美国国会就有100

---

[1] 蔡鹏鸿："东亚双边自由贸易区的国际政治学分析"，载《当代亚太》，2005年第3期，第8页；宋国友："美国的东亚FTA战略及其对地区秩序的影响"，第37—38页。

多名议员声明支持由来自俄亥俄州的民主党参议员谢罗德·布朗（Sherrod Brown）和来自缅因州的众议员麦克·米肖（Mike Michaud）提出的《贸易改革、责任、发展和就业法》（The Trade, Reform, Accountability, Development and Empowerment Act）。[1] 该法案不仅要求在任何一项新的协定被批准之前都必须对现有贸易协定的影响进行全面评估，规定未来的贸易协定中必须包括劳工、环境、农民和人权等条款，甚至还要求替换现有的"快车道"这一"非民主"的程序。在国内对自由贸易协定强烈的抵制情绪下，奥巴马政府在推行 FTA 战略上必定会面临更大的阻力。中国政府利用这一有利时机加速推进同周边国家以及重要贸易伙伴国的 FTA 谈判应不失为一种明智之举。

---

[1] 美国众议院网站：http://www.michaud.house.gov/index.php?option=com_content&task=view&id=711&Itemid=76, (accessed on June 26, 2009).

参考文献

一、中文文献（包括译著）

蔡鹏鸿：《东亚双边自由贸易区的国际政治学分析》，载《当代亚太》，2005年第3期。

陈力：《美国反倾销法之"非市场经济"规则研究》，载《美国研究》，2006年第3期。

陈继勇主编：《美国新经济周期与中美经贸关系》，武汉大学出版社，2004年版。

崔丕主编：《冷战时期美国对外政策史探微》，北京：中华书局，2002年版。

杜兰：《美国力推跨太平洋伙伴关系战略论析》，载《国际问题研究》2011年第1期。

樊勇明：《西方国际政治经济学》（第二版），上海人民出版社，2006年版。

韩立余：《美国外贸法》，北京：法律出版社，1999年版。

胡艳婷：《美国国会对华经贸决策实证研究：以国会对华经贸议案为例》，清华大学国际关系学系/清华大学经济外交研究中心编：《中国经济外交：2008》，北京：中国经济出版社，2008年版。

黄仁伟：《美国全球战略的经济因素以及对我国经济安全的影响》，载《世界经济研究》，2004年第2期。

金灿荣：《国会与美国贸易政策的制定：历史和现实的考察》，

载《美国研究》，2000 年第 2 期。

李晓岗：《劳工组织、国内政治与冷战后美国对外贸易政策》，载《美国研究》，2001 年第 3 期。

李巍：《TPP 是美国的一种虚张声势》，载《中国经济周刊》，2011 年第 45 期。

梁碧波：《美国对华贸易政策决定的均衡机理》，北京：中国社会科学出版社，2006 年版。

柳剑平、刘威：《美国对外经济制裁问题研究》，北京：人民出版社，2009 年版。

刘子奎：《冷战后美国出口管制政策的改革和调整》，载《美国研究》，2008 年第 2 期。

牛军主编：《冷战时期的美苏关系》，北京大学出版社，2006 年。

阮建平：《关于国际经济制裁的理论评述》，载《世界经济与政治》，2004 年第 9 期。

邵育群：《后 PNRT 时代中美贸易争端中的美国国会因素》，载《国际观察》，2004 年第 3 期。

申良音、李彬：《从出口管制看美国企业界在安全决策中作用的局限》，载《世界经济与政治论坛》，2004 年第 2 期。

盛斌、廖明中：《中国的贸易流量与出口潜力：引力模型的研究》，载《世界经济》，2004 年第 2 期。

盛斌：《美国视角下的亚太区域一体化新战略与中国的对策选择》，载《南开学报》（哲学社会科学版）2010 年第 4 期。

宋国友：《美国的东亚 FTA 战略及其对地区秩序的影响》，载《当代亚太》，2007 年第 11 期。

宋国友：《平衡社会利益和国家安全：政府对外贸易政策选择》，北京：时事出版社，2007 年版。

宋国友：《经济劝服战略的理论分析》，载《国际观察》，2007

年第 4 期。

孙哲、刘建华：《产业地理与结盟游说：考察美国对华贸易政策的新视角》，载《世界经济与政治》，2007 年第 6 期。

孙哲、李巍：《国会政治与美国对华经贸决策》，上海人民出版社，2008 年版。

陶文钊：《中美关系史》（1972—2000）下卷，上海人民出版社，2004 年版。

王德育编著：《政治学定量分析入门》，中国人民大学出版社，2007 年版。

王晓峰：《美国政府经济职能及变化研究》，吉林人民出版社，2007 年版。

王勇：《试论利益集团在美国对华政策中的影响：以美国对华最惠国待遇政策为例》，载《美国研究》，1998 年第 2 期。

王勇：《最惠国待遇的回合：1989—1997 年美国对华贸易政策》，北京：中央编译出版社，1998 年版。

王勇：《中美经贸关系》，北京：中国市场出版社，2007 年版。

王孔弘：《美国利益集团与中美经济关系》，载《世界经济与政治》，1998 年第 9 期。

吴心伯：《太平洋上不太平：后冷战时代美国的亚太安全战略》，上海：复旦大学出版社，2006 年版。

吴心伯：《中美经贸关系的新格局及其对双边关系的影响》，载《复旦学报》（社会科学版），2007 年第 1 期。

阎学通、孙学峰：《国际关系研究实用方法》，人民出版社，2007 年版。

阎学通、徐进：《中美软实力比较》，载《现代国际关系》，2008 年第 1 期。

于群主编：《美国国家安全与冷战战略》，中国社会科学出版社，2006 年版。

薛晓源、陈家刚主编：《全球化与新制度主义》，社会科学文献出版社，2004年版。

湛柏明：《布什政府的自由贸易协定及其对中美经贸关系的影响》，载《世界经济研究》，2006年第7期。

湛柏明：《美国贸易政策的新特点及其对中美经贸关系的影响》，载全国美国经济学会/浦东美国经济研究中心编：《美国经济走势与中美经贸关系》，上海社会科学院出版社，2006年版。

张继民：《美国对华贸易政策的决定：政治经济视角下的均衡》，复旦大学出版社，2009年版。

张建新：《权力与经济增长》，上海人民出版社，2006年版。

张敏谦：《美国对外经济战略》，世界知识出版社，2001年版。

张曙光：《经济制裁研究》，上海人民出版社，2010年版。

张远鹏：《经济全球化与美国经济的重新崛起》，中国社会科学出版社，2004年版。

周琪主编：《国会与美国外交政策》，上海社会科学院出版社，2006年版。

朱天飚：《比较政治经济学》，北京大学出版社，2006年版。

朱颖：《美国与东盟国家自由贸易协定计划的提出与实施》，载《东南亚研究》，2007年第6期。

［德］弗里德里希·李斯特著，陈万煦译，蔡受百校：《政治经济学的国民体系》，北京：商务印书馆，2012年版。

［美］埃里克·方纳著，王希译：《给我自由：一部美国的历史》，北京：商务印书馆，2013年版。

［美］C.弗雷德·伯格斯坦主编，朱民等译：《美国与世界经济：未来十年美国的对外经济政策》，北京：经济科学出版社，2005年版。

［美］查尔斯·金德尔伯格著，宋承先、洪文达译：《1929—1939年世界经济萧条》，上海译文出版社，1986年版。

参考文献

［美］汉密尔顿、杰伊、麦迪逊著，程逢如、在汉、舒逊译，《联邦党人文集》，北京：商务印书馆，2013年版。

［美］汉斯·摩根索著，肯尼思·汤普森、戴维·克林顿修订，徐昕、郝望、李保平译，王缉思校：《国家间政治：权力斗争与和平》（第七版），北京大学出版社，2006年版。

［美］I. M. 戴斯勒著，王恩冕、于少蔚译：《美国贸易政治》，中国市场出版社，2006年版。

［美］肯尼思·奥耶编，田野、辛平译：《无政府状态下的合作》，上海人民出版社，2010年版。

［美］孔华润主编，《剑桥美国对外关系史》，新华出版社，2004年版。

［美］理查德·罗斯克兰斯、阿瑟·斯坦主编，刘东国译：《大战略的国内基础》，北京大学出版社，2005年版。

［美］罗伯特·阿特著，郭树勇译：《美国大战略》，北京大学出版社，2005年版。

［美］罗伯特·吉尔平著，杨宇光译：《国际关系政治经济学》，上海人民出版社，2006年版。

［美］罗伯特·吉尔平著，钟飞腾译：《跨国公司与美国霸权》，东方出版社，2011年版。

［美］罗伯特·基欧汉著，苏长和、信强、何曜译：《霸权之后：世界政治经济中的合作与纷争》，上海人民出版社，2001年版。

［美］罗伯特·基欧汉、约瑟夫·奈著，门洪华译：《权力与相互依赖》（第3版），北京大学出版社，2002年版。

［美］罗伯特·杰维斯著，秦亚青译：《国际政治中的知觉与错误知觉》，世界知识出版社，2003年版。

［美］彼得·卡赞斯坦、罗伯特·基欧汉、斯蒂芬·克拉斯纳编，秦亚青、苏长和、门洪华、魏玲译：《世界政治理论的探索与争鸣》，上海人民出版社，2006年版。

[美]沃尔特·拉费伯尔著,牛可、翟韬、张静译:《美国、俄国和冷战(1945—2006)》,世界图书出版公司,2010年版。

[美]詹姆斯·德林著,毛悦、刘小雪译,彭宾校:《美国贸易保护商务指南:反倾销、反补贴和保障措施法规、实践与程序》,北京:社会科学文献出版社,2007年版。

[美]詹姆斯·R. 施莱辛格著,韩亚军、李韬、陈洪桥译:《国家安全的政治经济学:当代大国竞争的经济学研究》,北京理工大学出版社,2007年版。

[挪]文安立著,牛可等译:《全球冷战:美苏对第三世界的干涉与当代世界的形成》,世界图书出版公司,2012年版。

[英]爱德华·卡尔著,秦亚青译:《20年危机(1919—1939):国际关系研究导论》,世界知识出版社,2005年版。

[英]亚当·斯密著,郭大力、王亚南译:《国民财富的性质和原因的研究》(下卷),北京:商务印书馆,2012年版。

[英]约翰·梅纳德·凯恩斯著,高鸿业译:《就业、利息和货币通论》,北京:商务印书馆,2009年版。

[美]约翰. 鲁杰主编,苏长和等译:《多边主义》,浙江人民出版社,2003年版。

二、英文文献

Aaron L. Friedberg, "The Strategic Implications of Relative Economic Decline," *Political Science Quarterly*, Vol. 104, No. 3, Autumn 1989, pp. 401 – 431.

Alan Deardorff, "Determinants of Bilateral Trade: Does Gravity Work in a Neoclassical World?" in Jeffrey A. Frankel ed., *The Regionalization of the World Economy*, Chicago: University of Chicago Press, 1998, pp. 7 – 22.

Alvin Z. Rubinstein, "Soviet and American Policies in International

Economic Organizations," *International Organization*, Vol. 18, No. 1, Winter 1964, pp. 29 – 52.

Andrew J. Bacevich, *American Empire: The Realities and Consequences of U. S. Diplomacy*, Cambridge: Harvard University Press, 2002.

Andrew K. Rose, "Do We Really Know That the WTO Increases Trade?" *American Economic Review*, Vol. 94, No. 1, March 2004, pp. 98 – 114.

Andrew K. Rose, "Do WTO Members Have More Liberal Trade Policy?" *Journal of International Economics*, Vol. 63, 2004, pp. 209 – 235.

Alan P. Dobson, *U. S. Economic Statecraft for Survival, 1933 – 1991: Of Sanctions, Embargoes and Economic Warfare*, New York: Routledge, 2002.

Albert O. Hirschman, *National Power and the Structure of Foreign Trade*, Berkeley: University of California Press, [1945] 1980.

Andrew G. Long, "Defense Pacts and International Trade," *Journal of Peace Research*, Vol. 40, No. 5, September 2003, pp. 537 – 552.

Andrew G. Long and Brett Ashley Leeds, "Trading for Security: Military Alliances and Economic Agreements," *Journal of Peace Research*, Vol. 43, No. 4, 2006, pp. 433 – 451.

Andrew G. Long, "Bilateral Trade in the Shadow of Armed Conflict," *International Studies Quarterly*, Vol. 52, No. 1, March 2008, pp. 81 – 101.

Arnd Plagge, "Trade Patterns in the Shadow of Major War," Paper presented at the 65th Annual Meeting of the Midwest Political Science Association in Chicago, IL., April 12 – 15, 2007.

Arnold Wolfers, "'National Security' as an Ambiguous Symbol," *Political Science Quarterly*, Vol. 67, No. 4, December 1952, pp. 481 –

502.

Barry R. Posen, *The Sources of Military Doctrine: France, Britain, and Germany between the World Wars*, Ithaca, NY: Cornell University Press, 1984.

Barry R. Posen, "Measuring the European Conventional Balance: Coping with Complexity in Threat Assessment," *International Security*, Vol. 9, No. 3, Winter 1984/85, pp. 47 - 88.

Benjamin O. Fordham, "Economic Interests, Party, and Ideology in Early Cold War EraU. S. Foreign Policy," *International Organization*, Vol. 52, No. 2, Spring 1998, pp. 359 - 396.

Bernard Brodie, "Strategy as a Science," *World Politics*, Vol. 1, No. 4, July 1949, pp. 467 - 488.

Bernard K. Gordon, "A High-Risk Trade Policy," *Foreign Affaires*, Vol. 82, No. 4, 2003, pp. 105 - 118.

Beth A. Simmons, "Rules over Real Estate: Trade, Territorial Conflict, and International Borders as Institution," *Journal of Conflict Resolution*, Vol. 49, No. 6, December 2005, pp. 823 - 848.

Brian Hocking and Steven McGuire, *Trade Politics*, 2nd ed., New York: Routledge, 2004.

Brian M. Pollins, "Conflict, Cooperation, and Commerce: The Effect of International Political Interactions on Bilateral Trade Flows," *American Journal of Political Science*, Vol. 33, No. 3, August 1989, pp. 737 - 761.

Brian M. Pollins, "Does Trade Still Follow the Flag?" *American Political Science Review*, Vol. 83, No. 2, June 1989, pp. 465 - 480.

Brock R. Williams, *Trans-Pacific Partnership (TPP) Countries: Comparative Trade and Economic Analysis*, CRS Report R42344, June 10, 2013.

Bruce M. Russett and John R. Oneal, *Triangulating Peace: Democracy, Interdependence and International Organization*, New York: W. W. Norton, 2001.

Bruno Tertrais, "The Changing Nature of Military Alliances," *The Washington Quarterly*, Vol. 27, No. 2, Spring 2004, pp. 135 – 150.

C. L. Lim, Deborah K. Elms, and Patrick Low, eds., *The Trans-Pacific Partnership: A Quest for a Twenty-first-Century Trade Agreement*, Cambridge: Cambridge University Press, 2012.

Charles H. Anderton and John R. Carter, "The Impact of War on Trade: An Interrupted Times-Series Study," *Journal of Peace Research*, Vol. 38, No. 4, July 2001, pp. 445 – 457.

Charles H. Blake and Noah Klemm, "Reconsidering the Effectiveness of International Economic Sanctions: An Examination of Selection Bias," *International Politics*, Vol. 43, 2006, pp. 133 – 149.

Charles Lipson, "International Cooperation in Economic and Security Affairs," *World Politics*, Vol. 37, No. 1, October 1984, pp. 1 – 23.

Christina L. Davis, "Linkage Diplomacy: Economic and Security Bargaining in the Anglo-JapaneseAlliance, 1902 – 23," *International Security*, Vol. 33, No. 3, Winter 2008/09, pp. 143 – 179.

Christina L. Davis and Sophie Meunier, "Business as Usual? Economic Responses to Political Tensions," *American Journal of Political Science*, Vol. 55, No. 3, July 2011, pp. 628 – 646.

Cullen F. Goenner, "Uncertainty of the Liberal Peace," *Journal of Peace Research*, Vol. 41, No. 5, September 2004, pp. 589 – 605.

Graham T. Allison and Morton H. Halperin, "Bureaucratic Politics: A Paradigm and Some Policy Implications," *World Politics*, Vol. 24, Spring 1972, pp. 40 – 79.

Craufurd D. Goodwin, ed., *Economics and National Security: A*

History of Their Interaction, Durham, N. C. : Duke University Press, 1991.

Dale C. Copeland, "Economic Interdependence and War: A Theory of Trade Expectations," *International Security*, Vol. 20, No. 4, 1996, pp. 5 – 41.

Daniel R. Pearson, "The Obama Administration's Trade Agenda Is Crumbling," *Free Trade Bulletin*, No. 58, March 19, 2014.

Daniel W. Drezner, "The Hidden Hand of Economic Coercion," *International Organization*, Vol. 57, No. 3, Summer 2003, pp. 643 – 659.

David A. Baldwin, "The Power of Positive Sanctions," *World Politics*, Vol. 24, No. 1, October 1971, pp. 28 – 29.

David A. Baldwin, *Economic Statecraft*, Princeton, NJ: Princeton University Press, 1985.

David A. Baldwin, "Security Studies and the End of the Cold War," *World Politics*, Vol. 48, No. 1, October 1995, pp. 117 – 141.

David A. Baldwin, "Evaluating Economic Sanctions," *International Security*, Vol. 23, No. 2, Fall 1998, pp. 189 – 195.

David A. Lake, *Power, Protection, and Free Trade: International Sources of U. S. Commercial Strategy, 1887 – 1939*, Ithaca, NY: Cornell University Press, 1988.

David A. Lake and Robert Powell, eds., *Strategic Choice and International Relations*, Princeton, NJ: Princeton University Press, 1999.

David C. Colander, ed., *Neoclassical Political Economy: The Analysis of Rent-Seeking and DUP Activities*, Cambridge, Mass.: Ballinger Press, 1984.

David Fielding, "How Does Violent Conflict Affect Investment Location Decisions? Evidence fromIsrael during the Intifada," *Journal of Peace*

Research, July 2004, Vol. 41, No. 4, July 2004, pp. 465 – 484.

David Mitrany, *The Problem of International Sanctions*, New York: Oxford University Press, American Branch, 1925.

Diane B. Kunz, *Butter and Guns: America's Cold War Economic Diplomacy*, New York: Free Press, 1997.

Donald P. Green, Soo Yeon Kim, and David H. Yoon, "Dirty Pool," *International Organization*, Vol. 55, No. 2, Spring 2001, pp. 441 – 468

Edward D. Mansfield, *Power, Trade, and War*, Princeton: Princeton University Press, 1994.

Edward D. Mansfield and Brian M. Pollins, eds., *Economic Interdependence and International Conflict: New perspectives on an Enduring Debate*, Ann Arbor: University of Michigan Press, 2003.

Edward D. Mansfield and Jon C. Pevehouse, "Trade Blocs, Trade Flows, and International Conflict," *International Organization*, Vol. 54, No. 4, Autumn 2000, pp. 775 – 808.

Edward D. Mansfield and Rachel Bronson, "Alliances, Preferential Trading Arrangements and International Trade," *American Political Science Review*, Vol. 91, No. 1, March 1997, pp. 94 – 107.

Edward M. Earle, Gordon Alexander Craig, and Felix Gilbert, *Makers of Modern Strategy: Military Thought from Machiavelli to Hitler*, Princeton: Princeton University Press, 1943.

Edward S. Mason, "American Security and Access to Raw Materials," *World Politics*, Vol. 1, No. 2, January 1949, pp. 147 – 160.

E. E. Schattschneider, *Politics, Pressures and the Tariff*, New York: Prentice-Hall, 1935.

Eileen Crumm, "The Value of Economic Incentives in International Relations," *Journal of Peace Research*, Vol. 32, No. 3, 1995, pp.

313 – 30.

Ethan B. Kapstein, *The Political Economy of National Security: A Global Perspective*, Mcgraw-Hill College, 1992.

Eugene Staley, *War and the Private Investor: A Study in the Relations of International Politics and International Private Investment*, Garden City, NY: Doubleday, Doran & Company, INC., 1935.

Fanny Coulomb, *Economic Theories of Peace and War*, London: Routledge, Taylor & Francis Group, 2004.

Francis J. Gavin, "Both Sticks and Carrots," *Diplomatic History*, Vol. 28, No. 4, September 2004, pp. 607 – 610.

Fred I. Greenstein and Nelson W. Polsby, eds., *Handbook of Political Science, Vol. 8: International Politics*, Reading, MA: Addison-Wesley, 1975.

G. John Ikenberry, David A. Lake and Michael Mastanduno, eds., *The State and American Foreign Economic Policy*, Ithaca: Cornell University Press, 1988.

Garry Rodan and Kevin Hewison, eds., *Neoliberalism and Conflict in Asia after 9/11*, New York: Routledge, 2006.

Gary Clyde Hufbauer and Jeffrey Schott, *Economic Sanctions Reconsidered: History and Current Policy*, Washington, D. C.: Institute for International Economics, 1985.

George Washington: "First Annual Message to Congress on the State of theUnion", January 8, 1790. Online by Gerhard Peters and John T. Woolley, *The American Presidency Project*, available at: http: // www. presidency. ucsb. edu/ws/? pid = 29431 (accessed on November 20, 2013).

George W. Bush, "Remarks at the California Business Association Breakfast in Sacramento, California," October 17, 2001.

Gerald Schneider, Katherine Barbieri, and Nils Petter Gleditsch, eds., *Globalization and Armed Conflict*, Lanham: Rowman & Littlefield Publishers, INC, 2003.

Glen Biglaiser and Karl DeRouen Jr., "Following the Flag: Troop Deployment and U. S. Foreign Direct Investment," *International Studies Quarterly*, Vol. 51, No. 4, December 2007, pp. 835 – 854.

Gordon Silverstein, *Imbalance of Powers: Constitutional Interpretation and the Making of American Foreign Policy*, New York: Oxford University Press, 1997.

Graham Allison and Gregory F. Treverton, eds., *Rethinking America's Security: Beyond Cold War to the New World Order*, New York: Norton, 1992, p. 58.

Han Dorussen, "Heterogeneous Trade Interests and Conflict: What You Trade Matters," *Journal of Conflict Resolution*, Vol. 50, No. 1, Feburary 2006, pp. 87 – 107.

Harold D. Lasswell, *National Security and Individual Freedom*, New York: McGraw-Hill, 1950.

Håvard Hegre, "Development and the Liberal Peace: What Does It Take to Be a Trading State?" *Journal of Peace Research*, Vol. 37, No. 1, January 2000, pp. 5 – 30.

Hedley Bull, "Strategic Studies and Its Critics," *World Politics*, Vol. 20, No. 4, July 1968, pp. 593 – 605.

Helen Milner, "Resisting the Protectionist Temptation: Industry and the Making of Trade Policy in France and the United States During the 1970s," *International organization*, Vol. 41, No. 4, Autumn 1987, pp. 639 – 665.

Henry Cabot Lodge, ed., *The Works of Alexander Hamilton*, (Federal Edition), Vol. IV, New York: G. P. Putnam's Sons, 1904.

Herbert Feis, Europe, the World's Banker, 1870 – 1914: An Account of European Foreign Investment and the Connection of World Finance with Diplomacy Before the War, New Haven, Conn.: Yale University Press, 1930.

Hillary Clinton, "America's Pacific Century," Foreign Policy, November 2011, pp. 56 – 63.

Hosseinc G. Askari, John Forrer, Hildy Teegen, and Jiawen Yang, Case Studies of U. S. Economic Sanctions: The Chinese, Cuban, and Iranian Experience, Westport, CT: Praeger Publishers, 2003.

Howard Schneider, "Trade Talks Aim to Expand United States'Asia Presence, With China on the Horizon," The Washington Post, September 21, 2012, available at http://www.washingtonpost.com/business/economy/trade-talks-aim-to-expand-united-states-asia-presence-with-china-on-the-horizon/2012/09/20/5caf2fdc-028e-11e2-8102-ebee9c66e190_story.html (accessed on March 17, 2014).

Hyung Min Kim and David L. Rousseau, "The Classical Liberals Were Half Right (or Half Wrong): New Tests of the 'Liberal Peace', 1960 – 88," Journal of Peace Research, Vol. 42, No. 5, No. 5, September 2005, pp. 523 – 543.

J. B. Condliffe, "Economic Power as an Instrument of National Policy," American Economic Review, Vol. 34, No. 1, March 1944, pp. 305 – 314.

Jack S. Levy and Katherine Barbieri, "Trading with the Enemy during Wartime," Security Studies, Vol. 13, No. 3, Spring 2004, pp. 1 – 47.

Jacob Viner, "Political Aspects of International Finance," Journal of Business of the University of Chicago, Vol. 1, No. 2, April. 1928, pp. 141 – 173.

Jacob Viner, "Power Versus Plenty as Objectives of Foreign Policy in the Seventeenth and Eighteenth Centuries," *World Politics*, Vol. 1, No. 1, October 1948, pp. 1 – 29.

Jaleh Dashti-Gibson, Patricia Davis, and Benjamin Radcliff, "On the Determinants of the Success of Economic Sanctions: An Empirical Analysis," *American Journal of Political Science*, Vol. 41, No. 2, April 1997, pp. 608 – 618.

James D. Morrow, "When Do 'Relative Gains' Impede Trade," *Journal of Conflict Resolution*, Vol. 41, No. 1, February 1997, pp. 12 – 37.

James D. Morrow, Randolph M. Siverson, and Tressa E. Tabares, "The Political Determinants of International Trade: The Major Powers, 1907 – 90," *American Political Science Review*, Vol. 92, No. 3, September 1998, pp. 649 – 661.

James E. Anderson, "A Theoretical Foundation for the Gravity Equation," *American Economic Review*, Vol. 69, No. 1, March 1979, pp. 106 – 116.

Jan Tinbergen, *Shaping the World Economy: Suggestions for an International Economic Policy*, New York: Twentieth Century Fund, 1962.

Jane Kelsey, *Hidden Agendas: What We Need to Know about the TPPA*, Bridget Williams Books, 2013.

Jean-Marc F. Blanchard, Edward D. Mansfield and Norrin M. Ripsman, eds., *Power and the Purse: Economic Statecraft, Interdependence, and National Security*, Portland: Frank Cass & Co., Ltd., 2000.

Jeffrey H. Bergstrand, "The Gravity Equation in International Trade: Some Microeconomic Foundations and Empirical Evidence," *Review of Economics and Statistics*, Vol. 67, No. 3, August 1985, pp. 474 – 481.

Jeffrey J. Schott, ed., *Free Trade Agreements: US Strategies and*

Priorities, Washington, D. C. : The Peter G. Peterson Institute for International Economics, 2004.

Jeffrey J. Schott, "Free Trade Agreements and US Trade Policy: A Comparative Analysis of US Initiatives in Latin America, The Asia-Pacific Region, and The Middle East andNorth Africa," *International Trade Journal*, Volume XX, No. 2, Summer 2006, pp. 95 – 138.

Jeffrey M. Wooldridge, *Introductory Econometrics: A Modern Approach*, third edtion, Thomson South-Western. , 2006.

Joanne Gowa, *Allies, Adversaries and International Trade*, Princeton, NJ: Princeton University Press, 1994.

Joanne Gowa and Edward D. Mansfield, "Power Politics and International Trade," *American Political Science Review*, Vol. 87, No. 2, June 1993, pp. 408 – 420.

Joanne Gowa and Edward D. Mansfield, "Alliances, Imperfect Markets and Major-Power Trade," *International Organization*, Vol. 58, Fall 2004, pp. 775 – 805.

Joanne Gowa and Soo Yeon Kim, "An Exclusive Country Club: The Effects of the GATT on Trade, 1950 – 1994," *World Politics*, Vol 57, July 2005, pp. 453 – 478.

Joe Biden, "We Cannot Afford to Stand on the Sidelines of Trade," *Financial Times*, February 27, 2014, available at http: //www. ft. com/intl/cms/s/0/bde80c72 – 9fb0 – 11e3 – b6c7 – 00144feab7de. html (accessed on April 12, 2014).

John Fox, *Applied Regression Analysis and Generalized Linear Models*, Los Angeles: Sage Publications, Inc. 2008.

John Heinz, *U. S. Strategic Trade: An Export Control System for the 1990s*, San Francisco: Westview Press, 1991.

John J. Mearsheimer, "Maneuver, Mobile Defense, and the NATO

Central Front," *International Security*, Vol. 6, No. 3, Winter 1981 – 1982, pp. 104 – 122.

John J. Mearsheimer, *Liddell Hart and the Weight of History*, Ithaca, NY: Cornell University Press, 1988.

John R. Oneal and Bruce M. Russett, "The Classical Liberals Were Right: Democracy, Interdependence, and Conflict, 1950 – 1985, *International Studies Quarterly*, Vol. 41, No. 2, June 1997, pp. 267 – 293.

John R. Oneal and Bruce M. Russett, "Assessing the Liberal Peace with Alternative Specifications: Trade Still Reduce Conflict," *Journal of Peace Research*, Vol. 36, No. 4, July 1999, pp. 423 – 442.

John R. Oneal, Bruce Russett, and Michael L. Berbaum, "Causes of Peace: Democracy, Interdependence, and International Organizations, 1885 – 1992," *International Studies Quarterly*, Vol. 47, No. 3, September 2003, pp. 371 – 393.

John R. Oneal, Frances H. Oneal, Zeev Maoz, and Bruce M. Russett, "The Liberal Peace: Interdependence, Democracy, and International Conflict, 1950 – 1985," *Journal of Peace Research*, Vol. 33, No. 1, February 1996, pp. 11 – 28.

Jonathan Kirshner, "Political Economy in Security Studies after the Cold War," *Review of International Political Economy*, Vol. 5, No. 1, Spring 1998, pp. 64 – 91.

Josef C. Brada and Jose A. Mendez, "Economic Integration Among Developed, Developing and Centrally Planned Economies: A Comparative Analysis," *Review of Economics and Statistics*, Vol. 67, No. 4, November 1985, pp. 549 – 556.

Joseph S. Nye, Jr., and Sean M. Lynn-Jones, "International Security Studies: A Report of a Conference on the State of the Field," *International Security, Vol. 12, No. 4, Spring 1988, pp. 5 – 27.

Judith Goldstein, *Ideas, Interests and American Trade Policy*, Ithaca: Cornell University Press, 1993.

Katherine Barbieri, "Economic Interdependence: A Path to Peace or a Source of Interstate Conflict?" *Journal of Peace Research*, Vol. 33, No. 1, February 1996, pp. 29 – 49.

Katherine Barbieri and Jack S. Levy, "Sleeping with the Enemy: The Impact of War on Trade," *Journal of Peace Research*, Vol. 36, No. 4, July 1999, pp. 463 – 479.

Katherine Barbieri and Jack S. Levy, "Does War Impede Trade? A Response to Anderton & Carter," *Journal of Peace Research*, Vol. 38, No. 5, September 2001, pp. 619 – 624.

Kimberly Ann Elliott, "The Sanctions Glass: Half Full or Completely Empty?" *International Security*, Vol. 23, No. 1, Summer 1998, pp. 50 – 65.

Klaus Knorr and Frank N. Trager, eds., *Economic Issues and National Security*, Lawrence: University of Kansas Press, 1977.

Lars S. Skålnes, *Politics, Markets, and Grand Strategy: Foreign Economic Policies as Strategic Instruments*, Ann Arbor: The University of Michigan Press, 2000.

Leland B. Yeager and David G. Tuerck, "Realism and Free-Trade Policy," *The Cato Journal*, Vol. 3, No. 3, Winter 1983/84, pp. 660 – 661.

Lincoln Gordon, "Economic Aspects of Coalition Diplomacy: The NATO Experience," *International Organization*, Vol. 10, No. 4, November 1956, pp. 529 – 543.

Louis Fisher, *President and Congress: Power and Policy*, New York: The Free Press, 1972.

Luke Peterson, "Bush will Trade only with Friends," *New Statesman*, Vol. 132, Issue 4643, June 23, 2003.

Marc L. Busch, et al., "Does the Rule of Law Matter? The WTO and U. S. Antidumping Investigations," (draft), May 14, 2008.

Maryanne Kelton, "US Economic Statecraft inEast Asia," *International Relations of the Asia-Pacific*, Vol. 8, No. 2, May 2008, pp. 149 – 174.

Matthew Fuhrmann, "Exporting Mass Destruction: The Determinants of Dual-Use Trade," *Journal of Peace Research*, Vol. 45, No. 5, 2008, pp. 633 – 652.

Merrill D. Peterson, *The Portable Thomas Jefferson*, The Viking Press, Inc., 1975.

Michael Barnett, "High Politics is Low Politics: The Domestic and Systemic Sources of Israeli Security Policy, 1967 – 1977," *World Politics*, Vol. 42, No. 4, July 1990, pp. 529 – 562.

Micheal D. Beck, Richard T. Cupitt, Seema Gahlaut and Scott A. Jones, *To Supply or to Deny: Comparing Nonproliferation Export Controls in Five Key Countries*, The Hague: Kluwer Law International, 2003.

Michael Mastanduno, *Economic Containment: CoCom and the Politics of East-West Trade*, Ithaca: Cornell University Press, 1992.

Michael Mastanduno, "Preserving the Unipolar Moment: Realist Theories andU. S. Grand Strategy after the Cold War," *International Security*, Vol. 21, No. 4, Spring 1997, pp. 49 – 88.

Miles Kahler and Scott L. Kastner, "Strategic Uses of Economic Interdependence: Engagement Policies on theKorean Peninsula and Across the Taiwan Strait," *Journal of Peace Research*, Vol. 43, No. 5, September 2006, pp. 523 – 541.

Norman D. Aitken, "The Effect of the EEC and EFTA on European

Trade: A Temporal Cross-Section Analysis," *American Economic Review*, Vol. 63, No. 5, December 1973, pp. 881 – 892.

Norrin M. Ripsman, "The Political Economy of Security: A Research and Teaching Agenda," *Journal of Military and Strategic Studies*, Vol. 3, No. 1, Spring 2000, pp. 1 – 14.

Ole Holsti, Randolph M. Siverson and Alexander L. George, eds., *Change in the International System*, Boulder, Colo.: Westview Press, 1980.

Omar M. G. Keshk, Brian M. Pollins and Rafael Reuveny, "Trade Still Follows the Flag: The Primacy of Politics in a Simultaneous Model of Interdependence and Armed Conflict," *Journal of Politics*, Vol. 66, No. 4, November 2004, pp. 1155 – 1179.

Patricia A. Davis, *The Art of Economic Persuasion: Positive Incentives and German Economic Diplomacy*, Ann Arbor: The University of Michigan Press, 1999.

Patrick J. McDonald, "Revitalizing Grand Strategy: America's Untapped Market Power," *The Washington Quarterly*, Vol. 30, No. 3, Summer 2007, pp. 21 – 35.

Paul A. Papayoanou, "Interdependence, Institutions, and the Balance of Power: Britain, Germany, and World War I," *International Security*, Vol. 20, No. 4, Spring 1996, pp. 42 – 76.

Paul A. Papayoanou, *Power Ties: Economic Interdependence, Balancing, and War*, Ann Arbor: University of Michigan Press, 1999.

Paul E. Peterson, "The President's Dominance in Foreign Policy Making," *Political Science Quarterly*, Vol. 109, No. 2, Summer 1994, pp. 215 – 234.

Peter A. Hall and Rosemary C. R. Taylor, "Political Science and the Three New Institutionalisms," *Political Studies*, Vol. 44, No. 4, December 1996, pp. 936 – 957.

Peter Dombrowski, ed., *Guns and Butter: The Political Economy of International Security*, Boulder: Lynne Rienner Publishers, Inc., 2005.

Peter J. Katzenstein, ed., *Between Power and Plenty: Foreign Economic Policies of Advanced Industrial States*, Madison: The University of Wisconsin Press, 1978.

Peter Liberman, "Trading with the Enemy: Security and Relative Economic Gains," *International Security*, Vol. 21, No. 1, Summer 1996, pp. 147 – 175.

Quan Li and David Sacko, "The (Ir) Relevance of Militarized Interstate Disputes for International Trade," *International Studies Quarterly*, Vol. 46, No. 1, March 2002, pp. 11 – 43.

Randall B. Ripley and James M. Lindsay, eds., *Congress Resurgent: Foreign and Defensive Policy on Capital Hill*, Ann Arbor: University of Michigan Press, 1993.

Randall Newnham, *Deutsche Mark Diplomacy: Positive Economic Sanctions in German-Russian Relations*, University Park: Pennsylvania State University Press, 2002.

Randall Newnham, "'Nukes forSale Cheap?' Purchasing Peace with North Korea," *International Studies Perspectives*, Vol. 5, No. 2, May 2004, pp. 164 – 178.

Raymond D. Duvall, et al. "The Economic Foundations of War: Editor's Introduction," *International Studies Quarterly*, Vol. 27, No. 4, December 1983, p. 379.

Reuven Glick and Alan M. Taylor, "Collateral Damage: Trade Disruption and the Economic Impact of War," Federal Reserve Bank ofSan Francisco, Working Paper Series, August 2005.

Richard Higgott, "U. S. Foreign Policy and the 'Securitization' of

Economic Globalization," *International Politics*, Vol. 41, No. 2, June 2004, pp. 147 – 175.

Richard N. Haass, ed., *Economic Sanctions and American Diplomacy*, Washinton, D. C.: Council on Foreign Relations, Inc., 1998.

Richard N. Cooper, "Trade Policy Is Foreign Policy," *Foreign Policy*, No. 9, Winter 1972 – 1973, pp. 18 – 36.

Richard N. Hass, "Sanctioning Madness," *Foreign Affairs*, Vol. 76, No. 6, November/December 1997, pp. 74 – 85.

Robert A. Dahl, *Congress and Foreign Policy*, New York: Norton, 1950.

Robert A. Hart Jr., "Democracy and the Successful Use of Economic Sanctions," *Political Research Quarterly*, Vol. 53, No. 2, June 2000, pp. 267 – 284.

Robert A. Pape, "Why Economic Sanctions Do Not Work," *International Security*, Vol. 22, No. 2, Autumn 1997, pp. 90 – 136.

Robert A. Pape, "Why Economic Sanctions Still Do Not Work," *International Security*, Vol. 23, No. 1, Summer 1998, pp. 66 – 77.

Robert A. Pastor, *Congress and The Politics of U. S. Foreign Economic Policy (1929 – 1976)*, Berkeley, CA: University of California Press, 1980.

Robert A. Pollard, *Economic Security and the Origins of the Cold War, 1945 – 1950*, New York: Columbia University Press, 1985.

Robert McMahon, "U. S. Trade Policy in Transition," Council on Foreign Relations, December 1, 2008.

Robert G. Sutter, *U. S. Policy toward China: An Introduction to the Role of Interest Groups*, Lanham: Rowman & Littlefield Publishers, INC, 1998.

Ronald Rogowski, *Commerce and Coalitions: How Trade Affects Do-*

mestic Political Alignments, Princeton: Princeton University Press, 1989.

Samuel Rines, "Trans-Pacific Partnership: Geopolitics, Not Growth," *The National Interest*, March 31, 2014, available at http://nationalinterest.org/commentary/trans-pacificpartnership-geopolitics-not-growth-10157 (accessed on April 1, 2014).

Scott L. Kastner, "When Do Conflicting Political Relations Affect International Trade," *Journal of Conlict Resolution*, Vol. 51, No. 4, August 2007, pp. 664 – 688.

Shane Bonetti, "Distinguishing Characteristics of Degrees of Success and Failure in Economic Sanctions Episodes," *Applied Economics*, Vol. 30, No. 6, 1998, pp. 805 – 813.

Sharyn O'Halloran, *Politics, Process, and American Trade Policy*, Ann Arbor: The University of Michigan Press, 1994.

Sidney Ratner, *The Tariff in American History*, New York: D. Van Nostrand Company, 1972.

Stephen D., Cohen, Robert A. Blecker and Peter D. Whitney, *Fundamentals of U. S. Foreign Trade Policy: Economics, Politics, Laws, and Issues*, 2nd Edition. Boulder: Westview Press, 2003.

Stephen D. Krasner, "State Power and the Structure of International Trade," *World Politics*, Vol. 28, No. 3, April 1976, pp. 317 – 347.

Stephan Haggard and Beth A. Simmons, "Theories of International Regimes," *International Organization*, Vol. 41, No. 3, Summer 1987, pp. 491 – 517.

Stephen M. Walt, "The Case for Finite Containment: AnalyzingU. S. Grand Strategy," *International Security*, Vol. 14, No. 1, Summer 1989, pp. 5 – 49.

Stephen M. Walt, "The Renaissance of Security Studies," *International Studies Quarterly*, Vol. 35, No. 2, June 1991, pp. 211 – 239.

Steve Chan and A. Cooper Drury, eds. , *Sanctions as Economic Statecraft: Theory and Practice*, New York: St. Martin's Press, 2000.

Susan Strange, "International Economics and International Relations: A Case of Mutual Neglect," *International Affairs*, Vol. 46, No. 2, April 1970, pp. 304 – 315.

Susanne Lohmann and Sharyn O'Halloran, "Divided Governments and U. S. Trade Policy: Theory and Evidence," *International Organization*, Vol. 48, No. 4, Autumn 1994, pp. 595 – 632.

T. Clifton Morgan and Valerie L. Schwebach, "Fools Suffer Gladly: The Use of Economic Sanctions in International Crises," *International Studies Quarterly*, Vol. 41, No. 1, March 1997, pp. 27 – 50.

The White House, "Remarks by President Obama to the Australian Parliament," November 17, 2011, available at http://www.whitehouse.gov/the-press-office/2011/11/17/remarks-president-obama-australian-parliament (access on November 20, 2011).

The White House, *A National Security Strategy of Engagement and Enlargement*, February 1995, p. 30; *A National Security Strategy for a New Century*, October 1998.

The White House, *The National Security Strategy of the United States of America*, September 2002.

The White House, *The National Security Strategy of the United States of America*, March 2006.

The White House press release, "President Bush Presses for Peace in the Middle East," May 9, 2003. http://georgewbush-whitehouse.archives.gov/news/releases/2003/05/20030509 – 11.html, (accessed on December 13, 2009).

The White House press release, "President Bush Signs U. S. -Australia Free Trade Agreement," August 3, 2004. http://georgewbush-whitehouse. archives. gov/news/releases/2003/05/20030509-11. html, (accessed on December 13, 2009).

The White House press release, "President Outlines U. S. Plan to Help World's Poor," March 22, 2002. http: //georgewbush-whitehouse. archives. gov/news/releases/2002/03/20020322 - 1. html, (accessed on December 10, 2009).

The White House press release, "President Signs CAFTA-DR," August 2, 2005. http: //georgewbush-whitehouse. archives. gov/news/releases/2005/08/print/20050802 - 2. html, (accessed on December 13, 2009).

Thom Shanker, "Despite Slump, U. S. Role as Top Arms Supplier Grows," *New York Times*, September 7, 2009, available at: http: //www. nytimes. com/2009/09/07/world/07weapons. html? _ r = 1&ref = world&pagewa, (accessed on September 8, 2009).

Thomas Ferguson, "From Normalcy to New Deal: Industrial Structure, Party Competition, and American Public Policy in the Great Depression," *International Organization*, Vol. 38, No. 1, Winter 1984, pp. 41 – 94.

Thomas J. Prusa, "Why Are So Many Antidumping Petitions Withdrawn?" *Journal of International Economics*, Vol. 33, 1992, pp. 1 – 20.

United States International Trade Commission, *Antidumping and Countervailing Duty Handbook*, 12th ed., Publication 3916, Washington, DC: USITC, April 2007, available at http: //www. usitc. gov/index. htm, (accessed on September 10, 2009).

U. S. House of Representatives, Committee on Ways and Means, *Overview and Compilation of U. S. Trade Statutes*, WMCP: 109 – 4, June 2005, p. 258, available at http: //waysandmeans. house. gov/Documents. asp? section =9, (accessed on June 27, 2009).

USTR, "United States to Join Sectoral Negotiations with Four Asia-Pacific Countries: Will Explore Participation in Broader Strategic Partnership Agreement," February 4, 2008, http://www.ustr.gov/archive/Document_Library/Press_Releases/2008/February/Section_Index.html (accessed on February 5, 2012).

USTR, "Schwab Statement on Launch of the U.S. Negotiations to Join the Trans-Pacific Strategic Economic Partnership Agreement," September 22, 2008, http://www.ustraderep.gov/Document_Library/Press_Releases/2008/September/Schwa (accessed on February 5, 2012).

Vinod K. Aggarwal and Anders Ahnid, "Comparing EU and US Linkage Strategies in FTAs," Paper Presented to ANU MacArthur Foundation Asia Security Initiative Final Conference, Beijing, May 2011.

Vinod K. Aggarwal and Kristi Govella, eds., *Linking Trade ans Security: Evolving Institutions and Strategies in Asia, Europe, and the United States*, New York: Springer, 2013.

W. E. Takacs, "Pressures for Protectionism: An Empirical Analysis," *Economic Inquiry*, Vol. 19, 1981, pp. 687 – 693.

Wendy L. Hansen and Kee Ok Park, "Nation-State and Pluralistic Decision Making in Trade Policy: The Case of the International Trade Administration," *International Studies Quarterly*, Vol. 39, No. 1, March 1995, pp. 181 – 211.

Wendy L. Hansen and Thomas J. Prusa, "The Economics and Politics of Trade Policy: An Empirical Analysis of ITC Decision Making," *Review of International Economics*, Vol. 5, No. 2, 1997, pp. 230 – 245.

William J. Dixon and Bruce E. Moon, "Political Similarity and American Foreign Trade Patterns," *Political Research Quarterly*, Vol. 46,

No. 1, March 1993, pp. 5 – 25.

William J. Long, *U. S. Export Control Policy: Executive Autonomy vs. Congressional Reform*, New York: Columbia University Press, 1989.

William J. Long, "Trade and Technology Incentives and Bilateral Cooperation," *International Studies Quarterly*, Vol. 40, No. 1, March 1996, pp. 77 – 106.

William J. Long, *Economic Incentives and Bilateral Cooperation*, Ann Arbor: University of Michigan Press, 1996.

William R. Keech and Kyoungsan Pak, "Partisanship, Institutions, and Change in American Trade Politics," *The Journal of Politics*, Vol. 57, No. 4, 1995, pp. 1130 – 1142.

三、主要数据库

1. 战争相关性数据库（Correlates of War Project）

Katherine Barbieri, Omar Keshk and Brian Pollins, *Correlates of War Project Trade Data Set Codebook*, Version 2.0, 2008, online: http://correlatesofwar.org. accessed on January 20, 2009.

Douglas M. Gibler and Meredith R. Sarkees, "Measuring Alliances: The Correlates of War Formal Interstate Alliance Data set, 1816 – 2000," *Journal of Peace Research*, Vol. 41, No. 2, 2004, pp. 211 – 222.

2. 贸易与GDP扩展数据库（Expanded Trade and GDP data）

Kristian S. Gleditsch, "Expanded Trade and GDP data," *Journal of Conflict Resolution*, Vol. 46, No. 5, October 2002, pp. 712 – 24.

Kristian S. Gleditsch, *Expanded Trade and GDP Data* (Version 5.0 beta), April 2008, online: http://privatewww.essex.ac.uk/~ksg/exptradegdp.html, accessed January 28, 2009.

3. 消费者价格指数（CPI）数据库

Robert C. Sahr, *CPI Conversion Factors 1774 to Estimated 2018 to*

Convert to Dollars of 2006, online: http://oregonstate.edu/cla/polisci/faculty-research/sahr/sahr.htm, (accessed on Feburary 21, 2009).

4. 美国国际开发署数据库（U. S. Agency for International Development, USAID）

U. S. Agency for International Development (USAID), *U. S. Overseas Loans and Grants: Obligations and Loan Authorizations*, July 1, 1945 – September 30, 2007, online: http://qesdb.usaid.gov/gbk/, (accessed on March 9, 2009).

5. 国际货币基金组织（IMF）《世界经济展望数据库》（World Economic Outlook Database）

International Monetary Fund (IMF), *World Economic Outlook Database*, October 2008, online: http://www.imf.org/external/ns/cs.aspx?id=28, (accessed on Febvuary. 12, 2009).

6. Penn World Table 数据库

Alan Heston, Robert Summers, and Bettina Aten, *Penn World Table Version 6.2*, Center for International Comparisons of Production, Income and Prices at the University of Pennsylvania, September 2006, online: http://pwt.econ.upenn.edu/php_site/pwt_index.php, (accessed March 15, 2009).

7. EUGene 数据库

D. Scott Bennett and Allan C. Stam, "EUGene: A Conceptual Manual," *International Interactions*, Vol. 26, No. 2, 2000, pp. 179 – 204, online: http://eugenesoftware.org, (accessed on March 26, 2009).

8. 国家外交政策相似性指数（The Affinity of Nations Index）数据库

Erik Gartzke, *The Affinity of Nations Index, 1946 – 2002* (Version 4.0), 2006, online: http://dss.ucsd.edu/~egartzke/, (accessed on March 11, 2009).

9. 政治体制数据库（Polity IV Project）

Monty G. Marshall and Keith Jaggers, *Polity IV Project: Political Regime Characteristics and Transitions*, 1800 – 2007, online: http://www.systemicpeace.org/polity/polity4.htm, (accessed on March 31, 2009).

Kristian S. Gleditsch, *Modified Polity P4 and P4D Data*, Version 3.0, 2008, online: http://privatewww.essex.ac.uk/~ksg/Polity.html, (accessed on March 31, 2009).

10. 国家间军事争端（Militarized Interstate Disputes, MID）数据库

Zeev Maoz, *Dyadic MID Dataset* (Version 2.0), 2005, online: http://psfaculty.ucdavis.edu/zmaoz/dyadmid.html, (accessed on Mach 28, 2009).

11. 加州大学戴维斯分校国际数据中心（The Center for International Data at UC Davis）

The Center for International Data at UC Davis, *U. S. Import and Export Data: 1972 – 2006*, available at: http://www.internationaldata.org/, (accessed on March 16, 2009).

12. 全球反倾销数据库（Global Antidumping Database）

Chad P. Bown, "Global Antidumping Database," (Version 5.0), July 2009, available at http://people.brandeis.edu/~cbown/global_ad/, (accessed on August 28, 2009).

图书在版编目（CIP）数据

战略偏好、国内制度与美国的对外经济政策/吴其胜著.
—北京：时事出版社，2014.12
　　ISBN 978-7-80232-787-0

　　Ⅰ.①战… Ⅱ.①吴… Ⅲ.①对外经济政策—研究—美国
Ⅳ.①F171.251

中国版本图书馆 CIP 数据核字（2014）第 261448 号

出 版 发 行：时事出版社
地　　　址：北京市海淀区万寿寺甲 2 号
邮　　　编：100081
发 行 热 线：（010）88547590　88547591
读者服务部：（010）88547595
传　　　真：（010）88547592
电 子 邮 箱：shishichubanshe@ sina. com
网　　　址：www. shishishe. com
印　　　刷：北京百善印刷厂

开本：787×1092　1/16　印张：22.25　字数：290 千字
2014 年 12 月第 1 版　2014 年 12 月第 1 次印刷
定价：78.00 元
（如有印装质量问题，请与本社发行部联系调换）